中國學術思想 研究輯刊

十二編

林慶彰 主編

第44冊

從工夫論看羅近溪思想之特色

李沛思 著

花木蘭文化出版社

國家圖書館出版品預行編目資料

從工夫論看羅近溪思想之特色／李沛思 著 — 初版 — 新北市：
花木蘭文化出版社，2011〔民 100〕
目 2+208 面；19×26 公分
（中國學術思想研究輯刊 十二編；第 44 冊）
ISBN：978-986-254-684-0（精裝）
1.（明）羅汝芳　2. 學術思想　3. 哲學
030.8　　　　　　　　　　　　　　　　　100016080

ISBN-978-986-254-684-0

9 789862 546840

中國學術思想研究輯刊
十二編　第四四冊　　　　　ISBN：978-986-254-684-0

從工夫論看羅近溪思想之特色

作　　者　李沛思
主　　編　林慶彰
總 編 輯　杜潔祥
出　　版　花木蘭文化出版社
發 行 所　花木蘭文化出版社
發 行 人　高小娟
聯絡地址　新北市永和區中正路五九五號七樓
　　　　　電話：02-2923-1455 ／傳眞：02-2923-1452
網　　址　http://www.huamulan.tw 信箱 sut81518@gmail.com
印　　刷　普羅文化出版廣告事業
封面設計　劉開工作室
初　　版　2011 年 9 月
定　　價　十二編 55 冊（精裝）新台幣 90,000 元　　　　　版權所有·請勿翻印

從工夫論看羅近溪思想之特色

李沛思　著

作者簡介

李沛思，台灣雲林縣人，畢業於中央大學中國文學所。求學階段即常以聖人之教反省己身，以學習聖賢足履作為終身職志。畢業之後服務於大專院校擔任行政工作，業餘開始從事民間講學，致力於推廣儒家思想與孝弟慈於平常百姓之家，期望使一般大眾皆能容易懂得、願意實踐聖學，體會其日用而不知之良知良能。終以大同世界作為淑世理想。

提　　要

　　羅近溪之思想，可以從他對孝弟慈之詮釋來收攝，由此宗旨而開展出其思想體系。而欲瞭解近溪的孝弟慈論之宗旨，可以從本體與工夫二種角度切入。從本體言孝弟慈，即是人的良知與赤子之心，不僅具有人能實踐道德的主體性，同時亦具普遍於一切人的客觀性，此孝弟慈亦即是仁，為人能上達於天之性體。近溪由孝弟慈之倫常實踐之樂之生惡可已，而體會天道之生生不已，如此便對天道之內容，給出了從孝弟慈之實踐即能體會的親切證明。從工夫言孝弟慈，則由最切身的家庭倫常之善盡，進而開展出成聖的工夫論，其工夫由孝弟慈看，本是一個整體，分言之，則有不同的工夫次第。筆者以為，近溪言工夫，有「復以自知」、「格物」與「破光景」三層。於日用倫常之中，體證此時之知愛知敬者即是良知，此即是「復以自知」的工夫，是良知通過其本於天之善而能逆知其自己，此證體工夫於近溪說法中，尚有「克己復禮」、「致良知」、「信得及」與「體仁」等，其實是同一工夫的各個面向。為避免復以自知工夫流於主觀，近溪以格物工夫之法古聖至善規矩作為輔助，令學者在致良知中有典範可循。此工夫是近溪對朱子學之重「學」的吸收，然近溪如此言學是有根源地學，非徒取法於聖王規矩以用於身，而是見諸古聖之典範，而喚發學者之道德心，在己心中找到與聖人相同的根據，依此本心而實踐之。如此根於本心之實踐，又以聖人之規矩穩定此心之客觀性，是近溪本諸孔子而言「仁禮兩端」之工夫。對於成聖之學的汲汲追求，而不免把良知當對象把捉之問題，近溪於是以「破光景」工夫，將學者之執持打落，使其回歸孝弟慈之自然平常，認為聖人亦只是由此平常之性做起，而推致此性於天地萬物，聖人境界即是孝弟慈之善性得以自然流行，渾淪順適。

　　近溪的工夫論，是由百姓日用而不知的孝弟慈作起點，繼而能自知而上同於天道生生，再進至聖人境界，此一過程，是以復以自知為工夫之主體，輔以聖人至善之客觀規矩，最後打破光景而回歸孝弟慈之自然平常，此一套成聖工夫正是近溪學問之用心處，由此亦可見近溪思想主旨、脈絡皆分明而自成系統。

致　謝

　　論文已經完成了，但疏漏其實不少，想到字裡行間可能還是會不小心跳出一、兩個錯字來，不免捏了一把冷汗。但無論如何，這篇不夠成熟的論文，卻是三年心血的結晶。寫作的同時，不僅訓練著自己的邏輯與分析能力，更通過對近溪工夫論的研究，重新審視自己生命的修養歷程，這一路上是受益良多的。論文的完成，也代表著碩士班生涯的結束，三年的日子裡，有許多的感謝在心底。

　　首先要感謝自己能遇見一位這麼好的指導教授，引領我一步步地開始作學術研究，同時也展現一個學者典範的楊祖漢老師。課堂上每一次專注地聆聽老師充滿熱情、洋溢著生命力地講述宋明理學，不僅生起了對學問的興趣，更對古代的儒者、以及眼前的這位儒者，肅然起敬。不分寒暑假，老師出於「義務」地帶著康德讀書會。我剛開始參加的時候真覺得艱澀難懂，耐著性子地讀下去，好像也慢慢能欣賞康德嚴謹的分析。作學問的基礎就如此一點一滴地累積起來。論文寫作的過程，又煩勞老師費心，常常在讀書會結束的下午到老師的研究室報到。老師對近溪學深入的體會成了對我的論文最寶貴的意見，雖然這樣精湛的見解到了我的筆下往往辭未能盡意，於此，我要對老師說的除了抱歉，便是感謝。也謝謝口試委員鍾老師與岑老師提供的意見，尤其岑老師不僅在學問上的教導，也是我最好的桌球教練。

　　這三年雖然辛苦，卻有許多的快樂，感謝帶來這些快樂的儒學研究中心的大家。肇嘉學長帶著我們這幾個碩一小蘿蔔頭（孟樺、騰達、于萱、昱章）開始了孟子讀書會，接著增加許多讀書會，在勤奮地學習中又有許多的樂趣，越來越有深度的討論象徵著我們的成長，最要感謝學長一路的提攜和勉勵。

讀書會之後的聚餐，是大家聊天、培養感情，也是笑聲不斷的時候。許多場的研討會大家一起擔任工作人員，總也能苦中作樂一番，慶功的出遊也用照片記下了許多美好的回憶。有這樣一群能互相切磋論學、又能一起開懷同樂的好朋友，真的非常感謝。

能順利完成學業，我深深地感謝父母這一路上給我的支持和鼓勵，您們一直是我最大的精神支柱，您們的期許和關愛是我努力的最大動力。這本論文所帶給我的成長、喜悅與榮耀，必是歸給您們的。也謝謝我的奶奶、哥哥和姊姊，因為有這麼親愛的家人，讓我對於近溪所倡之孝弟慈能有親切的體會。謝謝炯緯，陪著我走過論文寫作中的苦辣酸甜，當我心情低落的時候，你是直接的受害者；當我才思枯竭的時候，和你討論生命的問題也總能激發我的靈感。謝謝你陪我分享生活的喜悅、學問的樂趣、與生命的感動，真是幸運能有這樣一位知己相伴。

最後我想感謝上天，我是一位虔誠信仰的人。研究上我力求客觀，而當遇到挫折挑戰的時候，我試著用平靜的心來面對，於是重重難關就這麼順利地渡過。我不禁感謝上天讓我如此幸運，讓我的心能有源源不斷的愛的力量來迎向生命。

第一章　緒　論

第一節　研究動機

　　宋明理學對先秦儒家可以繼承，又因與面對佛教之衝擊而有所發展，儒者間積極地問學與討論，一時蔚爲風氣，使儒學在此時再度達到了顛峰。其時之學問，筆者特別傾心於陽明心學，其工夫在於回到本心，而天理即在其中，如此直截之道，即是儒學之真正精神，會有不容已要實踐的道德心本在內而非求諸外。此心表現在臨事而能知是知非的道德價值判斷，表現在當下的怵惕惻隱之心，從面對事事物物中當下逆覺此心，即能知此良知，雖未達聖人境界，而須不斷作致知、格物之功，然此當下之知卻是人人皆有過此體驗。見父母時自然流露愛敬之情，爲惡之時心上的不安，見人痛苦時自有不忍之心，而孟子在此處指點了四端，陽明在此處說出了聖學的工夫，讓人從事道德實踐有個入手處，明白聖學該努力的方向。

　　而陽明後學中，牟先生言：「能調適上遂而完成王學之風格者是在龍溪與近溪。」其中，近溪思想平常自然之風格，筆者實心嚮往之，對於其學說自然引起興趣。而近溪在平常之外，通過平常之語以形容天性、以上通於天德，更有渾淪順適的圓融境界，則令筆者希望通過對近溪思想之研究，而領受其教，學習其中之實踐進路。對近溪之學由是而兼有親切感與崇敬之感。近溪通過其一生勤奮的努力與對聖學堅持，所講出的渾淪順適及與天地萬物同體之圓熟境界，筆者以現今的生命體驗與學力，皆難以詮釋出其中之真諦，由於體證不到此境界之故。只能以極其崇敬的態度，與客觀的爲學態度，費力

以生澀的筆墨道出近溪之學的精彩。

　　近溪十分重視的「孝弟慈」，應對現今的社會，亦十分值得吾人學習與受用。孝弟之觀念，一向是中國傳統思想之特色，長期於此文化氛圍下的國人，孝弟倫常亦深植人心。但隨著時代不斷的推進，家族體制亦逐漸轉型，小家庭取代傳統的大家族，孩子為數亦減少，父母對於子女之情，往往由慈愛轉為溺愛，而子女對父母之情，由尊敬轉為輕慢與不知感恩。並非說現今之人全然不孝順，而是孝弟的觀念正逐漸的淡薄。如同三年之喪的古制也許不合時宜，然而其真精神是不容替換的，現代人難免在逐漸簡化的孝弟規矩中，對倫常之重視亦逐漸減少。面對如此之質疑，也許有人認為雖然並沒有晨昏定省的孝父母，平常亦是老老實實地作個守規矩的好人。然而以近溪思想觀之，則人的赤子天性都難以保守，此道德心不出又如何能說是做個好人，離道德實踐未免太遠。

　　近溪從最切近的生活平常，來說道德實踐，此種道德實踐是人人皆能做得的。人若要喚醒自己對父母的知愛知敬的心，其實是很容易的，因為那本是天性自然；而就現實經驗而言，父母對子女從孩提時的提攜，子女長大而不間斷的百般關心，此一事實十分容易喚醒我們孝父母之心。從孝父母的心出發，以推擴到周遭的人，乃至關心毫無血緣關係的陌生人，此心能常保而時時感通於物，即是與天地萬物一體之仁。此孝弟之心又即是道德心，順此心而行即是道德實踐，如此簡易平常之學，使人人的道德心皆能容易地喚醒，而使人人皆能有所受用與真切實踐。闡發近溪的思想，通過現代的詮釋而呈現真精神，當能面對現今社會道德意識之沈淪，主體文化價值之挺立不住的現象，對人心有所啓迪。

第二節　關於羅近溪思想之目前研究成果

　　牟宗三先生對羅近溪之思想給予極高的評價，其言：「陽明後，能調適上遂而完成王學之風格者是在龍溪與近溪，世稱二溪。」〔註1〕牟先生以破光景為近溪思想之勝場。唐君毅先生則標舉近溪思想為「歸宗於仁」，在陽明學派中亦有特殊精神，其言：「近溪直接標出求仁為宗，本『仁者人也』之言，而語語不離良知為仁體之覺悟。此乃近承心齋安身之教，就陽明言及大學問之

〔註1〕　牟宗三先生著，《從陸象山到劉蕺山》，台北：學生書局，2000 年再版四刷，
　　　　　頁 288。

言，以涵程明道『學者須先識仁』之旨，而遠接孔門之意。……簡易直截，宛若宗門手段；不離踐履，依然儒者家風。」〔註2〕二位先生皆相當肯定近溪之學在陽明學之發展中，而有極高境界之表現。也正因爲二位先生對於近溪的肯定，引起學界對近溪思想的研究逐漸重視。

牟宗三先生認爲近溪的學問風格專以破光景爲勝場。義理分解的學問到陽明已經分解到了盡頭，順著王學發展下來，只剩一光景的問題，而近溪以拆穿光景爲工夫，此無工夫的工夫，其實是一「絕大的工夫」、「弔詭的工夫」，正是承接了思想史發展之必然。牟先生對於近溪思想中的聖人化境相當肯定，常舉近溪之語「抬頭舉目、渾全只是之體著見，啓口容聲、纖悉盡是知體發揮。」而言此即是流行之體，牟先生言：「此流行之體決然是指心體、知體、仁體之隨事著見而言，是體之具體而眞實地呈現，圓頓地呈現，……全用是體及全體是用，全神是氣即全氣是神。」〔註3〕此肯定正是由於近溪講出了此最後的工夫，拆穿良知之光景而回到順適平常的聖人境界。

唐先生以「歸宗於仁」言近溪思想。近溪之仁即通於天地之生生，而天地之乾知坤能在人則爲人之良知良能。如何回復此良知，近溪以「復以自知」、「復其見天地之心」來體證之，唐先生於此體證工夫有詳細的論述。唐先生亦見近溪之破光景工夫，並認爲光景即是復以自知工夫之歧途，是一往之逆復，絕其通物之用而無生機，故當破之。繼而言近溪之工夫，由孝弟慈出發，即平常又達於天德；復以自知並非思慮之知，而是一覺悟的體證工夫；近溪於此體證之後，即作戒懼工夫，「於此道之恭敬奉持，不自瞞昧，平淡安閒，以順此道」。唐先生所述則較能見近溪思想之全貌。

楊祖漢先生則承唐牟二先生之見，並回歸近溪之文獻而給予現代的詮釋。指出近溪求仁宗旨，而其良知之義其實是「知愛知敬」，異於陽明之「知是知非」，由此處契入天道，「更顯『由道德以證悟天道』的『道德的形上學』之意義。」〔註4〕亦指出近溪〈大學〉之「至善」是以古聖爲格式，而聖王只是吾心所要求的理想之實現。楊先生更以近溪思想來證成新儒家之諸概

〔註2〕 唐君毅先生著，《中國哲學原論——原教篇》，台北：學生書局，1990年，頁419。
〔註3〕 牟宗三先生著，《心體與性體（二）》，台北：正中書局，2002年初版，頁126。
〔註4〕 楊祖漢先生撰，〈羅近溪思想的當代詮釋〉，2005年，國科會哲學學門86～92研究成果發表會，頁1～19，國科會、中正大學哲學系。

念，〔註5〕如由近溪即氣而見神，證「超越而內在」之義；由近溪的復以自知工夫，證「逆覺體證」之義。亦針對近溪時常引述孟子，其義卻往往不同於孟子而爲「創造性的詮釋」，給出說明。楊先生對近溪之研究，是從整體而觀近溪思想，將二位先生未言及之義闡發出來，並以現代的哲學概念，對於近溪思想作更深入地分析。

李慧琪學姐於〈從牟宗三論「破光景」看近溪之工夫論〉〔註6〕一文，對牟先生所提近溪破光景之義加以闡發，以近溪之文獻來回應牟先生對光景所作「狹義」與「廣義」之區分，並認爲近溪以「孝弟慈」之體認，指出親切明白的工夫，來破除牟先生所謂「廣義」與「狹義」之光景。

古清美教授〈羅近溪悟道之義涵及其工夫〉〔註7〕一文，論述近溪本人的體證過程，其實亦即是近溪破除自身光景之歷程，最後能回歸自然順適之平常，而以破光景之工夫來指點學者。近溪爲學之初所立之志「尋個不歉氣的事」，又言「眞正仲尼，臨終不免歉口氣。」古教授認爲「近溪爲期許自己追求的究竟境界之超越，恐怕是超過儒家的聖境。」言外之意，是近溪近於釋氏了。古教授又有〈羅近溪「打破光景」義之疏釋及其與佛教思想之交涉〉〔註8〕一文，則以近溪破光景的工夫即「破妄顯眞」的佛家工夫，而近溪所說的生生之仁則近於佛家的「作用見性」。以近溪思想之近於禪，此論述當是繼黎洲〈明儒學案〉「先生（近溪）眞得祖師禪之精者」〔註9〕之說而來。

魏月萍的《羅近溪「破光景」義醞》碩士論文，〔註10〕對光景的產生問題有詳細的介紹，並將近溪的破光景內涵，以「自然」、「悟本來面目」、「悟生死關頭」、「敬畏」等各個面向呈現。接著分析近溪的破光景與禪宗之交涉。針對與禪宗交涉之部分，魏氏大體循著古清美教授之意，以「破妄顯眞」來

〔註5〕 楊祖漢先生撰，〈羅近溪的道德形上學及對孟子思想的詮釋〉，2006年，「理解、詮釋與儒家傳統」國際研討會，中央研究院文哲所，頁1～14。

〔註6〕 李慧琪撰，〈從牟宗三論「破光景」看近溪之工夫論〉，2005年，發表於「牟宗三先生與當代儒學學術研討會」，中央大學。

〔註7〕 古清美著，《慧菴論學集》〈羅近溪悟道之義涵及其工夫〉，台北：大安，2004年初版。

〔註8〕 古清美著，《慧菴論學集》〈羅近溪「打破光景」義之疏釋及其與佛教思想之交涉〉，台北：大安，2004年初版。

〔註9〕 黃宗羲，《明儒學案》〈泰州學案三〉「參政羅近溪先生汝芳」，台北：里仁，1987年。

〔註10〕 魏月萍撰，《羅近溪「破光景」義醞》，政治大學中文所碩士論文，2000年。

論述，並認爲近溪所預設的眞心即如禪宗的自性圓滿之心。

李得財的《羅近溪哲學之研究》博士論文，[註11] 對近溪思想則有一全面的論述。在本體論方面，一、「宇宙實相」以〈易〉說明，二、近溪論「心」從萬物一體將存有論與道德實踐連貫，三、近溪的理氣論，從存有論的理氣圓融與境界上的理氣圓融觀之，四、天命之性與百姓日用之道。在工夫論方面，認爲近溪的工夫論由〈大學〉開展，一、先「信」己赤子之心與聖人同，而「悟」聖人境界，二、再作內聖工夫，如「體仁」、「愼獨」、「克己復禮」，三、外王方面，依然以法聖爲實踐的主要根據，四、在齊家上，眞正的落實聖人境界，仍從「孝弟慈」出發。李氏論述破光景，亦是循著古先生的「破妄顯眞」出發，認爲近溪的破光景確實受大乘佛經影響，並以「華嚴理境」來說解近溪的哲學型態。

大陸學者吳震教授所作《羅汝芳評傳》，[註12] 是首部詳述近溪生平及思想的專書，分述泰州學派人物思想作爲近溪思想之背景，與近溪的生平學履，與近溪的哲學思想。針對近溪哲學思想部分，先論近溪思想中求仁宗旨，繼論孝弟慈與良知說，接著說明近溪之「身心觀」、「天心觀」、「萬物一體」諸論點。結語以近溪對於典籍「詮釋視角的轉換」，及近溪思想的政治化傾向，近溪思想的歷史評價。對於近溪的工夫論則未作專章論述。吳教授另著《明代知識界講學活動繫年》，[註13] 有助於瞭解近溪講學之時序。

北大蔡世昌的《羅近溪思想研究》博士論文，[註14] 則對近溪思想作一全面的總整理。分述「生生論」、「心性論」、「仁說」、「學庸說」、「赤子之心、不學不慮說」、「孝弟慈說」、「工夫與境界」、「羅近溪與中晚明陽明學」。涵蓋近溪學說的多方論題，對於近溪學說涉及層面相當廣泛，足以對近溪思想之各個面向作一宏觀的瞭解。唯其深入於近溪義理之處有限，亦未能將近溪思想作一系統化的呈現。

歷史學者呂妙芬之著作《陽明學士人社群——歷史、思想與實踐》，[註15]

〔註11〕李得財撰，《羅近溪哲學之研究》，東海大學哲學所博士論文，1997 年。
〔註12〕吳震著，《羅汝芳評傳》，南京：南京大學出版社，2005 年初版。
〔註13〕吳震著，《明代知識界講學活動繫年 1522～1602》，上海：學林出版社，2003 年初版。
〔註14〕蔡世昌撰，《羅近溪思想研究》，北京大學哲學所博士論文，2000 年。
〔註15〕呂妙芬著，《陽明學士人社群——歷史、思想與實踐》，台北：中研院近史所，2003 年初版。

其中對於近溪講學之地理範圍與歷史考證，及講學風貌與其他陽明學者之交集，有一清楚的呈現。程玉瑛之著作《晚明被遺忘的思想家——羅汝芳（近溪）詩文事蹟編年》，〔註16〕對近溪之生平作一編年介紹，並針對近溪之詩文作時序上作仔細的考證。對於瞭解近溪之生平與其成學之時間能有相當直接的幫助。台大歷史所李慶龍的《羅汝芳思想研究》博士論文，〔註17〕對近溪成學歷程則有更詳細的介紹，亦兼及對泰州學派人物作一歷史考證與思想介紹，繼而以《易》學爲中心論述近溪的思想。論文附錄是將近溪各種版本著作之語錄部分，加以比對整理，是相當好的近溪文獻之整理。

　　以上僅針對筆者較爲重視且與本文所論之主題較爲相關者簡介之。受牟先生與唐先生之重視的影響，學界對於近溪的研究與日俱增，然目前的研究成果仍相當有限，且缺乏對近溪之工夫論作系統的介紹，此即是本論文所致力之處。

第三節　研究方法與進路

一、對近溪文獻之疏解

　　此文本著中國哲學的傳統方法，對近溪的文獻予以仔細的疏解與分析，希望在耙梳近溪文獻的過程中，不僅能客觀地呈現近溪思想之義理，同時亦能以現代的語言重新詮解，使古籍之精神有現代之生命，如此現代的學術研究，方能搭起傳統儒學與當代哲學之橋樑。

　　唐君毅先生言宋明以前的中國儒者，其論述義理通常肩負著三種角色：「聖哲立教之志」、「哲人」、「學者」於一身，就近溪之學看來亦是如此。其本著對孔孟聖學的繼承，立大人之志，終其一生的徹底實踐，即是以「聖哲立教之志」自勉。又能繼承陽明、心齋、朱子的思想而有所開展，在不間斷的講學生涯中，講出了自成一套系統的獨特學問，即是能提出自己思想見地的「哲人」。近溪以其獨特的對於「孝弟慈」的理解，以此爲精神核心，解讀儒家《易》《論》《孟》〈學〉〈庸〉《孝經》等典籍，予以創造性的詮釋，近溪兼容典籍本身的客觀義理脈絡，又將其納入自身的學問中思考，隨時作爲自

〔註16〕程玉瑛著，《晚明被遺忘的思想家——羅汝芳（近溪）詩文事蹟編年》，台北：廣文，1995 年初版。
〔註17〕李慶龍撰，《羅汝芳思想研究》，台灣大學歷史所博士論文，1999 年。

己學問之有力佐證，乃「六經注我」的立場。並以典籍爲準據，隨處講說宣揚，此亦是「學者」之職。

而唐先生認爲今之學者，可自限於「學者」之範圍，暫時將其餘二者擺開，而致力於客觀地研究學問，讓聖賢典籍與思想能以客觀的義理系統呈現。並指示出現代的研究中國哲學之方向，可依以下次序進行：

1. 哲學思想之著述中之主要文字，即哲學名辭之字原，及此辭之義，在哲學史，在各哲學家之思想體系中之演變。此爲通於文字訓詁或今所謂語意學之研究——此可簡名爲「辭義」之研究。

2. 包涵哲學名辭之文句所表之義理，及其所涵者之分析與引繹。此爲通於所謂章句之學、名理之學、或今所謂邏輯的語句的分析者——此可簡名爲「義涵」之研究。

3. 義理之相互關聯所結成思想體系，與思想體系之型態之研究——此可簡名爲「義系」之研究。

4. 一思想體系或一型態之思想體系，所指向或表現之哲學宗趣或哲學意境之陳述。此須兼具審美的欣賞的態度而後能者——此可簡名爲「義旨」之研究。

5. 文字所表之哲學宗趣、哲學意境，與哲人或聖哲之爲人之精神志願之關係之陳述。此須兼具宗教道德性之崇敬的態度而後能者——此可簡名爲「義趣」之研究。

6. 哲學宗趣或哲學意境，或一哲學思想體系自身，對其他學術或其他文化領域之涵義，或應用的價值之考察。此須兼具實用應用的態度以從事者——此可簡名爲「義用」之研究。

7. 不同之哲學思想之宗趣、意境與其義理內容之比較，其涵義與應用之價值之比較。此爲對各不同之哲學，作反省之哲學的哲學，而類似中國之佛教中之判教之事者——此可簡名爲「義比」之研究。

8. 諸哲學在歷史中相續出現，而相承、或相反、或相融、或分化之迹相，及其中所表現之哲學精神之生長轉易、凝聚與開闔之迹。此爲眞正之哲學史，或黑格爾所謂大字寫之哲學——此可簡名爲「義通」或「義貫」之研究。〔註18〕

〔註18〕唐君毅先生撰，〈中國哲學研究之一新方向〉，1965 之演講，收於《中華人文與當今世界（上）》，台北：臺灣學生書局，1988 年全集初版，頁 386〜405。

　　此中國哲學的研究方法其義至爲弘深，筆者於本論文之撰寫中將勉力爲之。對於近溪所論及之重要概念，回溯其於經典中之根源，以明其原始意義，與近溪所取之義。針對近溪的文獻，仔細疏解分析，力求回復近溪語此言之初衷。並期望從近溪文獻所言及諸多義理中，發現近溪的學問脈絡，提出一個思想架構以樹立近溪思想之系統。於此成系統之學問中，提出一簡要而又貫串其中成爲學問精神之宗旨，以能清楚把握近溪思想之方向，以及近溪通過此學問工夫，所期望達至的理想聖人境界爲何。兼論以近溪思想與陽明學、朱子學之義理比較，從中發現近溪之學有所發展或承繼之處。最後將近溪思想之旨，置於思想史的脈絡中思考，比較歷來對於近溪思想游移於儒佛之間的批評是否允當，還近溪思想於儒家義理中一個清楚的定位。

　　關於客觀研究學術之態度問題，唐先生亦言學者須有「對此思想者之哲人聖哲之爲人之人格，能加以崇敬或欣賞」，須具備對此學問有客觀「藝術性的欣賞態度，宗教性、道德性的崇敬態度、體證態度、實踐態度」等，將可使此學問研究之「學者」，能開啓通往「哲人」之路。對此客觀研究學問的態度，徐復觀先生亦有言：

> 就研究思想史來說，首先是要很客觀的承認此一思想；並當著手研究之際，是要先順著前人的思想去思想，隨著前人思想之展開而展開；才能眞正了解他中間所含藏的問題，及其所經過的曲折；由此而提出懷疑、評判，才能與前人思想的本身相應。否則僅能算是一種猜度。〔註19〕

筆者亦保持此種客觀的態度，儘量以近溪提出此學問的角度觀之，詮釋本難以眞正客觀，筆者只能極力要求自己切合近溪思想之旨，於疏解文獻的過程中，力求回復近溪思想之原貌。盡量用「近溪之語」來解釋「近溪之語」，以其本人的思想來作論證，相信較能忠於其本意。

二、從工夫論之角度來理解近溪思想

　　近溪從師顏山農，學承泰州一派，泰州學重視實踐有其特殊風格，〈明儒學案〉載：「泰州之後，其人多能以赤手搏龍蛇。」此雖欲言泰州人物之粗莽

〔註19〕徐復觀先生撰，〈研究中國思想史的方法與態度問題〉，作於 1959 年，收錄於韋政通編，《中國思想史方法論文選集》，台北：水牛出版社，1993 年再版二刷，頁 157～158。

勇猛，亦當察其粗莽之後是爲百姓立命之實踐決心。余英時先生論述陽明與
心齋初會面之時，心齋極爲關心「政治領域」，而陽明以「君子思不出其位」
阻之，即是心齋對於聖學理想之實踐有極爲遠大之抱負，與實踐於現實之關
心。余先生亦言陽明之所以阻之，是由於陽明在龍場頓悟之後，使其立場對
政治退避轉向「覺民行道」之關心。〔註20〕無論其關心在於政治與覺民行道，
其用意皆在使自身對道體之體認以推擴到天下之內聖外王的開展，讓聖學在
其生命中實踐。陽明此「覺民行道」之風格，由心齋以及泰州學派之後學繼
承之，其學之倡導極力於普遍於百姓大眾，其講學風格由宋明以來的分解，
轉爲百姓皆能懂得、實踐得的平實簡樸。黃文樹在〈泰州學派的教育思想〉
文中有言：「泰州學派的教育對象面向社會大眾，不但下層庶民的門生比率甚
高，而且擴及全鄉族的男女老少，甚至獄囚之徒也在講學對象之內。」更徵
引李贄所撰〈羅汝芳先生告文〉：「若夫大江之南，長河之北，招提梵刹，巨
浸名區，攜手同遊，在在成聚。百粵、東甌、羅施、鬼國、南越、閩越、滇
越、騰越、窮髮鳥語，人跡罕至，而先生墨汁淋漓，周遍鄉縣矣。……是以
車轍所至，奔走逢迎，先生抵掌其間，坐而談笑，人望丰采，士樂簡易，解
帶披襟，八風時至。」〔註21〕足見近溪對講學實踐之熱中。

　　近溪正是繼承著如此的實踐風格，加上近溪個人對於道德實踐之體會，
其自幼即有「日夜想做個好人」的志向，其成學歷程又歷經心火之病與光景
之苦，勤奮向學「每清晝長夜只揮淚自苦。」自道：「自二十年來此道喫緊關
心，夜分方合眼旋復惺惺，耳聽雞喔，未知何日得安枕席。」又到處訪師友
以學聖道，「東奔西走而幾至亡身」，〔註22〕最後方能即於平常中體會渾淪順
適。因此其畢生將其體證聖學之方傳授與人，其門人詹事講述近溪之人之學
曰：「講每見師居常，無日不親師友，無念不通人心。自志學之初，以至今終
之日，孳孳矻矻，惟成就後學是急。蓋師之心仁心也，師之心仁體也，仁者
以天地萬物爲一體，師其有之矣！」近溪關切聖學之豁醒人心如此，其對於
聖學之體證，與將此體證推致於人之心，未曾有一日稍離。終其一生之講學，

〔註20〕 參考余英時著，《宋明理學與政治文化》〈王陽明龍場頓悟與理學轉向〉，台北：
　　　　允晨文化，2004年初版。余教授此言可備爲一說。而陽明於龍場悟後，仍有
　　　　平宸濠之亂，平思、田之亂等，亦難説退避政治。而陽明後學確實有往民間
　　　　講學發展之趨勢，泰州學派更是直接繼承，甚爲重視民間講學。。
〔註21〕 李贄，《焚書》卷三〈羅汝芳先生告文〉，台北：漢京文化，1984年初版，頁124。
〔註22〕 《近溪子集》58條，收於《近溪子全集》，台北：國家圖書館藏。

亦可謂「學不厭、誨不倦」，其學與誨其實亦皆只是實踐聖學之一事，近溪言：「自己學處，即是誨人學處，誨人學處，即是自己學處。蓋物我原是一體，則學誨原是一事。」﹝註23﹞由此可見近溪之學重在實踐。因此由體證聖學的工夫之一路，作為理解近溪之學問的主要線索，當能呈現近溪之風格。此論文遂以近溪的工夫論展開。

近溪之工夫實以體認通達於易之生生的心體性體為主，以此為工夫之主軸，兼以其他工夫以完成此一聖學的路向。因此欲切入近溪之工夫論，又不能不對近溪所要體證之本體多作瞭解，此文便以近溪的即本體即工夫之「孝弟慈」宗旨，作為論述之開端，此宗旨之底定，更有助於理解近溪思想原有一精神貫串於其中，以此精神而開展出其工夫論，與理想的聖人境界。論述近溪的工夫論之始，則以「復以自知」之證體工夫，亦即近溪工夫之主要為學方向，作為近溪工夫論之主軸，後續所論之格物與破光景工夫，則作為此工夫之必要的輔助工夫，呈現近溪工夫論之主要架構。格物與破光景工夫，以成聖之學的立場言輔助，而其實只是近溪為完成此學之完整工夫中的不同面向之工夫。此三個不同面向之工夫，在近溪的工夫論中皆有著不可或缺的必要性，同時亦顯現近溪的工夫論，其實是一有脈絡可循，且發展妥善的完整工夫體系。通過工夫論之義理架構，亦能見近溪由實踐風格而開啟的學問面貌，以工夫論的角度，顯出近溪思想之異於其他儒者之特色。

三、呈現近溪思想之系統

將近溪視為一有自己見解的思想家，則近溪思想必然有通過生命體驗而得的特殊的風格，以及所提倡之思想互有關連性，而成為一有系統的思想體系。筆者於此論文中，致力於發現近溪學之系統性，通過對近溪文獻之解讀，回歸其學之原貌，並以近溪本人的文獻，立出簡要的架構，來呈現出此有系統的學問。

關於哲學家之思想系統之研究，勞思光先生有以「系統研究法」說之，其言：

> 一個哲學家倘若值得被哲學史提及，則他的思想至少必有些理路，
> 因此多少必有系統性。系統研究法注重敘述原來思想的理論脈絡，

﹝註23﹞《近溪子集》111條，收於《近溪子全集》，台北：國家圖書館藏。

本是應該的。〔註24〕

筆者正是如此觀近溪思想的，尤其牟先生對於近溪思想中的境界十分肯定，對於其在王學發展中的地位亦相當肯定。筆者在先大膽地預設近溪思想必有其系統可循，進而小心地在近溪的文獻中尋找證據。關於「系統研究法」，亦可能有弊端發生，勞先生繼言：

> 當一個哲學家建立理論時，他雖有一定的理路，但他有時仍不免有些岐出的觀念。特別當他自己發現自己理論系統中的困難的時候，每每他用些臨時的、表面的補救方法——例如加一個觀念，加一個論證，或加一個註釋之類。這種補救在理論上常常是失敗的。但對於哲學史的研究者，它卻有很重要的意義。因為，它常常會透露出這裏所涉及的哲學問題的真相，常常暗示下一步哲學思想的發展。如果一個研究者，一味採用系統法的觀點，只去掌握某哲學家思想中的系統部分，而不注意那些岐出旁生的觀念，則他的敘述即不可免地不能包含這個哲學家的思想的全部，而必有所缺遺。〔註25〕

礙於學力、時間上種種的限制，筆者所欲建立起近溪的思想系統也許亦容易有此缺失。本文論述的過程中，儘量以建立近溪思想的架構為主，力求清楚地呈現近溪思想之系統性，於是在文獻的揀擇中，採取了最足以論證此系統性之近溪語錄，並且在疏解文獻的過程中，儘可能地讓此系統性呈現，若有較為「岐出旁生」之觀念，亦即似乎較矛盾於此系統性的語句，則鮮少提及，一方面亦是不讓此論文之主題太過複雜以致失焦。加上此論文以工夫論為主軸，則關於近溪其他的見解，諸如理氣論的部分，與近溪為告子「生之謂性」辯說所涉及的形色與天性之問題，近溪思想與宗教之交涉等諸問題，則無暇論及。

　　勞先生針對思想史之研究，認為最恰當的方法，即是「基源問題研究法」，所謂基源問題，即是「一切個人或學派的思想理論，根本上必是對某一問題的答覆或解答。」〔註26〕此問題再引生其他問題，針對此些問題對此哲學家之思想進行考察，即能逐步地展示其理論。近溪繼承泰州學派，及其個人對於道德實踐獨特的體會與要求，「基源問題」即是：如何將聖學落實於生命之

〔註24〕勞思光撰，〈論中國哲學史之方法——中國哲學史序言〉，勞思光著，《新編中國哲學史》，台北：三民書局，2002 三，頁 1～20。

〔註25〕同上註。

〔註26〕同上註，頁 192。

實踐，又如何將此實踐讓百姓最能受用。近溪針對此問題的反省，提出的答案即是「孝弟慈」宗旨，此正切合近溪本人的生命感受，亦是近溪所要求推致於百姓者，孝弟慈既是日用平常，又即是通達於天的人之天性。本論文之研究，爲近溪思想標示的「孝弟慈」宗旨，亦是承著此「基源問題」而來。

　　筆者本著對近溪思想理解的客觀性，系統之建立亦儘量如實地呈現近溪思想之原貌，相信如上所說未論及之問題，置於此系統架構中，亦不難予以疏通和理解，以完整地把握近溪之思想。以上所述是本論文的研究方法與進路，以及本論文之研究限制。

第二章　近溪思想宗旨：孝弟慈

第一節　孝弟慈爲學問宗旨

　　孝弟慈是近溪的核心思想，近溪自述爲學歷程時說到：

> 但某原日亦未便曉得去宗那個聖人，亦未便曉得去理會聖人身上宗
> 旨工夫。其初只是日夜想做個好人，而科名宦業皆不足了平生。想
> 得無奈，卻把近思錄、性理大全所說工夫信受奉行，也到忘食寢、
> 忘死生地位。又病得無奈，卻看見傳習錄說「諸儒工夫未是」，始去
> 尋求象山、慈湖等書，然於三先生所爲工夫每有窒礙，病雖小愈，
> 終沈滯不安。時年已弱冠，先君極爲憂苦。〔註1〕

近溪對陽明、象山、慈湖的學問尚無法完全契合，實踐其工夫每有窒礙處，
近溪內心深處對聖學的求索還得不到滿足，因此「病雖小愈，終沈滯不安」。
這同時也標示出近溪和陸王對於聖人宗旨的把握上，有些許的差異，近溪對
「聖人身上宗旨工夫」的體會正是孝弟慈，其又言：

> 幸自幼蒙父母憐愛過甚，而自心於父母及弟妹，亦互相憐愛，眞比
> 世人十分切至。因此每讀論孟孝弟之言，則必感動或長要涕淚。以
> 先只把當做尋常人情，不爲緊要，不想後來諸家之書，做得著累喫
> 苦。又在省中逢著大會，與聞同志師友發揮，卻翻然悟得只此就是
> 做好人的路徑，奈何不把當數，卻去東奔西走而幾至亡身也哉？從
> 此回頭將論語再來細讀，眞覺字字句句重於至寶，又看孟子，又看

〔註1〕　《近溪子集》58條，收於《近溪子全集》，台北：國家圖書館藏。

> 大學，又看中庸，更無一字一句不相照映。由是卻想，孔、孟極口
> 稱頌堯舜，而說：其道孝弟而已矣。豈非也是學得沒奈何，然後遇
> 此機竅，故曰：我非生而知之者，好古敏以求之者也；又曰：規矩，
> 方圓之至；聖人，人倫之至也。其時孔、孟一段精神，似覺渾融在
> 中，一切宗旨、一切工夫，橫穿直貫，處處自相湊合。〔註2〕

近溪本身從家庭中體會到的親情是十分充足和溫暖的，因此其對論孟孝弟之
語早有感動，在經歷過漫長的為學歷程之後，經歷過諸家工夫的不貼體之後，
近溪回過頭體會到孝弟慈原來不只是他個人的感受，而且更是普遍的、人心
之所同然的聖學宗旨。這宗旨是在近溪向外求學，在諸家學問中遍尋不著，
而透過自己的真生命猛然醒悟得來的，再從聖賢書中得到印證，確定孝弟慈
果然是聖人宗旨。孔、孟稱頌的聖王堯、舜，正是稱頌其孝弟而已，為聖的
入手工夫和宗旨、聖人講道行道的精神也都在此孝弟而已矣。近溪又言，論、
孟、學、庸都能以孝弟宗旨貫穿了，唯有易經貫串不來：

> 但有易經一書卻又貫串不來，時又天幸，楚中一友來從某改舉業，
> 他談易經與諸家甚是不同，後因科舉辭別。及在京得第，殊悔當面
> 錯過，皇皇無策，乃告病歸侍老親。因遣人請至山中細細叩問，始
> 言：渠得異傳，不敢輕授。某復以師事之，閉戶三月亦幾亡生，方
> 蒙見許。反而求之，又不外前時孝弟之良，究極本原而已。從此一
> 切經書皆必歸會孔、孟，孔、孟之言皆必歸會孝弟。以之而學，學
> 果不厭；以之而教，教果不倦；以之而仁，仁果萬物一體而萬世一
> 心也已。〔註3〕

近溪向胡中正學易時，胡中正教之的方法為：「易之為易，原自伏羲洩天地造
化精蘊於圖畫中，可以神會而不可以言語盡者，宜屏書冊、潛居靜慮乃可通
耳。」〔註4〕因此近溪學習易經的方式，一樣是透過反省於內心而得，最後近
溪所體悟的易經宗旨、伏羲未畫之前，又與論孟的孝弟相通。近溪以孝弟慈
的宗旨貫穿論、孟、學、庸、易，亦以此宗旨貫穿近溪本人的思想體系。所
以近溪自道「一切經書皆必歸會孔孟，孔孟之言皆必歸會孝弟」，又言「赤子
之心卻只是個孝弟，而保赤子則便是個慈也。」慈雖不如孝弟是在孩提皆有，

〔註2〕 同上註。
〔註3〕 同上註。
〔註4〕 《盱壇直詮》181條，台北：廣文書局，1996年四版，頁223。

但卻是人之有子便會自然流露的天性，此亦是不待慮學，正是「未有學養子而後嫁」，近溪便以孝弟慈「此三件事，從造化中流出，從母胎中帶來，遍天遍地，亙古亙今。」由孝弟慈三者皆能見人之善性，在實踐中父母的慈若是做得好，亦能幫助子女孝弟的實踐，是近溪又言「則慈，又孝弟所從生。」三者雖渾然良知所自有，此是在超越的天性，若父母能在現實中實踐慈，則子女更能藉此真情實感的引發而亦在經驗將孝弟實踐呈露其善性，各人在其分上將孝弟慈做得好，其各自的天性就愈能在孝弟慈的實踐中彰顯。孝弟雖最容易指出人的不學不慮的良知本性，但孝弟尚不足以說明一家之中所有的人倫，慈在其中正足以說盡人所會面臨的由上到下所有的天倫關係。以其同樣是不學不慮的天性，加上就實踐所言的完整性，近溪乃孝弟慈並講，以此勸人學聖，堯舜之道只是孝弟而已。是故孝弟慈乃近溪思想的根本，以此宗旨來詮釋經典，以此為核心開展出其思想體系和入聖工夫。

第二節　作為本體義的孝弟慈

一、孝弟慈即良知

　　良知之說的提點，是陽明以來心學的特色，近溪亦甚重此良知，其曰：「入我皇明，尊崇孔、顏、曾、孟，大闡求仁正宗，近得陽明先生發良知真體，單提顯設，以化日中天焉。」﹝註5﹞對於陽明提出「良知」的功勞甚是推崇。致良知在近溪學說中，依舊扮演著修養工夫的核心位置。唯對良知的詮解，近溪和陽明卻是各有所重，陽明的良知重在知是知非，作為道德實踐的判斷上；近溪所提卻是從愛親敬長、知孝知弟的良知良能講，比起對於陽明良知學的繼承，近溪其實更扣著孟子原文來加以闡述發揮。近溪對於陽明所提出良知學的推崇，是因為陽明在朱子學的廣大學術氛圍影響之下，能將道德修養從向外學習道德之理，返回對內在良知的重視，強調道德修養的工夫是作在自身的。近溪對於此種轉向甚為讚美，故其言：「陽明先生，乘宋儒窮致事物之後，直指心體，說個良知，極是有功不小。」又曰：「……是三先生（周子、程子、朱子）之學皆主於通明，但其理必得之功效，而其時必俟諸持久。若陽明先生之致其良知，雖是亦主於通明，然良知卻即是明，不屬效驗；良

<hr>

﹝註5﹞《會語續集》11條，收於《近溪子全集》，台北：國家圖書館藏。

知卻原自通，又不必等待。況從良知之不慮而知，而通之聖人之不思而得；從良知之不學而能，而通之聖人之不勉而中，渾然天成更無斧鑿。」〔註6〕近溪認爲陽明能將孟子的「良知」一語特顯出來，不但說明了人終究可作得聖（通明），更說明了人和聖在本質上是無差別的，此本質是內在於人而爲本有的，是無須透過修養工夫的琢磨，而原本就同於聖，此中當然還蘊含著，近溪的修養工夫是「復以自知」，其工夫並非作在如何端正己心，而只在自知己心原來就是天，人本有不學不慮的良知良能，即同於聖人的不思而得、不勉而中，只賴以自知之。近溪讚美陽明正是因爲此，良知是內在於己身，時時能呈現的道德根源，而此根源又是同於天的。

　　講良知的內容，近溪則是順著孟子的原文：

　　　孟子曰：「人之所不學而能者，其良能也；所不慮而知者，其良知也。

　　　孩提之童，無不知愛其親者，及其長也，無不知敬其兄也。親親，

　　　仁也；敬長，義也。無他，達之天下也。」〔註7〕

孟子以孩提的愛親敬長，講人所不學不慮的良知良能，並以此良知良能推而能爲仁義，近溪恰當地把握住此孩提知愛知敬的不學不慮特質，而講出其學說的特色：「孝弟慈」。近溪的學說繞著良知展開，同時即是繞著孝弟慈展開。良知是近溪收在主體而言成聖的超越的根據，將良知的內容以孝弟慈來詮釋，正是近溪將孝弟慈提到本體的意義來說。近溪於此義上和陽明有所出入，其言如下：

　　　陽明先生乘宋儒窮致事物之後，直指心體，說個良知，極是有功不

　　　小。但其時止要解釋大學，而於孟子所言良知卻未暇照管，故只單

　　　說個良知。而此說良知，則即人之愛親敬長處言之，其理便自實落，

　　　而其工夫便好下手，且與孔子『仁者人也，親親爲大』的宗旨毫髮

　　　不差，始是傳心眞脈也。〔註8〕

此處亦可看出近溪自覺地與陽明的良知學有所不同。近溪推崇陽明的良知義如前所述，而另指出陽明只單提良知，放在大學的架構下作爲修身的依據，此良知作爲反己修養的位置是擺得不錯，但卻離開孟子良知良能是從愛親敬

〔註6〕　《近溪子集》125條，收於《近溪子全集》，台北：國家圖書館藏。

〔註7〕　《孟子》〈盡心上〉。〔宋〕朱熹著，《四書章句集注》，台北：大安出版社，1994
　　　　年初版，頁495。

〔註8〕　《近溪子集》94條，收於《近溪子全集》，台北：國家圖書館藏。

長說的脈絡。牟宗三先生在解讀陽明「良知」一義時，以為孟子雖就孩提之愛親敬長言良知，但其實指著仁義言的，亦即是孟子所真實要指述的仍是作為道德根據的性而言，而愛親敬長只是人皆有之善性在與父兄之間的表現，就其表現在孝弟之一例以言人之善性，雖說知仁知義其實亦是知禮知是非，統四端而為人之本心善性。陽明正是依於此義，而將良知提上來以代表本心，以是非之心來綜括孟子的四端之心。雖言依於孟子此義，但牟先生又言此良知雖可追源於孟子，陽明此提良知又不只是從讀孟子中讀來的，而是由於自己的「獨悟」。當然透過自己對本心的體會，其所體得的又往往能從聖賢經典中找到印證，諸如陽明此悟良知之心作為本心之意，亦與孟子相符。但不能忽略的是，陽明提良知是與其致良知的工夫分不開的，而其致良知又是結合了大學的致知，作為大學中工夫主要用力處，此又是為了回應朱子以格事事物物之理落於向外求理之弊。陽明由其體會本心而來，故提此良知是知是知非的本體，此知是知非是道德判斷，不須外加其他見聞知識即能做得，於親便孝、於兄便弟、於君便忠，所行皆能合於道德。此提法良知亦能收攝孝弟於其中，但於孟子所言良知的語脈稍有不同，孟子從愛親敬長處說及人之仁義，從知愛知敬處說人的良知良能，人皆有良知良能故人皆能行仁義之事。陽明從知是知非的良知先說，再以此良知之用人便能知孝弟，陽明與孟子所言良知，於指點處有所不同。

近溪就孝弟慈言良知，亦是其「獨悟」而來的體會，此體會又與孟子所說無別，以人人皆生來即能孝弟慈說人皆有的善性，此善性亦能用於各處，與人相處能應對、在其位則能事君愛民，所用與陽明所說的良知無差，差別只在其指點處有不同。此指點的不同自然會關涉到對本體的體會不同，陽明從知是知非講良知重在天理之善惡分辨，將良知歸於智，近溪以孝弟慈的知愛知敬言良知重在感通，將良知歸於仁。陽明知是知非的良知放在修身言，作為道德善惡之分判、檢別行為之當行於不當行十分中肯，但至於要及於萬物，從知是知非言感通似乎較為勉強，故陽明必從良知之「明覺」言與天地萬物全體相感應。近溪從知愛知敬言良知，則人人皆有此種不容已之感，從愛敬己之親長而自然容易知別人之親長亦如同我之親長一樣需要愛敬，以知愛知敬就能直接言與天地萬物相感通為一。近溪繼承陽明之將良知上提到本心的地位，但於良知之內容近溪由知愛知敬言，正可以孟子此篇談良知中，找到良知內容的依據，其不學不慮是就孩提知愛親敬長言，由此不學不慮方

能講到仁義亦是不學不慮的內在於心。相較於陽明先提一知是知非的良知本體，再以此體貫穿孝弟皆是良知良能，近溪的提法似乎較合於孟子語脈，不僅以良知作爲人之本心，更以該篇的孝弟訓良知之義，非但經由個人修養體會「獨悟」，而取經典之語作爲個人思想的核心概念的「六經注我」，近溪更將自身所體會的孝弟慈，來恰當地詮釋孟子提良知之原意，此亦具「我注六經」之還原於經典的客觀化。故近溪在此處對於陽明的批評「而於孟子所言良知，卻未暇照管，故只單說個良知。」確實指出陽明擷取孟子的「良知」一語，獨立於孟子原文之脈絡以作爲個人思想之核心概念的立場。

因此近溪主張，回歸孟子而從愛親敬長處言良知，既於良知的內容能親切體會，孝弟慈亦是最切近的下手工夫。透過將孝弟慈上提到本體，近溪可藉由孝弟慈作爲核心而開展出其整個思想體系，孝弟慈可從最切近處的日常生活實踐，亦可通超越的天理、作爲天命落在人身上而成爲人的性命。孝弟慈在每個人現實中皆有所呈現，亦是人人最易感同身受、最易著手的修養工夫。足可表明其爲人皆有之的良知良能，皆是人人不學而能、不慮而知，卻自然做得出來，是作爲性善的最好註腳；而透過修養工夫復知此良知良能原來通於天而爲人的性命，天命之難以測度、難以全窺，又是聖人亦有所不知不能了。故近溪好言：「孟子當時道：『人性皆善』，是見得孩提之良知良能，無不愛敬親長，『言必稱堯舜』，是見得堯舜之道，只是孝弟而已矣。」〔註9〕人的性善從孝弟處見，堯舜之道亦從孝弟而成，孝弟慈正是近溪所特舉出來，徹上徹下之語。

近溪以孝弟慈來說明良知之語隨處可見，如言：

> 政爲民而立，則政之所云必民間之事。政既是民間之事，則爲政以德之德、道之以德之德，便須曉得聖人說的，亦就是民間日用常行之德也。民間一家只有三樣人，父母、兄弟、妻子；民間一日只有三場事，奉父母、處兄弟，養妻子。家家日日能盡力幹此三場事，以去安頓此三樣人，得個停當，如做子的，便與父母一般的心，做弟的，便與哥哥一般的心，做妻的，便與丈夫一般的心，恭敬和美，此便是民三件好德行。然此三件德行，卻是民生出世帶來的，孟子謂：孩提便曉得愛親，稍長便曉得敬兄。未學養子而嫁，便曉得心誠求中。眞是良知良能，而民之秉彝，好是懿德也。〔註10〕

〔註9〕 《近溪子集》182條，收於《近溪子全集》，台北：國家圖書館藏。
〔註10〕 《近溪子集》178條，收於《近溪子全集》，台北，國家圖書館藏。

> 明德只是個良知，良知只是個愛親敬長，愛親敬長而達之天下，即
> 是興仁興義而修齊治平之事畢矣。〔註11〕

> 君子之學，莫善於能樂，至言：夫其樂之極也，莫甚於終身訢然樂而
> 忘天下。故孟子論古今聖賢，獨以大舜之事親當之。然自今看來，又
> 惟是大人者不失赤子之心而已。詩曰：天生蒸民，有物有則，民之秉
> 彝，好是懿德。此好字，便是樂字起頭處，何以見民生而即好樂乎懿
> 德也哉？你試看人家初生的兒女曾未幾日，父親母親、哥哥姐姐以指
> 輕輕孩之，便開顏而笑，兒方孩笑，父母哥姐其開顏而笑又加百倍。

> 故曰：有父子，便有慈孝之心，然則有兄弟，亦便有和順之心，此有
> 物而必有則也。父母喜懽兒女，兒女喜懽父母，哥姐喜懽弟妹，弟妹
> 喜懽哥姐，此即民之秉彝，故好是懿德也。這是生來自知而叫做良知，
> 生來自能而叫做良能，且無不知之，無不能之。〔註12〕

若道德實踐是人人可做的，聖人境界是人人可能的，則以孝弟慈來貫穿聖人和百姓是再合適不過的。道德實踐並非獨立於現實生活之外，聖人境界亦非是獨立於百姓之外的另一種生活，孝弟慈正是無論百姓或是聖人都離不開的人倫生活，既是具體的日常生活，又有著天性的自然流露。從人倫之間的互相喜懽友愛，說起「民之秉彝，好是懿德」，人人皆有此良知良能只是不能自知，人人皆曾喜懽過父兄、皆自然地愛自己的兒女，此不待教養而自然流露者，正是人的善性。近溪從人皆曾有這種流露，而言人內在皆有道德的根源，相較於孟子的乍見孺子入井之喻，縱言人皆有怵惕惻隱之心，但因其為偶然觸發之特殊事件，或有此惻隱並不是經常出現的疑義。近溪從人人皆有父兄妻子、人人皆曾愛親敬長，似乎更能說明道德根源的普遍性。因為人皆離不開日用人倫，亦皆曾或多或少流露過人倫間之真性情，既能流露必是有其根源，而此根源正是人之善性，亦是能與聖人打對同的良知。故從人人皆有的日用人倫的孝弟慈，即能說明人人皆有此善性，此善性既是普遍於每一個人，而聖人又是從此不學不慮的良知達到不思不勉的聖人境界，故可說此善性即是人人可以成聖的根據。人人皆有能力實踐孝弟慈，即人人皆有實現此善性的能力，亦即說人人皆有能力展開道德實踐以通往成聖之路。近溪透過孝弟慈不但能說明作為道德實踐根源的善性是普遍的、人人皆有的，亦說明道德

〔註11〕《近溪子集》181 條，收於《近溪子全集》，台北：國家圖書館藏。
〔註12〕《近溪子集》182 條，收於《近溪子全集》，台北：國家圖書館藏。

實踐是普遍人人可行的。

民間一家只有三種人，此三種人倫的存在是人人都要面對的，這三種人倫既是道德的必要條件，亦是充要條件。道德實踐非得這三樣事不可，因為這是家家皆有，人人皆不能不面對的，人不能離此三件事，道德實踐更不能離此三件事。道德實踐不能離此三件事而完成，反過來說，人亦離不開道德實踐，因為人皆有此三件事，此三件事既成為人生之必然，則人應有義務去盡力做好它，去努力地將這三件事做的停當，「便是民三件好德行」，當人生中必然地要求在此三件事做好的同時，也正在進行著道德實踐。如此近溪是將人倫關係之在人生中的必然性，轉化成道德實踐在人生中的必然性，以此來說明道德實踐不但是普遍的人人可做的，更是人人所必然要做的。如何說是充要條件呢？聖人也就只是將孝弟慈做到圓滿，而無須外加任何其他的條件，正如近溪常言「堯舜之道只是孝弟」。若道德實踐在此三件事之外，而需另加許多諸如見聞知識的條件，則道德實踐就不是人人可做成的，因為「民間一家只有三樣人」，只有這三件事對所有的人而言是必然，道德實踐需要的若不只此三件事，則就不是對人人都成為必然可實踐的。近溪所強調的道德實踐，不只要精深通達於天命，更要普及於一切大眾，故以此孝弟慈作為其思想的核心，而又能將簡易平常的孝弟慈，融貫於儒家典籍中，詮釋的既高妙深奧又容易入手，實可為近溪思想的一大特色。

近溪雖以孝弟慈言徹上徹下，但近溪亦非將現實與道德渾同。良知良能只是就人人皆有的內在道德根源說，此根源來自於天故曰「性善」，此善是自然而然地流露，由此處所言，是人人皆善、人人皆是天、人人皆是聖，此根源之善是人人皆有的，近溪從此根源之善的流露來說明人人皆有此善，來說明人人只要復歸乎此善即是道德實踐，即是聖人。由此處善的流露的渾然天成，來說明人人皆有作聖的可能，讓人最容易體會、最容易升起信心、最容易下手實踐。但近溪亦是清楚，真正的道德實踐是要歷經工夫才能回歸此根源的善，不學不慮的良知只是從事道德實踐最好的依據、是道德實踐的理想目標，但卻非道德實踐的真實完成。

> 「不慮而知」是學問宗旨。此個宗旨要看得活，若不活時，便說是人全不思慮也，豈是道理？蓋人生一世，徹首徹尾只是此個知，則其擬議、思量何嘗百千萬種也。但此個知原是天命之性，天則莫之為而為，命則莫之致而至，所以謂之不學不慮而良也。聖人立教，

蓋見得世上人知處太散漫而慮處太紛擾，故其知愈不精通而其慮愈
不停當。所以指示以知的源頭說：知本是天生之良而不必雜以人為，
知本不慮而明而不必起以思索。如此則不惟從前散漫、紛擾之病可
以盡消，而天聰天明之用亦將旁燭而無疆矣。細推其立教之意，不
是禁人之慮，卻正是發人之慮也已。〔註13〕

因不學不慮的良知良能是作為「知的源頭」說的，此個知即是天命之性，故
不學不慮而能良，卻非叫人成天只是「不學不慮」就能成個聖人的不思而得、
不勉而中，而正是叫人透過修養工夫回到知的源頭處，而原先的雜慮自能消、
天聰天明之用自然能顯，因此近溪的修養工夫如其所言：「學亦只是學其不
學，慮亦只是慮其不慮」，不學不慮是強調在根源上的，而在工夫上則是須透
過學、慮以回到不學不慮的良知本源。

「知」與「能」是良知本具有的能力，近溪在此處甚是強調，唯有透過
良知的與知與能，才有講「復以自知」的修養工夫的可能。但近溪在說明「知」
與「能」時，時常借用耳目感官等的譬喻，容易讓人誤認感官的感受能力，
即是道德體會的能力，如語錄中所載：

（羅子）曰：「若有不知，豈得謂之良知？若有不能，豈得謂之良能？
故自赤子即已無所不知、無所不能也。」於是坐中諸友競求所謂「赤
子無所不知、無所不能」，而竟莫得其實。

（羅子）乃命靜坐歌詩，偶及於「萬紫千紅總是春」之句。因憮然
嘆曰：「諸君知紅紫之皆春，則知赤子之皆知能矣。蓋天之春見於花
草之間，而人之性見於視聽之際。今試抱赤子而弄之，人從左呼則
目即盼左，人從右呼則目即盼右，其耳蓋無時無處而不聽，其目蓋
無時無處而不盼。其聽其盼，蓋無時無處而不展轉，則豈非無時無
處，而無所不知能也哉！」

諸友咸躍然起曰：「先生其識得春風面者矣，何俄頃之際而使萬紫千
紅之皆春也耶！」〔註14〕

近溪此處以赤子的視聽能力來說明無所不知、無所不能，恰像是說明人的感
官能力正是良知良能，若有誤入「生之謂性」之嫌，但此處的區分，其實可
以與近溪的另一則語錄合看：

〔註13〕《近溪子集》100條，收於《近溪子全集》，台北：國家圖書館藏。
〔註14〕《近溪子集》138條，收於《近溪子全集》，台北：國家圖書館藏。

> 蓋人之爲人，其體實有兩件。一件是吾人此個身子，有耳有目，有
> 鼻有口，有手有足，此都從父精母血凝聚而成，自内及外只是一具
> 骨肉而已。殊不知其中原有一件靈物，圓融活潑，變化妙用，在耳
> 知聽，在目知視，在鼻知臭，在口知味，在手足知持行，而統會於
> 方寸，空空洞洞，明明曉曉，名之爲心也。〔註15〕

近溪所區分的，人身由兩個要件所構成：身子和靈物，是只簡略區分肉體和
精神兩方面。其中在耳知聽、在目知視等是歸屬在精神一類，其所強調「知」，
正是爲了區別爲物所役的感官一類知覺，感官知覺是肉體隨著物而無法自
己，是物在作主，而透過在耳「知」聽的強調，則顯出人在作主，同樣是外
物引起身體的反應，有視聽之感，但透過主體的心而能知，能分辨此物是否
被我所取。以能看能聽者，言人的主宰和判斷能力，人不是受到對象的宰制
而無法控制自己的欲望，而是站在主導的地位，能夠分辨對象、取覺對象。
對照著「骨肉」、「感官」來看，此心之主宰義，正是人能從事道德實踐的自
由，人正因爲有能主宰、取捨的自由，因此能夠選擇受欲望的宰制，或是跳
出欲望的枷鎖而達到絕對自由的心境，讓眞實的良知本心能充盡的發揮，而
活出的人生，正是清楚明白自己順任良知本心而行，看清欲望和良知的分界，
而在此中選擇良知，此時也從常人的不知不覺，達到聖人知天命的知能，即
是復以自知。

由良知的不學不慮言良知來自於天之性善，由良知之「知」與「能」，正是
言人能從事道德實踐的依據。近溪言良知之義從《孟子》出發，復結合〈中庸〉
的「天命」、〈大學〉的「致知」，由本體切合工夫，首尾一貫地表達其思想。對
於〈學〉〈庸〉的看法，近溪主張二書皆爲孔子親作，其義理次序爲先〈中庸〉、
後〈大學〉，因爲「中庸首尾渾全是盡性至命，而大學則鋪張命世規模，以畢大
聖人能事也。」〈中庸〉重在修身，盡己之性以知天命，在〈大學〉中，修身屬
起始的修養工夫。且近溪所理解的〈大學〉，是先「至善」而後才有「明明德」
與「親民」，「至善」又是知身爲天下國家之本的本末先後關係，此「至善」正
是〈中庸〉的「知天命」，故近溪主張先〈中庸〉、後〈大學〉。

近溪將〈中庸〉鋪陳爲一條至誠以盡性，盡性方能至天命的個人修養進
路。故其主張此等義理只有孔聖人在五十知天命以後方能作成，縱是孔聖人
在知天命以前，亦是難成此文章。此天命之難至，可從「民鮮能久矣」看出，

〔註15〕《近溪子集》169 條，收於《近溪子全集》，台北：國家圖書館藏。

不只民鮮能至，縱是他聖亦難至，「夷、惠、伊尹等聖人徒窮得一端之理，有方有體，而吾圓融生化之性，尚未可率達，而況於穆不已之命之至耶？」夷、惠、伊尹等聖人，連己之性都尚未盡，更難說達至天命了。此天命難至是就修養歷程看，不學不慮、與知與能只能在本性言善，道德實踐則必須透過修養工夫，至誠、盡性方能至天命。欲知天命須先從己性盡之，待己性之窮盡，則己性即同於天；換個方向說，正是天命之落在人身上而為人之性，如近溪所言「此心此身生生化化，皆是天機天理，發越充周，則一顧諟之而明命在我」，只是人日用而不自知，須賴人透過修養工夫而窮盡己性，方才能體會原來己性就是天命，「天命之謂性」的命題需要透過人自覺的道德實踐，方才能體證之、言說之。

如此則性和命其實是一，透過人身上的性之窮盡，即是見天理，盡性是放在工夫上說，而知天命則是修養到極致之後所展現的聖人境界。而性和命，其實又是人身上的良知良能，工夫端賴此良知良能的充盡運用，以良知良能的「知」「能」，明良知良能原來是「不學不慮」、得之於天，故境界正是明此良知良能原來即在我性又即是天命。近溪解釋「蓋中庸名篇，原是平常而可通達者也。」，其平常是就人人皆有此良知良能講，而此通達卻又是說天命之難至，民鮮能久矣。

以良知良能來說明中庸之性與天命，可從近溪的語錄中找到例證：

問：「中庸雖說性，然亦未嘗明言性善？」

曰：「只天命一句便徹底道破。蓋吾人終日視聽言動、食息起居總是此性，而不知此性總是天之命也。若知性是天命，則天本莫之為而為，命本莫之致而至。」〔註16〕

顧不知仁不遠人、道不下帶，至聖優域不出跬步間也。故是書極言至命之難，而首發以中庸其至一句，蓋曰：聖人盡性以至天命，乃中庸以至之也。中庸者，民生日用而良知良能者也，故不慮而知，即所以為不思而得也；不學而能，即所以為不勉而中也。不慮不學，不思不勉，則即無聲臭而闇然以淡、簡、溫矣。大哉中庸，斯其至矣夫。〔註17〕

近溪以為「天命」一句即足以說明性善，人的性其實就是天命，此天命莫之

〔註16〕《近溪子集》11 條，收於《近溪子全集》，台北：國家圖書館藏。
〔註17〕《近溪子集》2 條，收於《近溪子全集》，台北：國家圖書館藏。

爲而爲、莫之致而至，而在人身上的展現，則表現在日用平常的視聽言動中，人日用而不知其實本有良知良能，此亦正是「中庸」一語的眞義，最平常的與知與能即是天命，眞能知此的即是聖人。聖人透過盡性以至天命的修養工夫，方見得原來〈中庸〉所言之性，即是百姓日用而不知的良知良能，其不學不慮而自然能夠與知與能。但修養工夫則不只落在此自然狀態下的與知與能，而是要善盡此性，讓良知良能的善能得到最大的發揮，故聖人復以自知，知此良知良能原來自在我身而爲我之性，順此良知良能之不學而能、不慮而知，久久自成爲聖人的不思而得、不勉而中。此盡性工夫甚是簡易，人人自身皆有此良知良能，人人皆能做得。而又言其甚是難知，因爲人皆不肯盡信此自身之良知，即是成爲聖人不思不勉的根據，而不在此處用功，殊不知工夫入手處一錯，用力再多亦達不到聖人境界。亦有把此工夫看得太過簡易，其知愛知敬之良知若沒有愛敬天下萬物，則此知必定不是眞知。方見得〈中庸〉所言之天命，原來亦是良知良能，而此良知已不再是不自知，是聖人「以自家立命微言，而肫肫仁惻，以復立生民之命於萬萬世者也」的寬闊胸襟，此時才是盡了己性，明了此性原來是天。「盡性以至於命」是透過良知本有的「知」「能」能力，以明良知之大用即同於天命，其機能感通於天地民物。

〈大學〉如近溪所言是「鋪張命世規模，以畢聖人能事也」，正是站在〈中庸〉已體會良知即是我性，我性即是天的基礎上，故〈大學〉首言修身，就是〈中庸〉的盡性工夫，也就是復知其良知的工夫。〈中庸〉講盡性至命，而〈大學〉講至此性命之後又要如何能鋪張命世之規模，故〈大學〉將〈中庸〉所言的性命更是具體的展現，近溪有言：

> 此今細心看來，大學一篇相似只是敷演中庸未盡的意義。如中庸說庸德庸言，而大學則直指孝弟與慈爲天生明德也；中庸說修道以成教，而大學則直指興仁興讓爲與民相親也。……要之，均言人性之善，亦均言人須學聖人，以盡所性之善。〔註18〕

〈大學〉和〈中庸〉皆言人性之善，此人性即是良知，而〈大學〉更具體的直指孝弟慈就是天生的善性，由一家的孝弟慈以推擴的天下皆孝弟慈，即是由內聖以開外王的命世規模。近溪所詮釋下的〈大學〉更是特重此由本及末的規矩格則，藉由學習聖王規矩的工夫，正可以作爲恢復本心的致良知工夫的輔助，使盡信本心不至流於放肆，因爲有聖人之規矩可以檢別此時自己心

〔註18〕《會語續集》12 條，收於《近溪子全集》，台北：國家圖書館藏。

是否真是本心，近溪云：「學者致知，便當以聖人生知的知作個格子，所知不如聖人，其知非至善也；學者致思，便當以聖人睿思的思作個格子，所思不如聖人，其思非至善也。」當心與矩還未達到合一的境界時，以聖人之規矩來作為行為的準則是需要的。近溪在講述〈大學〉時，除了盡己之性的「致良知」之外，尚有學習聖王規矩的「法聖王」進路，對於學者的工夫而言尤其後者又十分強調，但這並不表示將學聖的標準放在向外學習而來，事實上理想的境界下心與矩是一，良知之極至的運用之下，其所展現的次第必也與聖王的規矩相同，因此仍是反求諸己以充盡本心，聖王的規矩正是在學聖的途上，作為檢視自己的本心是否全然充盡，以達到心與矩合一之聖人境界的最好標準，故名之曰規矩，學聖必依於此規矩而行，一旦其心其行皆與聖王規矩相合便真正地成聖。

　　法聖王之工夫仍是為了讓良知能夠真實而具體的體現，近溪透過〈大學〉以闡述良知的具體展現即是孝弟慈。所謂盡性至命以通於天，亦是透過孝弟慈的實踐由己身至家國天下，通天下萬物為一體則己即同於天，此種境界在聖人身上得到實踐，即是近溪形容聖人「康誥、太甲、帝典皆自明其德不已，而及諸民又不已而通諸天。」聖人通過明己身之良知，繼而推擴到天下之民，欲天下人也都能明明德，最後臻於與天下萬物通而為一、體天道之生生，又能掌握由己而人、本末次第規模的聖人之至善，〈大學〉便是聖人將此種實踐之次第規模具體鋪展呈現。

　　近溪從聖王的規矩學得格物之本末先後的格物工夫，也是為了說明充盡己之良知之後，將孝弟慈推展到天下的次第，若要鋪張命世規模則此次第斷不能少。雖名法聖王規矩，聖王只是生而知之，而學者必待學聖王所立下之規矩方能知之，其實聖王與吾人所知之者亦皆是良知天性之全然呈露，而學者雖然法聖王規矩，亦是以聖王規矩來矩我之良知，一旦我之本心全然呈現，則我心之良知即聖王之良知，我心之良知所呈現的次第即聖王所立下的命世規矩，故雖名為法聖王，而其實亦是要致己之良知。近溪以致良知來統攝〈大學〉的修身：

　　　問：「大學以修身為天下國家之本，如何方是修身？」

　　　曰：「致良知則修其身矣。」

　　　曰：「如斯而已乎？」

曰：「致良知，則家齊國治而天下平矣。夫良知者，不慮不學而能愛
其親、能敬其長也。故大學雖有許多功夫，然實落處，只是上老老
而民興孝，上長長而民興弟。故上老老、上長長，便是修身以立天
下之本；民興孝、民興弟，便是齊治平而畢修身之用也。天德、王
道一併打合，便是孔子平生所志之學，其從心不踰之矩，即此個絜
矩之道是也。統而言之，卻不只是一個致良知耶？故曰：古之欲明
明德於天下，大學之道備矣。」〔註19〕

近溪亦以致良知來作為〈大學〉修身之首要概念，但近溪此致良知和陽明「致
吾心良知之天理於事事物物，則事事物物皆得其理。」的致知格物有所不同，
陽明之良知為知是知非，其為體認天理而來能分別善惡的道德判斷，以此應
用到事事物物上，為善去惡故事事物物皆是善、皆合於天理。近溪的良知是
孝弟慈的知愛知敬，其致良知之致是「直而養之，順而推之」的工夫，將己
心不學不慮的知愛知敬順而推之，便是愛親敬長而至愛敬天下親長，一家仁
一國興仁。近溪雖以格物為首先工夫，先格得本末終始，故知當從修己身開
始，致己身之良知以達至天下人皆孝弟慈，但實可見此格物之本末的工夫，
是為了讓己身之良知能有恰當而合理的發揮，其雖言格物之首要，但格物乃
為了能善盡己性之良知而鋪張聖王之規模，既是學者的可以學習所依循的次
第方針，亦是學聖所理想的聖人境界。

近溪言良知在修身的立場上，即是人能知己身之良知即是能做得聖人的
本性，從此處做去即是為聖的唯一途徑，反求諸己以復知己之良知，而此良
知在近溪說來又只是知愛知敬的孝弟慈。良知放在命世的立場，即是盡己之
良知之性則有其必然的推擴，非但愛己之親、敬己之長，而必要愛人之親、
敬人之長，必要使天下人皆能愛親敬長。故近溪統而言之「大學雖有許多功
夫，然實落處，只是上老老而民興孝，上長長而民興弟。」此不僅說明了良
知之作為己性之本然天性的愛親敬長，與盡此性即和天下萬物為一體的良知
大用；亦說明了鋪張命世規模所不可缺少的次第，是由己以至親、由親以至
人；亦說明了聖人的最終理想也只是使天下人都能孝弟慈，回歸其孝弟慈的
本性初衷。故〈大學〉工夫能以此說盡，格物所法聖王之規矩亦只是為幫助
良知體現的具體方法，〈大學〉的修身便只致良知即是，此良知又只是孝弟慈，
近溪所理解〈大學〉的修身工夫與外王理想亦是繞著孝弟慈為核心而展開的。

〔註19〕 《近溪子集》198條，收於《近溪子全集》，台北：國家圖書館藏。

　　近溪述孔子「從心不踰之矩，即此個絜矩之道是也。」所謂矩即是格物所要格的物之本末、事之始終的規矩，雖名爲矩，但聖王致其良知、明其本心天性，其心與矩合一，故此矩亦是良知，其實是良知推擴於天下的次第。學者由於良知未致、本心未盡，故須法聖王之規矩，此規矩的內容即是孝弟慈由己身以推擴於外的次第工夫，人法之足以成聖，法聖王之規矩能讓己心之良知逐漸得到充盡的發展，是格物以致知。近溪講述格物之內容亦如同良知，如下文：

> 天下國家從我身發端，我身卻以家國天下爲完成。其實這場物事究竟言之，只是個父子兄弟，其爲父子兄弟足法，便是發端之本；而人之父子兄弟自然法之，便是末無不完成矣。故物有本末，是物之格也；先本後末，是格物以致其知也。雖似有個工夫，然必是孩提不慮而愛，方爲父子足法；不慮而敬，方爲兄弟足法。則其格致工夫，卻又須從不學不慮上用也。然則謂不學爲學、不慮爲慮，何不可也？」〔註20〕

所謂物之本末，在己處盡己之良知良能以孝弟父兄便是本，將己之良知推擴出去，其推擴必有其次第，從身至家國天下，天下人皆知法聖王、致其良知以孝弟其父兄則是末，可見得此物之本末「究竟言之，只是個父子兄弟」，離不開良知之孝弟慈。格物之法聖王物之本末的格則，正是爲了充盡良知的大用乃通天下萬物爲一體之大身，既知此身之由本及末，即明此身之良知乃成聖之根本，故從致己之良知的反本工夫做起。良知既在我身而爲成聖之根據，爲何不自向己身求去便好，還須要法聖王之規矩呢？近溪說明此良知雖然內在於我身而爲成聖的之根據，然只是就根據言善，其良知之大用、善之至則須要透過修養工夫方能達到，其言：「善雖不出於吾性之外，而至則深藏於性善之中。」要如何將深藏於性中之至善挖掘出來，體證此至善的聖人將其至善之格局鋪展開來，以供後世學聖者之可依循的一條大路，學者善學此規矩正可幫助致己良知以成聖人之至善。近溪以一巧妙的譬喻，來說明常人尚未致其良知，是無法推擴其良知以開出聖王之至善格局的，其喻：「今一概謂：至善，總在吾心，而不專屬聖人，是即謂：有腳則必能步，而責扶攜之童以百里之程，有肩則必能荷，而強髫垂之孺以百觔之擔。」人皆有此性善的良知，聖人亦是由此良知做起，良知之大用如同聖人所開展之格局，常人之未

〔註20〕《近溪子集》139條，收於《近溪子全集》，台北：國家圖書館藏。

盡其性，而欲以不學不慮之良知做成聖人的不思不勉，正如同人之足有行百里之能力，但欲一初學步之幼童以行百里之程，不但不能終成，反而戕害其性。故學者在尚未致其良知的階段，藉聖王之規矩以使良知之性得其發展。

法聖王之規矩，亦只是拿吾人良知最後所能達成的大用，來作為己之良知所發展的模範，使盡己之性能往此方向盡去，最終是要盡己之良知本性。格物以致其知雖是知物之本末，亦是知為聖之路由己之良知盡去，亦是知己之良知若能充盡，其必有此次第發展由己身以至家國天下，而與天下萬物連成一大身。近溪除了在致知處言良知，亦如同陽明以良知訓明德，王陽明《大學問》曰：「天命之性，粹然至善，其靈昭不昧者，此其至善之發見，是乃明德之本體，而即所謂良知也。」良知即是明德本體，近溪言：「知一也，有自生而言者，天之良知也，所謂明德也；有自學而言者，人知己之有良知也，所謂明明德也。」明德就本體說，明明德就復本體的工夫說。而此明德即是通過格物工夫而體現的良知大用，是將聖王的規矩在己身實踐，以開出平天下的外王規模。近溪詮釋此修身之本的良知，與良知之大用如下文：

> 蓋大學之道在明明德，明明德之本來明者，即愛親敬長不慮而知，人皆無不有之者也。老吾老以及人之老，而莫不興孝，長吾長以及人之長，而莫不興弟，即明德達之天下，而人人親其親、長其長，治且平焉者也。大人之所以與天地合德、與日月合明，以至凡有血氣者莫不尊親，豈復有他道哉？〔註21〕

> 故其孝則足以事君，其弟則足以事長，其慈則足以使眾，是又將仁敬孝慈信而約言之，且引康誥以推極於不學而能，見孝弟慈悉出於良心自然。君子立本之功，至是愈精而愈微矣，則國之興仁興讓、天下之興孝興弟，應之甚速而至大者，又豈不愈神而愈妙也耶？〔註22〕

明德之作為人人皆有的內在根據言，即是不學不慮的良知良能，大學之道由此做起，正因其為人人皆有的本性，而此性又正是為聖之根據，聖人之規矩亦是由此身之本做起。透過格物的法聖王工夫，人能知所先後，此先正是從修身的立本工夫做起，工夫之初乃善盡本性之良，由己之不學而能處又「見孝弟慈悉出於良心自然」，故明明德的初步工夫是見己有此善性良知，此良知為孝弟慈之知愛知敬，而由己身之孝弟慈做起。既明良知在己身，而欲學聖

〔註21〕 《近溪子集》225條，收於《近溪子全集》，台北：國家圖書館藏。
〔註22〕 《近溪子集》1條，收於《近溪子全集》，台北：國家圖書館藏。

則須法聖王之規矩，外王事業乃是從己身的知愛知敬及於父兄，於一家中孝弟慈漸次推擴到天下，故能「一家仁一國興仁，一家讓一國興讓」。可見得不僅修身乃是治平之根本，而此身良知之復亦必是聯屬家國天下為一大身，己身之良知之盡，必待天下人皆復其良知為止，近溪言孩提無不知愛親敬長的良知，「此無不知三字，一頭管著自己意心身；一頭管著家國天下。」不僅己身能孝弟慈，更能讓天下人皆能孝弟慈，是「上老老而民興孝，上長長而民興弟」，人能以天地仁我之良知，以仁天下萬物，則我心即是天道生生。近溪透過孝弟慈來詮釋良知，使得人能盡性至命以通達於天，通過孝弟慈的日用倫常具體實踐來表達，故知聖人境界不遠常人，聖人最終仍只是孝弟慈的良知，此良知切近平常人人皆知能，反諸己便能做得道德實踐，然此充盡良知而來之大用卻是連聖賢都尚有不及，說明學聖工夫是人人皆能做得，而聖人境界又是如此難達，故道德實踐是無窮無盡地進行著。

二、孝弟慈即赤子之心

　　近溪講赤子之心是從本心之善來講的，故近溪甚重視赤子之心的回復與保守，此赤子之心是可以發用於日常，亦可通於道德實踐的根源，作為道德實踐的主體而言，其言：

> 孟子曰：「大人者，不失其赤子之心者也。」夫赤子之心，純然而無雜，渾然而無為，形質雖有天人之分，本體實無彼此之異，故生人之初如赤子，時與天甚是相近。〔註23〕

> 原日天初生我只是個赤子，而赤子之心卻說渾然天理。細看，其知不必慮，能不必學，果然與莫之為而為、莫之致而至的體段，渾然打得對同過也。〔註24〕

赤子之心正是人身上可與天相通的道德本體，而且非但相通，甚至和天是同質，從赤子的不學不慮，同於天之莫為莫致的神妙，在人身上找到道德實踐的根源，肯定人人皆能從事道德實踐，若人能時時保守赤子之心，就是同天一般的大人。此一將人的赤子之心與天道性命相貫通，可說是順著孟子、陸王心學的義理說下來的。近溪在說及本體義的赤子之心時，也並沒有與現實生命混淆，其說此心之善、之良知良能，是就其作為道德實踐的根本講的，

〔註23〕《近溪子集》150條，收於《近溪子全集》，台北：國家圖書館藏。
〔註24〕《近溪子集》80條，收於《近溪子全集》，台北：國家圖書館藏。

其言：

> 問：「大人不失赤子之心，其說維何？」
>
> 曰：「凡看經書須先得聖賢口氣，如此條口氣，則孟夫子非是稱述大人之能，乃是贊嘆人性之善也。」
>
> 曰：「心性是一個神理，雖不可打混，然實不容分開。如曰：知得某事善，能得某事善，此即落在知能上說善，所謂善之枝葉也。如曰：雖未見其知得某事善，卻生而即善知，雖未見其能得某事善，卻生而即善能。此則不落知能說善，而亦不離知能說善，實所謂善之根本也。人之心性，但愁其不善知，不愁其不知某善某善也；但愁其不善能，不愁其不能某事某事也。類觀夫赤子之目，止是明而能看，然未必其看之能辨也；赤子之耳，止是聰而能聽，然未必其聽之能別也。今解者，只落在能辨能別處說耳目，而不從聰明上說起，所以赤子、大人，不惟說將兩開，而且將兩無歸著也。嗚呼！人之學問，止能到得心上，方纔有個入頭。據我看，孟子此條，不是說大人方能不失赤子之心，卻是說赤子之心，自能做得大人。若說赤子之心，止大人不失，則全不識心者也。〔註25〕

近溪說赤子之心是從性善處說，從仁義禮智根於心的根本處說，面對門人對於赤子和聖人的展現明顯不同的提問，近溪將知能分兩層說，一者在現實經驗中，聖人無所不知能，而赤子無法知能；一者就道德實踐在人身上的根源講，赤子同聖人一樣，皆無所不知能了。道德實踐需要重視的只在後者，那才是善的根本，如同《孟子》中為長者折枝這等事，並不是現實能力足不足的問題，而只是在內心是否願意自發地做應該做的事，近溪所強調的也正是那願意去做的內在自發性，人們應該要時時保守。至於依著赤子之心的自發，能夠在經驗上有多大的表現，那是為善的枝葉，先立乎本而知道該如何做首要工夫，才是道德價值出不出得來的關鍵。而這樣的工夫人人可做，因為道德實踐的根本，就在每個人身上，不只是大人才不失其赤子之心，任何人只要能恢復其赤子之心，皆能成大人。肯定道德本體是普遍於每一個人的，而且是先天赤子原已帶來的。

而這樣的赤子之心，在近溪的說法中，其真實的內容就是孝弟慈。近溪

〔註25〕《近溪子集》206條，收於《近溪子全集》，台北：國家圖書館藏。

有幾段話很清楚的表示出這個意思：

> 問：「大學宗旨？」
>
> 曰：「孔子此書，卻被孟子一句道盡，所云：大人者，不失其赤子之
> 心者也。夫孩提之愛親是孝，孩提之敬兄是弟，未有學養子而嫁，
> 是慈保赤子，又孩提愛敬之所自生者也。此個孝弟慈，原人人不慮
> 而自知，人人不學而自能，亦天下萬世人人不約而自同者也。今只
> 以所自知者而為知，以所自能者而為能，則其為父子兄弟足法而人
> 自法之，便叫做：明明德於天下，又叫做：人人親其親、長其長而
> 天下平也。〔註26〕

近溪時常透過一個宗旨或一個核心概念來解讀儒家經典，例如在此處則以孟
子的「大人者，不失其赤子之心者也」，來概說整篇〈大學〉，而此提點之宗
旨往往可以貫通於近溪的所有學問與對門人應答之中，即可顯示出近溪一貫
的思想，在詮釋古典中表達出自己獨特的義理性格。此段近溪在解釋赤子之
心，正是直接以孝弟慈做解，孩提的愛親、敬長即是孝弟，亦正是赤子之心
的內容，慈雖非赤子所有，但慈保赤子卻是孩提愛敬之所自生者，因此近溪
一併看作人最基本的道德實踐的根源。人人不學不慮就自然有知能、自然知
孝弟慈，此道德能力之所以能有，正是人人本有這樣的根源，若無此根源則
難道人從事道德實踐是現實行為上的偶然，而非理之必然如此？此赤子之
心，近溪正是放在人作為道德實踐的主體上，說人人皆有的道德根源。

此內在於人，而且人人皆有的道德根源，故能說明人之所以具有良知良
能。正因為根源於內心，所以人能不慮而「自」知、不學而「自」能，道德
實踐是人不用透過學習，只要讓自己的心真實的呈現便會自然流露，近溪由
孝弟慈是最恰當能說明的，孩提之心自然知愛親敬長，不用學習、也沒有雜
染，就是赤子帶來的心的真實原貌。是從性說人皆是善，說人的本性就是能
從事、也喜歡從事道德實踐，當我們想進行道德實踐時，只需要回到道德的
根源，也就是不失赤子之心，就自然能夠做到。近溪之所以能講道德是如此
自然、人心之所喜好，正是因為近溪是從孝弟慈來說赤子之心，人皆喜歡親
近自己的父母、兄弟，人皆愛其子女，此是每個人的天性，從此處說道德實
踐，便少了嚴肅、痛苦和勉強，行道德像是人人都喜歡做的事。

〔註26〕《近溪子集》123 條，收於《近溪子全集》，台北：國家圖書館藏。

　　由此作爲內在根源的赤子之心，更可說明在每個人身上皆有的普遍性。因爲人皆有這樣一個根源，這樣一種天性是每個人都相同的，所以每個人的道德實踐，乃至所有人的道德理想，是不會互相衝突的。近溪如何能肯定這樣的普遍性，正是因爲近溪從孝弟慈說，孩提之愛親敬兄是自然而然的，父母之疼愛子女也是抹滅不了的天性，此孝弟慈並非現實上的偶發事件，也不是透過經驗知識的學習而來，而是非要如此不可，理當如此的事情，而這理卻又是什麼理呢？是因爲受什麼道理所約束而非如此做不可嗎？此理乃是內心所自發，唯有孝弟慈才是內心衷心喜悅坦然的，不孝不弟不慈卻是自己心頭隱隱不安，從此處才非要肯定有這樣的內在根源不可，一定有什麼是超出經驗知識之上，是人心本有的，而又不得不依著孝弟慈去做的，所以近溪說赤子之心，是赤子原日帶來，是每個人都一定有的。因爲是在現實經驗之上，所以不會因爲每個人長相不同、家庭不同、知識不同而有所差別，是每一個人都應該要有的，正是「人人不約而自同者」，此同即是從根源所說的必然。

　　此人人心中自有的赤子之心，正也是人與人之所以能互相感通者。人所要達到聖人所做的工夫也是回到此赤子之心，知愛親敬長而已，一旦一人能盡到孝弟慈，自然成爲人人所心嚮往之的模範，透過此人的實踐，讓人從他的身上看到赤子之心的眞實呈現，因而此人能爲「父子兄弟足法」，因爲他達到了人人心目中的理想，藉由學習他，或興起一股我也能與他一樣達到理想的決心，朝著孝弟慈而努力，這是人自願地興起效法他所展現出來的模範、效法他實踐的精神。而之所以會引起別人的效法，正是因爲人人身上皆有的赤子之心，在起著共鳴的作用。藉由人人身上所同然的赤子之心，透過赤子之心的喚醒和展現，能在人與人之間產通感通的作用，因此人能藉由聖人的展現，而自願興起從事道德實踐的決心。透過一顆已經喚醒的赤子之心，就能夠去喚醒其他的赤子之心，也正因肯定著這樣的感通，所以近溪體會的平天下是可以透過道德實踐來完成的，透過一人的親其親、長其長，一人之仁，來喚醒一家之仁，達到一國之仁，最後方能明明德於天下，天下人皆能回到孝弟慈的赤子之心。

　　孝弟慈作爲赤子之心的具體內容，在近溪的文本中尚有多處呈現，其言：

　　　今觀赤子之心卻只是個孝弟，而保赤子則便是個慈也。人無所不至，惟天不容僞，世間言德皆是慮而知、學而能，惟此三德方是天然自明之德矣。人之相親，須是骨肉方爲至親，舍孝弟慈則難言至親也。

〔註 27〕

近溪直接以孝弟慈來說明赤子之心和如保赤子，而這孝弟慈是人身上唯一不用經過學、慮就能知能行的，所有的道德修養都是後天，唯有這道德根源是先天即有。就根源說孝弟慈是先驗的「天然自明之德」，而就實踐地說來，孝弟慈也正是由親而疏的道德實踐的首要工夫，從人之不容已而自然孝弟慈，方能顯現人生至親即是骨肉，因為人在對待骨肉，最是有種喜歡去孝弟慈，當不能盡孝盡弟盡慈便會有種不安和痛苦，此行為和情感故是在經驗現實的道德實踐中產生，但此種不容已乃是超越於經驗就已存在的，便是先驗的道德根源。此種不容已的善性表現在骨肉的至親身上，藉由不斷地流露在至親身上的實踐過程，更讓善性源源不絕地充盡而出，乃擴而充之到至親以外之人，便是與人相親。此是從人之對待至親的孝弟慈，推擴到一切之人物，從人在道德實踐上的不容已，說此孝弟慈乃是有一先驗的根源的。近溪亦言：

> 天機、人事原不可二，固未有天機而無人事，亦未有人事而非天機。只緣世之用智者外天機以為人事，自私者又外人事以求天機，而道術於是或幾乎裂矣。此孔、孟之立教，所以為天下後世定下一個極則，曰：堯舜之道，孝弟而已矣。〔註 28〕孝也者，孩提無不知愛其親者也；弟也者，少長無不知敬其兄者也。故以言其身之必具，則曰：仁者人也，親親為大焉。〔註 29〕以言其時之不離，則曰：一舉足而不敢忘，一出言而不敢忘焉。〔註 30〕遍可遠在茲也，則廓之而橫乎四海；暫可久在茲也，則垂之萬世而無朝夕，此便是大人不失赤子之心之實理、實事也。〔註 31〕

此天機、人事之分，正是區分一種現實人生，與超越於經驗現實的可以作為現實的依據者。從「世之用智者外天機以為人事」，可看出若無此根據則現實人生的活動，是沒有道德性可言的，此天機既是在人身上可講，表示此天機

〔註 27〕《近溪子集》228 條，收於《近溪子全集》，台北：國家圖書館藏。

〔註 28〕語出《孟子》〈告子〉下。〔宋〕朱熹著，《四書章句集注》，台北：大安出版社，1994 年初版，頁 474。

〔註 29〕語出〈中庸〉第二十章。〔宋〕朱熹著，《四書章句集注》，台北：大安出版社，1994 年初版，頁 37。

〔註 30〕語出《禮記》〈祭義〉「壹舉足而不敢忘父母，壹出言而不敢忘父母。」〔漢〕鄭元注，〔唐〕孔穎達疏，當代學者田博元分段標點，《十三經注疏》：《禮記注疏》，台北：新文豐出版公司，2001 年初版，頁 2055 年。

〔註 31〕《近溪子集》174 條，收於《近溪子全集》，台北：國家圖書館藏。

存在人之中，近溪言天機所想表達者，正是此道德根源是內在於人心之中，而此根源亦是來自於天的，故曰天機。反之，外人事亦無天機可言，若缺少人事在其中，天機就不可能整全，因此不可能有一圓滿的天機作爲理想獨立存在，唯有透過人事上的道德實踐，方能透顯出天機來。二者的關係是相互依存、同時並在的。近溪所重視的孝弟慈，正是可以合天機人事於一身者。孝弟慈以其在人倫中的實踐而言屬人事，由此人倫實踐中的自然又不容已而發，肯定一孝弟慈的道德根源則當屬天機，是人人在行孝弟慈之時，即是「天機人事原不可二」，在現實的道德實踐活動中又有超越的本體作依據的。又因爲孝弟慈不單單只有人事，同時更是天機，故能言其普遍性、時間的悠久性、和無限性。以其人人身上皆有此超越的根源，故只要是人就一定離不開孝弟慈，近溪舉「仁者人也，親親爲大焉」來證明孝弟慈的普遍性。因爲有超越的根源，而此根源又是內在於人身上的，故須臾不可離也，「一舉足而不敢忘，一出言而不敢忘焉。」又此作爲超越根源的孝弟慈，並非只以自己的骨肉親情作爲唯一對象。正因爲它是超越的根源，在實踐愛親敬長的同時，是讓人體會這超越根源的最好時機與方式，一旦體會自己是有此超越根源，所施親愛的對象，就能從原先的骨肉擴大到一切人身上。因爲在根源上所有的人物皆是相通無滯的，於是愛親敬長的愛，不會只是私情之愛，而是廣大普遍的仁愛，此正是近溪所以言「大人不失赤子之心」，因爲大人正能掌握赤子之心的那份根源，擴充而不失之，故能連屬天地萬物而成爲大身，其心既是赤子之心，也成爲與天地民我相連的天地之心。

　　近溪講赤子之心的實事、實理，其實就是孝弟慈，是將孝弟慈當作道德實踐的根據，內在於作爲道德實踐主體的人身上。而從人人皆自然有孝弟慈，不用學慮即知愛親敬長，自然喜歡父母、兄長，戀戀不忍一刻分離，最能體會人人身上皆有一處良善的根源，而就此講主體的道德根源，最容易體會，也最容易肯定之。近溪如此的主張，固然最親近百姓，因爲是日用倫常之事，百姓最好理解、受用，此主張亦切合儒家由親而殊的義理，孟子肯定四端之心，但其亦不否認人在對待兄之子和鄰之赤子是有差別的，若無差別就是墨子的兼愛了。孟子亦言：「君子之於物也，愛之而弗仁；於民也，仁之而弗親。親親而仁民，仁民而愛物。」〔註 32〕大人雖然與天地萬物同體，但其與天地

〔註 32〕《孟子》〈盡心〉上。〔宋〕朱熹著，《四書章句集注》，台北：大安出版社，1994 年初版，頁 509。

萬物之關係仍是由親到殊的，若不能恰當地把握住親親，而言仁民愛物是不可能的。近溪只是恰當地把握住此親殊之別，道德實踐的過程一定是由親到殊，親是起始、亦是最根源處，若要體會人身上有一良善的道德本心，由親處來體會是最顯明的，因此近溪提出以孝弟慈來說明赤子之心。並非言赤子之心的全部內容只是孝弟慈，若如此言也會是大孝大弟大慈，此赤子之心不會只限在經驗地、個別地言孝弟慈，而是透過孝弟慈最容易逼顯出一個超越的道德根源來，因為它是那樣地自然、不用慮學，卻又不容已地要實踐，由此處肯定人身上一定有一個先天的根源，可以說明此孝弟慈，所以肯定了赤子之心，此赤子之心人皆有之，因為是先驗的根源，而不失此赤子之心亦是成為聖人的唯一途徑，要實踐道德唯有把握住此道德根源。

三、孝弟慈即仁

　　近溪以為「孔門宗旨，只在求仁」，把仁當作儒學努力的最終目標，亦是儒學的主要精神，唐君毅先生正以「歸本於仁」作為近溪哲學的特色。筆者在此試圖想以「孝弟慈」來詮釋「仁」的真實內涵，並以「孝弟慈」來貫穿近溪哲學，作為近溪思想的真正「宗旨」。這樣的思路不僅從近溪本人的思想中可看出，亦不難從近溪詮釋儒家經典中找到證明。

　　在論證近溪的思想中「仁即是孝弟慈」之前，先介紹近溪所提到「仁」的概念，在不同的脈絡下有幾種不同的含意，並非所有意義的仁都是所謂「孔門宗旨」，因此可以先釐清幾組仁的概念。

（一）仁智對舉

　　近溪在言及陽明與心齋時，曾以「陽明多得之覺悟，心齋多得之踐履」言兩人學問之特長，而分別以智與仁來指述，近溪其言如下文：

> 若論為學則有從覺悟者、有從實踐者。陽明先生與心齋先生雖的親
> 師徒，然陽明多得之覺悟，心齋多得之踐履。要知覺悟透則所行自
> 純，踐履熟則所知自妙，故二先生俱稱賢聖。但以孔子之言仁，必
> 先以智，〔註33〕孟子之言力，必先以巧，則覺悟、踐履功固不缺而

〔註33〕近溪此處當指《論語》〈衛靈公〉「子曰：知及之，仁不能守之，雖得之，必失之。知及之，仁能守之，不莊以涖之，則民不敬。知及之，仁能守之，莊以涖之，動之不以禮，未善也。」一段。知及仁守之語，近溪在語錄多處皆有提到。

序實不容紊。如此詩謂：〔註34〕念頭動處當謹，然念頭動從何來？
則未謹之先，不可不探求也；舉足之間必慎，然舉足將何所之？則
未慎之先，不可不商訂也。若能依得孔、孟之仁而先智、力而先巧，
則源頭既濬流出自清，而念之謹也何等順快！指南定向適國坦途，
而足之舉也何等安穩！故某嘗謂：我明幸生陽明，真是電掣雷轟，
星輝日耀，不惟及門高弟藉以入聖超凡，而聞風興起者，亦自可以
化頑鐵而作精金也已。惟諸君其共勉之！」〔註35〕

近溪此處以仁作踐履解，與下文仁禮並言之仁所代表的反己工夫、復知己之
良知有所差別。此段引文的仁智並言皆是放在反己工夫的脈絡下理解，則智
是復知己之良知，仁是既知良知而來的實踐與推擴，二者本是一體不分的，
既有此體會便該當有此實踐，近溪藉著陽明、心齋思想之特色不同，而針對
此二者細分之，並明言其次序不能亂。陽明重恢復本心的致良知工夫，近溪
故言其為「智」，心齋倡言百姓日用是道，其於日用處、愚夫愚婦皆有知能講
得多，於知此性處講得少，近溪故言其為「仁」。其實二先生覺悟與踐履的工
夫皆不廢，近溪亦言二先生皆為聖人，透過仁與智的對顯，近溪只是要言明
「覺悟」方是首要工夫。孝弟慈是近溪重要的實踐工夫，若是孝弟慈做得好，
未經復知此孝弟慈乃我天性之良知、是作聖的根據，至多在鄉黨成個好人，
卻離聖人千里。踐履乃是在覺悟本心之後方言踐履，此踐履才是學聖之踐履，
因此若論學聖工夫而言，則先言覺悟後言踐履，先有復以自知之「智」，才有
依循著聖王規矩而開展其道德實踐的「仁」。

（二）仁禮兩端

近溪嘗言「仁禮兩端」，此兩端是用在「夫子之為教，與顏子之為學」上，
故所言的「仁」是重在工夫上的反求諸己，以及作為本體義：禮在自身的根
源。為聖的工夫須重視仁禮這兩個路向，一者是明白做聖的根據就在我自身
的自覺工夫，一者是由於學者的心尚未達到聖人境界，不能只有盡信本心，
須加以學習聖賢的修養工夫歷程、學習聖王所立下的典禮制度。如近溪之言：

夫子之為教與顏子之為學，要皆不出仁禮兩端，而仁禮兩端要皆本

〔註34〕 王艮，《王心齋全集》卷四〈次答友人〉：「入室先須升此堂，聖賢學術豈無方？
念頭動處須當謹，舉足之間不可忘。莫因簡易成疏略，務盡精微入細詳。孝
弟家邦真可樂，通乎天下路頭長。」台北：廣文書局，1987 年再版。
〔註35〕 《近溪子集》231 條，收於《近溪子全集》，台北：國家圖書館藏。

諸天心一脈。吾人用志浮淺，便安習氣。其則古稱先者，稍知崇尚聖經，然於根源所自茫昧弗辯。不知人而不仁，其如禮何？是拙匠之徒，執規矩而不思心巧者也；其直信良心者，稍知道本自然，然於聖賢成法忽略弗講，不知人不學禮，其何以立？是巧匠之徒，竭目力而不以規矩者也。〔註36〕

近溪以工匠來譬喻，真正的良匠必是仁禮兩種工夫都要並行不廢的。此仁即是對顯著向外學習的禮，而強調著一種反己的工夫，除了表示反己工夫之外，亦是作為工夫所反回之本體，即是本心之良知。禮即是聖王本諸良知所制下的，仁體其實是禮的精神內涵，禮是仁心的具體表現為最合宜的矩度，故說仁是禮的根源。學者在學習聖賢成法的禮時，最終目標亦是要達到己心之仁體與所行之禮法的諧和一致。

在作反己工夫時，只是心的充周流行合於良知良能，一旦有所發用實踐，則須藉助禮來幫助完成，無論是己身的修養，或是推擴出去的外王。因此在修養工夫上，可以看做反己的仁是主要工夫，法聖王制度的禮是輔助仁的推擴實踐。而此二種工夫皆有其需要，若無法在自身立起道德實踐的大本，學習再多的禮制只是徒勞。反之，在進行反己工夫時，心有所不正，可藉助禮來約束自己，是反己的助緣工夫；而在心有所發用，要將仁愛之心推擴於人，禮可幫助道德實踐更合於仁德。此正是近溪言：「會家國天下而反之本焉，則在吾之一身，身則必禮以修之，而綱常百行、動容周旋必中其節文也。推此本身而聯乎末焉，則通吾之家國天下，家國天下必禮以齊治均平之，而綱常百行道德一而風俗同也。」〔註37〕可見得雖然仁禮兩端是並行的兩種工夫，但有其主從次第，體仁才是確立道德實踐的根本，禮是幫助體仁、踐仁的不可少的工夫，因此近溪言「博學於文，約之以禮，亦可以弗畔矣。然則所謂弗畔也者，其弗畔於仁也夫！」學者不能不學禮，不只是因為禮的精神內涵是仁，更因為禮是求仁的必要工夫，「欲完此仁，須是有禮。」此時的仁，又不只是仁禮並舉的仁，而進到更深一層的含意。所謂「完此仁」，意指仁的「完成」，亦可說是仁的最終理想境界，也就是聖人境界下的仁，由此仁的意義可看出近溪的儒家理想境界。

（三）本體義之仁

上述兩種仁的意義皆是放在工夫的意涵看的，在闡述聖人境界的仁之

〔註36〕《近溪子集》117條，收於《近溪子全集》，台北：國家圖書館藏。
〔註37〕《會語續集》10條，收於《近溪子全集》，台北：國家圖書館藏。

前，先說明近溪所言「仁」的本體意涵。近溪講仁作爲道德實踐的根據，是從易經給出根源的說明，其言：

> 孔門宗旨止要求仁，究其所自原得之易，又只統之以生生一言。夫不止曰生，而必曰生生，生生云者，生則惡可已也。生惡可已，則易不徒乾，乾而兼之以坤；坤不徒坤，坤而統之以乾。〔註38〕
>
> 孔子云「仁者人也」。夫仁，天地之生德也，天地之大德曰生，生生而無盡曰仁，而人則天地之心也。夫天地亦大矣，然天地之大，大於生，而大德之生，生於心，生生之心，心於人也。故知人之所以爲人，則知人之所以爲天，知人之所以爲天，則知人之所以爲大矣。
> 〔註39〕

仁的本體意涵，近溪正是以易之生生來詮釋的。天地以乾知坤能生萬物，生而又生，天地正是以此生來仁愛萬物，此生之仁又曰生生，即是此仁的推擴是無有窮盡的。人之爲天地之心，此生生之德正在人的自身而爲性，故知此仁性的內容亦是生生，仁愛由己而至物，而此種推擴與施愛於物更是無有窮盡。人以此爲性，盡此性則必爲仁體的流露、爲天命之生生不已，故人一旦復知此性，知原來「仁者人也」，則人不但知己，而且即是知天，因爲天命藉著人身上的性體來彰顯其自己，人藉由復知其性而彰顯天道，此復以自知之人必是聯屬家國天下的大身、渾然與物同體之仁者。

仁作爲本體的意義如此，而爲何獨人有此生生大德作爲性，近溪的論證甚是巧妙，其言「人則天地之心也」就說盡了。而人爲何能成爲天地之心，其實是從人的道德實踐說上去的。近溪言：「蓋天本無心，以生物而爲心，心本不生，以靈妙而自生。」天地之心是以其靈妙地創生萬物而說的，人能成爲天地之心正是因爲人能自覺地從事道德實踐以彰顯天命之性，故天地因生生之仁仁於萬物，而與萬物渾爲一體。人亦能經道德實踐，而與萬物相感通爲一，進而使萬物各復其性之生生，如同天地之生生萬物。因爲道德實踐的緣故，人能達於天地宇宙之運行，即人的道德實踐原則，能同於宇宙的創生原則。近溪以人能藉由道德實踐來同於天，說明人即是天地之心，其言：「謂之曰萬物皆備於我……蓋其生其靈，渾涵一心，則我之與天，原無二體，而物之與我，又奚有殊致也哉？是爲天地之大德，而實物我之同仁也。」近溪

〔註38〕《會語續集》32 條，收於《近溪子全集》，台北：國家圖書館藏。
〔註39〕《盱壇直詮》28 條，台北：廣文書局，1996 年四版，頁 32。

以人透過識仁的反本工夫，使得人心天心是一，因此亦有靈妙能生生萬物之用，則人使天地大德運行於萬物，故為天地之心。天地以生生之德創生萬物，因為有人作為天地之心，而更使萬物各復其性之生生，此又是生惡可已。近溪以天地生生之德來說明作為人性之仁的意義，其實不妨說是，近溪為人的道德實踐的理想，在天道中找到生生之德的根據，再以天命下貫為人的性，人作為天地之心，來說明人的道德實踐是有其根據和普遍性。

近溪從道德實踐的理想，是由己而人，由親而疏不斷地推擴那份仁愛之心，來肯定人必是有此無有止盡、可以不斷推擴的仁愛之心作為本性，人才有以完成道德實踐的理想，進而肯定此性必是同於天的。因為在聖人境界中，其仁心與其仁愛萬物的道德實踐是一，其心就是其規矩，其知就是其所行，由其眼中看去，一切天地萬物的運行皆自有其法則，此法則和聖人所體會的能無止盡流露、又無限推擴於物的仁愛之性，沒有差異。因此肯定此天道的運行必是和人內心道德實踐的法則相同。所以近溪順著人的道德實踐其有理想的境界，而人的道德實踐又是不做到此理想境界無法停止的，而肯定人必有此性作為道德實踐的根源，此性即是仁。又因為聖人境界中的經驗世界之運行和道德法則是相和諧的，因而肯定天地之運行有其道德性，故天道的運行自有其精神曰生生之德。再言人一旦經由道德實踐而體會其性之仁，此仁即是同於天道的生生之德，因為經由道德實踐人能同於天，故說人為天地之心。以此相同故說天道性命相貫通，為人的性在天道中找到超越的根據，因為天道的生生之德之謂仁，而人能自覺地實踐道德之性亦是仁，故說人的性是從天道而來的，天道生生於人而成為人之性。

近溪以聖人境界肯定人有此道德性，天地的存有亦是有此道德性，再反由此天之道德性作為超越的根據，落在人的身上成為人的性，作為人人從事道德實踐的根據。人既有此先天的生生之仁，故人應有從事道德實踐之必然，一旦復知此性之仁，則人又有源源不絕的仁愛之心，以及不斷推擴於萬物之不容已的要求。如近溪言：

夫知天地萬物之以生而仁乎我也，則我之生於其生、仁於其仁也，斯不容已矣。夫我生於其生以生，仁於其仁以仁也，既不容已矣，則生我之生以生天地萬物，仁我之仁以仁天地萬物也，又惡能以自己也哉？〔註40〕

〔註40〕《盱壇直詮》28條，台北：廣文書局，1996年四版，頁32。

天道以其生生之德仁乎我，天命既以其仁作爲我的性，我就有去回復此性之
生生的必要，一旦我復此生生的仁體，我就無法只侷限於我之一身，而有將
此仁推擴出去的必要，不只復我身之仁，我亦要讓天地萬物各復其仁。復以
自知本性之仁，其道德實踐便會永無止盡地進行著，因爲此仁愛的根源源源
不絕，自會成爲道德實踐不斷的動力，而其推擴又無有窮盡，要到天地萬物
都復歸於仁，才有終止的一天。可見得此作爲人的性體之仁，其德是生生，
其源是來自於天。以此作爲道德實踐的根源和動力，近溪有言：

> 夫子以易爲學，以學爲教，易則生生，生生則日新，日新則學不厭，
> 學不厭則教不倦，不厭不倦則其德曰仁。夫唯仁，斯其人曰聖乎！
> 故夫子示天下萬世求仁之旨，必曰「仁者人也，親親爲大。」夫親
> 親爲仁之大，其仁大則其人亦大，其學斯名大人之學也已。〔註41〕

「不厭不倦」是近溪用來形容聖人的道德實踐方式，不厭是自己的修身工夫
無有間斷，因爲體會此仁體，而此仁愛之根源是源源不絕的，故自身的道德
修養是可以持續不輟而不會感到厭煩。不倦則用來說明聖人正己而後必亦成
人，此推擴其仁愛於仁亦是無有間斷，若有倦時方是其未識本，若識本體之
仁，其德是生而又生、無有停止，其仁愛亦是無窮推擴，自己識得此仁體之
眞味，必要同人分享，近溪形容孔子的聖人境界：「不惟我喜親人，而人亦喜
親我，立必俱立，成不獨成，眞是自然之妙，而非有所強也。」其欲教人而
自然感通於人，不只教人不倦，人亦受其感通而喜歡親近他，這一切皆是在
聖人能體會仁體之後，自然而然有的境界，實足以說明仁體有生生之眞實內
涵，故有其妙用無窮。

近溪又揭示求仁宗旨在「親親」，因爲近溪所體會的仁體之生生，和孝弟
慈有其必然的關連。關於如何恢復仁之本體，近溪亦言：

> 今須詳細爲子言之：夫不思而得，聖人也，其終是神不可測，其始則
> 只是不慮而知；不勉而中，聖人也，其終是化不可爲，而其始則只是
> 不學而能。難說吾今此身，不從孩提生長？則難說吾身知能，便非不
> 慮不學？但一縱觀天機滿目，如此而視聽言動，如此而食息起居，人
> 人俱有、個個現成。孟子謂：道在邇而求諸遠，事在易而求諸難；又
> 謂：行矣而不著，習也而不察，是以終身由道而不知爲道。〔註42〕

〔註41〕《近溪羅先生一貫編》39 條，上海：上海古籍，1995 年。
〔註42〕《會語續集》32 條，收於《近溪子全集》，台北：國家圖書館藏。

聖人境界雖可見仁體之自然流行，但常人如何復得此仁體，近溪就此言仁體在人人身上皆有，其展現就是不學不慮的良知良能。雖然聖人能體會仁體，何有以見得人人身上皆有仁體，近溪從孩提皆有不學不慮的良知指示，亦即孝弟慈是人人皆有的行為表現，由此孝弟慈處即可見得人人具此性。孩提不學即能知愛親敬長，對父兄自然流露仁愛之心，在愛親敬長處即見仁性，而此愛親敬長又是人人皆有、不學不慮自然知能。聖人境界亦是從此良知良能，仁愛之心自然流露開始實踐的，故此性正是為聖的根據，是人人學聖的起頭工夫。但聖人境界又不只是愛親敬長，是將此仁愛推擴到一切萬物，與天下萬物相感通為一，而使萬物各復其性，故知此仁體又不只是孩提的愛親敬長而已，是體會此愛親敬長的良知良能之在我身，而知我內心有此源源不絕的愛根，怎麼也止不住地要將此愛拿來愛人。由是而從孝弟慈以至家國天下，願望全天下的人都能孝弟慈，孔聖人的終極理想也就是「使老者安之，少者懷之，朋友信之。」「老吾老以及人之老，幼吾幼以及人之幼。」聖人境界一樣不離孝弟慈，卻不只限於自家中的孝弟慈。仁體之內涵亦如是，其作為人人皆有的天性，是孩提在自家中所展現的不學不慮之孝弟慈，而透過修養工夫使其體充盡之，則是作為聖人境界的不厭不倦，其仁體之大涵蓋天下萬物而為一體，其仁體之久長則其愛在身在人皆源源無盡。

　　仁作為人之性體含意大體如此，此性普遍在每一個人身上，表現為人人不學不慮的良知良能，從知愛知敬處即可見人人皆有此性。成為人人學聖的根據，亦保證了人人順其本性皆能從事道德實踐之必然，亦是康德所謂「積極的自由」，依近溪之語則是，人一旦復以自知其本有的良知性體，則人無有不順從良知而展開道德實踐的。而此性經由聖人所體現出其全貌，則其仁愛之心則不只是生，更是生惡可已而日生生，方可見得仁體的真正意涵，不光是挺立起個人的道德實踐，更開闊其胸襟遍及一切萬物，以其廣大的胸襟故一切天地民物皆如同己身，如同天道一般將其仁德澤化天下一切，從聖人境界可以見得仁體之偉大如是！

（四）境界義的仁

　　上說及聖人境界，是針對聖人其所體會的仁體而言，接著說近溪所講的仁作為境界的含意，意即聖人化境下的「仁」，其所指的不光是本體體會如是，而含有實踐上的完成，其心體就是其踐履的體用合一，以及其心體就是其矩度的仁禮合一。仁之全體的涵意既是含著己與人之生生，則聖人境界下的仁，

其推擴於人者絕不止於心中的不忍人之心，此不忍人之心必含著仁愛萬物的實踐而言，即是在己與在人皆不間斷地努力於道德實踐，即是近溪形容孔子的「不厭不倦」，正己與成人是沒有先後的同步進行，近溪之言：

> 試觀聖人口氣，說「克己復禮」，只己字未了，便云「天下歸仁」。說「己所不欲」，亦己字未了，便云「勿施於人」。眞是溥天溥地渾是一個仁理生生，便渾天渾地合成一個大大的人，而更無彼此也。
> 〔註43〕

> 況聖人仁天下之志，思欲老老以及人之老，長長以及人之長，幼幼以及人之幼。其決烈勇猛，如火之必熱、如冰之必寒、如江河之必於沛然赴海，則其一身之貧賤富貴，又安足繫累毫髮也哉！〔註44〕

在修養工夫上有正己與成人的先後，但在聖人境界中仁體的流行與萬物相感通爲一，萬物即是己身，因此光是復己心之仁體絕對不夠，非要使萬物也都能各復其仁體。其行必如同其心之迫切，「如江河之必於沛然赴海」，己身的貧賤富貴都是身外之事，其心其身所繫念之事全是要人復歸乎仁體之生生。由其仁愛之心流露於萬物之中，由其不忍人之心而感通萬物皆是我身是不足夠的，其必要讓萬物各復其仁體之生生，使天地萬物皆在仁理生生之中，以此相同之仁體，而聯成一大身。聖人境界必是聯屬天地萬物而爲一身，「譬則身軀脈理，更無尺寸不聯，念慮亦不忍尺寸不愛且養，間或手足痿痺、痛癢不知，決不慍而棄之，而必緘砭藥餌，汲汲皇皇務醒覺而開通之也。」萬物與我若有不通，是萬物不在此仁體之中，必極力開通之，爲使其能復仁體，而無有懈怠。因此聖人的道德實踐絕非僅於己身之完成，必含著其實踐施於天下民物，其不僅仁心之感通於天下萬物，道德實踐亦及於天下萬物，「如此方是誨不倦的極處，亦是學不厭的極處，不厭不倦，方是仁其身，以仁天下萬世的極處。」「不厭不倦則其德日仁。」合著不厭不倦說的仁才是聖人境界下的仁，不僅體會仁體生生之德，且在自身的道德實踐無有間斷，不只在自身的實踐，且將其實踐處履及天下萬物，如此方是仁體的眞實妙用。其用不止日大而日妙，因爲仁體之幅原廣大，其仁愛之心遍及一切萬物，而且此仁體之大即是其施用之大，故曰妙用。

此種與天地萬物之感通要到何種地步方是聖人化境，近溪有言：

〔註43〕《近溪子集》194條，收於《近溪子全集》，台北：國家圖書館藏。
〔註44〕《近溪子集》175條，收於《近溪子全集》，台北：國家圖書館藏。

蓋聖人之所謂己，是聯屬天下以成其己，豈止天下，即萬世亦欲其
相通而無間也。故曰：不患人之不己知，患不知人也；又曰：行有
不得者，皆反求諸己，其身正而天下歸之。然則所云不慍者，只是
不敢尤人，而不患人之不己知爾。至反求諸己，以求爲可知，則不
至天下皆歸、萬世皆通，必不已矣。〔註45〕

此個仁德與此個人身，原渾融膠固打成一片、結作一團。但一粘動，
不爲我喜親人，而人亦喜親我，立必俱立、成不獨成，眞是自然之
妙而非有所強也。且吾夫子只一念在於吾儕，而吾儕遂萬世歸依夫
子，心心相照，終古如生。〔註46〕

眞正的與天地萬物爲一體，絕不只在主觀的感受之中的與萬物相和諧，而是
主客交融爲一，眞正的聖人必是萬物都喜歡親近的，萬物亦覺得他和聖人是
一體，可見此修養並非只落在主觀境界、主觀感通之中，是己能通人、人亦
能通己的。但如何使人能通己呢？是己透過復以自知之後，回到原初的天地
之心、生生之仁，此生生之仁正好呼喚著物的原初的天性之仁，因此「人亦
喜親我」，喜親的不是我，而是由我身上所透顯出的生生之仁。而萬物若沒有
經過復以自知的修養歷程，則萬物之通我只是偶然，偶然遇到聖人之展現其
仁體之生生，偶然觸動其天性中的生生之仁，其生命之感通無法成爲必然。
唯賴聖人去喚醒，其萬物各復其仁體，則萬物不只感通於聖人，也能與萬物
相感通，這是聖人廣大胸襟所欲完成的理想。人與萬物能相感通的根據正在
於「人之好之，也自同一秉彝。」聖人復此仁體，而萬物亦皆有生生之仁，
以此仁之同故能互相感通，故能因聖人體仁而成其爲一大身，自首以至手足
渾皆是生生之仁一體流行。

　　因此當聖人與萬物之間無法互相感通，在此近溪以「人之不己知」來說
明，近溪不以「不患人之不己知」來當作聖人寬大的度量，能夠原諒人對我
的不賞識，而是把此當作道德實踐理想的尚未完成，因爲眞正的聖人必是「不
惟我喜親人，而人亦喜親我。」若有人不知我，即是不與我相感通，必定是
我的修養工夫做得尚未完全，則我必定是「反求諸己」，檢視我的道德實踐那
裡出了問題。是否所體得的仁體尚未眞切，以致人無法從我的身上見到生生
之仁的流露而喜親我？是否我成人的實踐工夫做的不夠徹底，無法讓人復其

〔註45〕《會語續集》8 條，收於《近溪子全集》，台北：國家圖書館藏。
〔註46〕《近溪子集》155 條，收於《近溪子全集》，台北：國家圖書館藏。

本性之仁，以致人無法感通於我。此可見得聖人的道德實踐不止在己身，必將此實踐推擴至萬物，使萬物皆能有所感通，亦可見得聖人境界之完成，必待主客之和諧一致於仁。

　　論及聖人的實踐工夫，則此仁即是心與矩合一，聖人之仁心則是其行為之法度，有此仁心的體會，即有其仁愛於萬物之實踐，而其實踐必中矩。而聖人將其仁愛萬物的實踐鋪陳出來，便是聖王所制下的典禮與制度，此言仁、禮而其實是一，仁作為禮的根源，禮作為仁之實踐，有此仁便有此禮。試觀近溪之言：

> 惟精以鍛之，則其心初止是人，漸次人而化作道矣；其人初雖是危，漸次危而化入微矣。……則靈明透露，人非是人而道矣；生化活潑，道不自道而人矣。人即道，道即人，則最初所謂「人受天地之中以生」，到此全盤捧出，信目以為明，任耳以為聰，從心所欲以為矩，無為以守至正，是即所謂「允執厥中」也。〔註47〕

此段原是回應「仁，人心也」與「人心惟危」看似矛盾的問話，近溪以為人心惟危是就向未經過道德修養的常人言。而聖人原是由常人做起，將原有的心性至寶所發掘出來，能以此仁體作主，則此時心雖人心而即是道心。近溪十分重視此句之「人」，代表著生生之德並非渾然天性，而是要透過人主體的道德修養工夫方才能復知，亦是要透過人的道德實踐才能落實。因此聖人起初亦只是人，是透過不斷的道德實踐的歷程，方才達到聖人境界，將其人心粹鍊成為道心，人心能成為道心是因為人心中本來即是道心，只是受諸多塵擾遮障而無法全心是道。聖人透過復以自知的修養工夫，體現其本有的道心作為人心，而「道不自道而人矣」，天道的落實需賴人的道德實踐，聖人依此道心而有的實踐便全皆是道。聖人其心是矩，近溪陳述孔子境界即足以說明之：

> 夫子此志，從十五歲，便曉得要絜此孝弟慈的矩，至六七十歲，與顏淵、季路言志之時，便自許得隨心隨意、隨處隨人，皆隨所願而不踰此矩也。此矩隨心而絜，則上便上得其所，下便下得其所，左右便左右得其所，上下左右皆得其所，乃謂之仁。〔註48〕

近溪以孔子境界來說明仁的理想境界是要心與矩的合一，此心即是仁體，故「此矩隨心而絜」。規矩是實踐所依循的正路，聖人的實踐既依於規矩則此實

〔註47〕《近溪子集》40 條，收於《近溪子全集》，台北：國家圖書館藏。
〔註48〕《近溪子集》175 條，收於《近溪子全集》，台北：國家圖書館藏。

踐必合於道，故上下左右皆得其所。矩可看做道德實踐所需依循的道德法則，心即是矩則是意志依自我立法的道德法則而行，康德所言人無法掌握自由意志，而近溪所言卻是道德法則是由本心自己給出來的，此本心是人可以透過復以自知的修養工夫而體證的，順著本心而行即是順著道德法則而行。此實踐是合於法則的實踐，而此實踐又是由己身至天下萬物，「隨心隨意，隨處隨人」皆能合於法則，不只自身的實踐能合於法則，更希望全天下人的實踐都能合於法則，近溪提到這樣的法則就是「孝弟慈」。康德所言的道德法則是無條件的道德律令，即是義務。而近溪思想中的孝弟慈的既是人人所應遵循的天職定分，就是無條件的道德律令，孝弟慈是不需外加任何條件、也沒有其他目的的純粹道德實踐，只是見父自然知孝、見兄自然知弟，而論及其動力則是仁體不容已之自然流露。人人雖有此性之良，其有仁性之流露，亦有生之謂性、甚至欲望參與其行為之判斷；聖人復以自知其仁體，時時皆以本心作主，故其心即是矩。人人皆有的性體是不學不慮的良知，是孩提即能知愛知敬，聖人體得此體而後所立下的規矩，是從自家的愛親敬長的孝弟慈，到老吾老以及人之老，由親而疏地推擴孝弟慈，而聖人的最終理想是全天下人都能孝弟慈。此最終理想之難以達成，是連孔老夫子「臨終都不免要嘆一口氣」，正足以說明道德實踐是無有止盡的不斷努力歷程。

　　聖人境界正是能不間斷地從事道德實踐，而其實踐又是合於本心、合於規矩。說的究竟，近溪所指的道德實踐正是孝弟慈，由己身而至家國天下，不間斷而無有窮盡地實踐之。孝弟慈雖是日用平常，孩提皆能與知與能，聖人體會仁體而來的化境，亦只是由本心流露的仁愛，而自然的知孝弟慈，自然的知道推擴其仁愛，由宗族至邦家至天下，皆歸於孝弟慈。聖人與常人皆有此善性，皆能自然流露出愛親敬長之心，然聖人與常人之別，則在聖人經過復以自知的修養工夫，復歸其仁體廣大的生生之德，故聖人流露的善性為必然而非偶然，聖人之推擴其善性亦是必然，而聖人之踐履是心與矩合一，其孝弟慈的推擴必是身家國天下，必是親親而仁民而愛物，其雖有推擴而自有親疏，雖普施其仁愛而自有其節度。且看近溪之形容「聖之至」：

> 故知而弗去，不是要他不去，只知得真時，便原自不曾去也。久久
> 弗去，則細細密密自然有許多節次，從從容容又自然有許多文彩。
> 其事親從兄之間可度可觀，亦非是有意要節文之也。節文日熟，則
> 子愛其親而親亦慈其子，弟敬其兄而兄亦友其弟，父母昆弟固和美

> 一團，而宗族邦家也感通翕順。雖欲不樂，不容於不樂，雖欲不生
> 長暢茂，不容於不生長暢茂，以至手舞足蹈而不自知焉，則事親從
> 兄之間，無非聲容之盛而樂，樂之極也已。要之，此雖是說樂之極，
> 其實是形容聖之至也。故從心所欲不踰矩，是絜矩孝弟而不踰也；
> 聖不可知之神，是孝弟之手舞足蹈而不可自知也。〔註49〕

此個看似平常的和美一團，其樂卻是至樂且無有停止而曰「樂之極」。近溪言
樂會與孟子的「獨樂樂不若與眾樂樂」合看，故此樂不只是主體的感通於人
物而來的快樂，而是聖人將此仁愛之心推擴，不只子愛親，親亦能慈子，不
只弟敬兄、兄亦友弟，不只自家之親友敬愛，宗族邦家也都感通翕順。聖人
以其體仁而能感通萬物、以天下萬物如同己身，天下萬物亦受聖人之感通而
感通於聖人，亦受聖人之孝弟慈而復歸於其自身之孝弟慈，故曰「樂之極」，
而此樂之極不是偶然的和諧，是聖人透過道德實踐而來的理想境界。聖人以
仁天下為用心，而終歸只是回到孝弟慈，其孝弟慈是聖人體仁之後，仁心的
流露自然發而為實踐，聖人化境下的實踐其特點在自然而然，又不容已的必
定有此實踐與推擴。仁體若體得真時，必如同聖人境界時時皆能以本心作主，
本心作主故既使是生之謂性亦能合於矩度。既維持在此境界中，就不會再回
到舊時習氣，是近溪所說「只知得真時，便原自不曾去也，久久弗去。」並
非刻意要去維持住此境界，而是一旦真認得仁體，本心自然有此發用，故聖
人其實踐能如此的自然流露、不假思索，不僅自然中矩，「又自然有許多文
彩」，蓋因為仁體本是此生生之德，一旦知已其發用便無有歇止，若無法久久
維持，只怕是此知不真。

（五）以孝弟慈言仁

近溪所形容的聖人境界，含著對仁體的真切體會，再言其仁心的真實流
露，感通於天下萬物而與萬物為一體，不唯己感通於物、物亦感通於我，而
此感通亦合著無有間斷的切身實踐，此實踐則必定中矩，為其所當為而不越
己分，其實踐要到天下人都復歸其仁體方才完成。此等聖人境界，近溪以「孝
弟慈」來涵蓋，其形容孔子一生學問，最終所達的聖人境界是：

> 吾夫子學至此時，果是大人、赤子念念了無二體，聖心、天德生生
> 純是一機，隨眾問辯，其所酬答更無非此個孝弟慈，隨機感觸，其

〔註49〕《近溪子集》163條，收於《近溪子全集》，台北：國家圖書館藏。

所好欲亦無非此個孝弟慈。〔註50〕

聖人所體會的仁體生生即是孝弟慈的生惡可已，生惡可已自不只於自身之仁、自家之孝弟慈，而必曰「老吾老以及人之老」，必曰「老者安之，朋友信之，少者懷之。」聖人一生的願望、實踐，只是不違當初體證的仁體，只是從那最初的孩提即曉得知愛知敬、不學不慮的良知良能做起，一本其仁心之自然流露而無有停止，最後亦只是希望天下民我皆回到其自身之良知良能，一本初衷而無有停已的實踐，亦只是孝弟慈的實踐工夫。其所行全是合於其心之矩，而其矩亦只是孝弟慈。從自身不學不慮的天生善性，知己之本性必是合於此孝弟慈，孝弟慈是天性不容已的要求，故知人人皆應該孝弟慈；從愛親敬長知愛人之親長，故知此孝弟慈應從自身而推至家國天下。於是聖人制下孝弟慈的規矩，人雖法聖王規矩並以聖人境界立下志學之目標，而一旦從自身中體會本體，本心流露自會明白此聖王所制下的規矩，其實和出自我本心所給出的規矩本無二致。

近溪以求仁為孔門宗旨，其所論仁雖含著上述仁智並言、仁禮並言，及仁體、聖人境界之仁，而就實論其「求仁宗旨」，則該當是恢復仁體以達到聖人境界、仁的終極理想。儒家所提出的思想，在近溪的理解下皆是以此聖人境界作為最終目標，其修養工夫正是鋪張出一條通往此理想的道路。近溪在此種孔門宗旨的仁的內涵，以孝弟慈作為其真實內涵，在回覆學生問孟子〈仁之實〉的含意時，近溪言：「蓋天下最大的道理，只是仁義，殊不知仁義是個虛名，而孝弟乃是其名之實也。」仁作為人的本心只是不忍人之心，是滿腔子的仁愛，流露於人亦願人有此仁愛之流露；而義作為人之正路，是體仁之後行為能自然合宜，做應該做的事。而孝弟慈正是心內滿是仁愛自己的父母兄弟，而仁愛別人的父母兄弟，不忍見人無父母兄弟之親愛，希望別人亦能心內滿是仁愛，此便是仁；知道此知愛知敬的良知，便曉得要親愛父母、友好兄弟，便心即是矩，動容舉止皆做應該做的事，此便是義。故以仁義來作為人的善性，而內容就是孝弟慈。

近溪以孝弟慈來說明人的本性，此三件事是所有人日常都離不了的事，最親切容易理解，而於人人每天行孝弟慈的同時，即見此原來是人善性的流露，從最親切平易的地方指點仁體，讓百姓容易明白原來我自身果有如此良知良能，天生聖人的善性原來亦在我身。讓人隨處皆能見體，道德實踐隨時

〔註50〕《會語續集》9條，收於《近溪子全集》，台北：國家圖書館藏。

可以下手。

　　強調孝弟慈便是重視道德實踐，正如近溪說解「仁者人也」的含意，仁必得要靠人來實踐，仁雖是天道生生之德之仁落在人身上，但需透過人反求諸己的工夫，自覺地回到仁體，其實踐出來的方是天道生生在人身上的展現，從何處見到仁體呢？就是從人的實踐中見到。孝弟慈最是人天性呈現的行為表現，若沒有孝弟慈的實踐則無以顯明人身上有其善性，因此人要見得己身有仁，也要經過孝弟慈的實踐方才能見，近溪形容孔子的體會，正足以見近溪以孝弟慈來說仁，是先有孝弟慈的實踐，才體會人身上原有此善性根源，才肯定仁之作為人的性，其言：

> 聖如孔子，又對同得更加親切，看見赤子出胎最初啼叫一聲，想其叫時只是愛戀母親懷抱，卻指著這個愛根而名為仁，推充這個愛根以來做人，合而言之曰：仁者人也，親親為大。〔註51〕

聖人原來是從赤子初生即愛自己的母親中，來肯定人皆有此善性，名之曰仁。既是人皆有此善性天生，則做人亦依此善性而做，聖人依此而勸勉人皆要道德實踐，說是道德實踐而其實卻只是人分內應該要做的事而已，人自幼及曉得要愛母親之愛卻是做人的根本，做人正要回到此根本，而讓此愛充滿全心，如此之人在家既為孝子，在外是個仁人。聖人正是透過其自身的道德實踐體會此道理與人說，而讀聖人經典也正是要學得這等道理。赤子的啼叫雖非自覺過後的道德行為，但透過此孝親之表現才肯定人的本性之仁，足以顯現近溪的立場。對於孝弟慈的重視，正可以顯出道德行為的實踐方可以體現本心之仁，也是透過道德實踐方能肯定人皆有此本性。

　　以孝弟慈來說解仁，不會減消仁的超越性，因為此性原是先天帶來，以此說解不僅叫人容易見到仁體，更著眼在為聖工夫中實踐的重要性。孝弟慈原是百姓日常、家家戶戶皆有，若說善性是人人可做得聖人的根據，而孝弟慈卻是做得聖人最簡易下手的工夫，不唯透過孝弟慈的實踐能體證本性自在我身，體得此性之後下手的實踐工夫亦在孝弟慈，聖人最終的境界亦只是回到孩提赤子的初衷，聖人與百姓常人的差別只在能知與不能知、能推擴與不能推擴而已。近溪沒有忽略仁體的超越性又重視實踐的意思，可見下文：

> 則孔門宗旨，渾然只是一個仁字。此仁字溯其根源，則是乾體純陽，生化萬類，無一毫之間，無一息之停，無一些子之昏昧，貫徹民物，

〔註51〕《近溪子集》80條，收於《近溪子全集》，台北：國家圖書館藏。

而名之曰「天命之性也」。本其發端，則人人不慮而自知孝，不學而自能弟，不教而養子，自心求而中，默順帝則，莫識莫知，名曰「率性之道也」。究其中間作用，則聖賢以人弘道，敬而修之。初須直信本心，從中通悟，而陽光在透，天命其在我矣；繼須顧諟天明，慎畏將奉，赤子真心，于時保之矣。〔註52〕

仁體的超越性從天道說下來，天道生生之德是由聖人境界所體會的上以陳說，再曰此生生之德遍在於一切萬物為萬物之性，在人身上則為此仁性亦是生生，以天道下貫於我而為我之性來肯定仁性的超越與先驗性。而人如何體此道在我身為我之性，需透過孝弟慈的實踐，再反之此孝弟慈原是由我真性流露，此真性原是天則。以孝弟慈來說明天道在我身上的彰顯，亦以此孝弟慈方能體會天道之在我身，此是近溪以孝弟慈來說明仁之用意，以其最易彰顯，最易體證，亦是最容易下手實踐的工夫。聖人體證天道是透過孝弟慈的實踐，常人修道以達到聖人境界亦是透過孝弟慈的實踐。此修道的工夫一在悟，一在保。悟即是在孝弟慈當中反求諸己，直信此本心即是聖人能做得聖人之心，直信此本心即是聖人體得天道之後方說得人皆有此性，是知天命之性在我，此悟其實就是自覺我本有此良知。保則是信此本心之後，要依此本心而行無有間斷，知能孝弟慈者原來就是我本心良知的流露，而更加地孝弟慈，此便是近溪說：「若論其始初著力處，則只是知得透徹而久久弗去耳。」初學工夫在能常保此良知、常行孝弟慈，到聖人境界便是真知的此體，自然便孝弟慈而無須勉強。說到此求仁的工夫，近溪言：

吾儒學術原宗孔門，孔門之教全是求仁。然自己解注，只說「仁者人也」，說「仁者人也，親親為大。」至孟子又直截指出：天下之人，其初皆是孩提赤子，然不慮不學卻皆知得愛親敬長。此可證人即便是仁，亦可知仁必以親親為大也。故曰「人皆可以為堯舜」，是見得人皆有此良知也；又曰「堯舜之道，孝弟而已矣。」亦是見得堯舜也只是此個良知也。學者入道，從此處起手。〔註53〕

孝弟慈即是學者入手工夫，聖人境界也是從孝弟慈出發，最終一樣是回歸孝弟慈，故堯舜之道只是孝弟而已，學者學習做聖即從與聖人相同的良知本性出發，一樣是從孝弟慈做起。故說「仁者人也，親親為大。」只孝弟慈做得

〔註52〕《近溪子集》180條，收於《近溪子全集》，台北：國家圖書館藏。
〔註53〕《近溪子集》217條，收於《近溪子全集》，台北：國家圖書館藏。

盡了便是個仁人，孝弟慈做得完滿便是理想境界下的仁，可見得近溪此個仁可全用孝弟慈就能說到底。近溪又引孟子語來爲「仁者人也」做註解，其見得人人皆有此善性仁體的地方，正是從孩提皆知得愛親敬長說起。由此不學不慮即能知愛親敬長，即見得人即是仁，此仁正說著人皆有此本性，而此本性即是孩提知愛親敬長的良知良能。故說仁必以親親爲大，人皆生有此性之仁，不學不慮的良知，然欲完得此聖人境界之仁，就必以此孝弟慈家風手段方能完得此仁。

　　孝弟慈的工夫能完得此仁，此仁即是知愛知敬的孝弟慈之體，近溪故言仁與孝「亦無分別」，又曰「蓋仁是天地生生的大德，而吾人從父母一體而分，亦只是一團生意。」孝弟慈與天地之仁同樣是生生之德，吾人受母胎所生所受故可說是天道所貫注於我的生生，此是指生理之生，而在我身上之一團生意，卻是在我愛戀父母懷抱中迸發此一段精神，故孝弟慈是在我身上的仁體之生生。今觀近溪一段語錄，足見其孝弟慈即仁：

> 孔子自己說仁，平生只有「仁者人也，親親爲大」是他正解。孟子卻指實說「親親，仁也。」今看人人孩提之初皆知愛親敬長，果是渾然本心而仁不遠人也。若此良心之知，瑩然昭然於親長之間，無所不愛，無所不敬，而又無所不條理正當，其人便明通而曰聖人也。

〔註54〕

近溪以孟子話足證之，其云「親親仁也」，孝弟慈不只是復仁體的手段，孝弟慈即是仁。人能做到孝弟慈，則其仁性已流露，此時其心念就是本心。只是常人只有在孩提時能一心全是孝弟慈，其因不明此知愛知敬的良知就是我的本心，遂從渾然本心成爲惟危之人心，故有不孝不弟者。若此人孝弟慈做得甚好，成爲「宗族稱孝，鄉黨稱弟」之人，也只是士之次而非爲聖人，蓋因爲其知得不眞，故其孝弟慈止於父兄而不能善與人同。聖人復知其本心，其心自然流露，孝弟慈於其父兄，又自然願讓天下人皆能孝弟慈，其心即是矩，故其孝弟慈自然皆中節，獨樂樂不如與眾樂，其樂故無窮。

　　近溪以孝弟慈來訓仁，從日用平常即能見得性體，可見此性果然內在於己，果然是人人皆有。復有其重視實踐的特色，學聖之入手只是此平常的孝弟慈，無怪乎近溪每升講堂皆鄉間男女老少雲集，因爲人人皆能懂得、做得。又融此簡易平常的工夫，和聖人體仁後矩隨心而絜的自然化境於孝弟慈中，

_____

〔註54〕《近溪子集》115 條，收於《近溪子全集》，台北：國家圖書館藏。

此孝弟慈說的真是易簡又極其神妙。

四、孝弟慈即天

　　近溪透過《易傳》與〈中庸〉言天道，不但言超越的天道，此天道更是內在於人身而為人之性，近溪更賦予此性「孝弟慈」的內涵，由人人皆有孩提知愛知敬之心，人人皆有孝弟慈的實踐，可見得人人皆有此善性的流露，聖人更由於體證此知愛知敬的良知本體，而能體會此人之性即天之道，亦賦予孝弟慈此內涵於天道生生之中。由人之性以通達天道之義，從孟子言「盡心知性知天」已見，透過人的道德實踐，可以體會吾人此性即和超越又普遍的天道相當，〔註 55〕故孟子言：「萬物皆備於我」，透過道德實踐而使道德原則即是萬物存在原則，此時作為人道德實踐的性，便成使一切萬物存在的創生真幾。此即是從道德實踐說到超越的天道，近溪亦是此路數，但在道德實踐和天道之間，近溪更以孝弟慈作了連結。由孝弟慈的實踐證得人人皆有此善性，此善性即是知愛知敬的良知，而此良知又即是天道生生，因為正是由於人在事親從兄中所得生惡可已之樂，方能見得天道之生生，故知此知愛知敬的良知，原與天道生生沒有二致，由此說天道性命相貫通。故近溪說：「蓋孝道至大至久，塞天地而橫四海，淪草木而及禽獸，有許多大的道理，皆是此個本子，非本之外又有道也。」作為天地宇宙創生之理的天道，在近溪思想脈絡下，即是孝弟慈的人性，在道德實踐下別無虛空、抽象的形上之理，天道正是聖人藉著道德實踐而來的體證，體證天地間有此作為一切萬物根源的，超越於經驗自然、又普遍於一切萬物的形上之理，此理即與我身上之性相通無間。

　　近溪自述為學，言其自壯年以來體會儒家學脈而立其自己思想規模，即是以孝弟慈來通貫諸經，此孝弟慈乃是近溪本人在道德實踐中所真實受用的，其言：「則孟子孩提愛敬之良、不慮不學之妙，徵之幼稚以至少長，果是自己曾經受用，而非虛話也。」近溪用自己生命歷程中最切身的孝弟慈，來體會不學不慮的良知，以此詮釋儒家經典，貫通《論》《孟》〈學〉〈庸〉，最後亦以此孝弟慈的宗旨，來領略《易經》的天道生生。此孝弟慈的宗旨近溪自其建立思想系統之初已是，至其六十歸山到處講學、著述仍不改孝弟慈宗

〔註 55〕此義見於楊祖漢先生，《中庸義理疏解》，台北：鵝湖，頁 103。

旨，乃至臨終前勸勉諸孫之語仍是：「人不善學，則雖孝弟，而終歸於鄉士之次；人能善學，則即孝弟，而終至於聖神之大。」〔註56〕孝弟慈可謂近溪自始至終的思想宗旨。

近溪言其初悟於易經的體會即是「反而求之，又不外前時孝弟之良，究極本源而已。」近溪透過孝弟慈來體會易經，由此對易經的定義為講述孝弟慈的本源的學問，故近溪講述學、庸與仁皆是以易之生生作為形上的根源，實則皆是孝弟慈貫穿其中，而從體與用、天道與人性不同角度來說明。下引文為近溪的自述為學：

> 予自三十登第、歸山，中間侍養二親，敦睦九族，入朝而遍友賢良，遠仕而躬禦魑魅，以至年載多深，經歷久遠，乃嘆孔門學、庸，全從周易生生一語化將出來。蓋天命不已，方是生而又生，生而又生，方是父母而己身，己身而子，子而又孫，以至曾而且玄也。故父母兄弟子孫，是替天命生生不已顯現個膚皮；天命生生不已，是替孝父母、弟兄長、慈子孫通透個骨髓。直豎起來，便成上下今古，橫互將去，便作家國天下。〔註57〕

近溪言其經年的實踐而體會得學、庸與易之生生皆是孝弟慈，而大學鋪張命世規模是建立在格物與致知之上，透過法聖王規矩與復見自己的良知，乃知由己孝弟慈往外推擴的次第規模，即是奠基於中庸盡性至命的修養工夫之上。中庸言人透過自覺地道德實踐的過程，終可以達天命，體會己身的性即是天道，雖是由人的道德實踐往上體證天道的過程，但其實人能自覺地從事道德實踐的過程，在在皆是天道生生之展現，天道生生不已地運行從未間斷，只是人能否經由道德實踐知與不知之別，易之生生其實作為學、庸實踐與體證的基礎，故說「孔門學、庸，全從周易生生一語，化將出來。」易經所言的天地萬物存在之理，是存有論的在先，就工夫論則是學、庸所言的人的道德實踐在先，而後才有對於天道的體證。無論先在與後，近溪通貫此人的道德實踐，與人從事道德實踐的根據，以及作為一切存在根源的創生性的超越道體，皆是以孝弟慈之概念來賦予其內涵。故作為創生性的生生不已的天命乃是虛說一切之根源，就其實其所展現的，正是父母兄弟子孫的生生不已，其中的孝弟慈即是天道的生生不已。

〔註56〕《盱江羅近溪先生全集》298條，台北：國家圖書館藏。
〔註57〕《會語續集》4條，收於《近溪子全集》，台北：國家圖書館藏。

　　如何體得天道之生生原來就是人之性，是從聖人境界下的體會而來的證說，近溪言：

> 豈有聖人盡性，只是一覺，而聖人通易，又不止是一覺也哉？蓋語道而至大易，則天地民物、五倫萬善，極其具備純全，了無纖毫欠缺。惟是聰明神聖，方能與之吻合符同，則大易可語道之全，而聖心可語易之全矣。然究竟其所以吻合、所以符同，則惟此覺字稍足以擬諸形容，而學者亦可因圖入頭處也。〔註58〕

聖人的修養工夫只是盡己之性而別無外求，此盡己之性近溪用復以自知的逆覺工夫來表述之，故在此處近溪言聖人盡性只是一覺，繼而言之，聖人通易亦只是一覺，故聖人能知曉易之理以傳述後人，乃是透過己身的道德實踐而來的體證。聖人通過復以自知的逆覺工夫，以體得良知之為我性，而又同時證得天道之運行亦即是我性。如近溪言伏羲禿點一點太極，乃是由於其「志力精專，以致天不愛道」，文王、周公「俱盡心去推衍擬議」方能畫卦，以至孔子「又加倍辛勤，韋編之堅，三度斷絕，自少而壯，自壯而老，直至五十歲來，依然乾坤混沌，貫通一團而曰：天命之謂性也。」故聖人能體得天道之生生，並非憑空架起一個形上的天道作為一切性命的根源，乃是透過其真切的道德實踐而來，故近溪繼之言聖人所體得的易之生生乃是：

> 蓋易之為易，其充塞寰穹、樞機造化，惟是一神以靈妙而通顯之，在天則萬萬而成象，在地則萬萬而成形。凡所成形象萬萬，皆乘其元化之靈妙通顯而為知能，是以周遍活潑。體段若可區分，而真精了無間隔，昭彰謂之帝則，繼承謂之己性，而實則渾全是為易理也。〔註59〕

聖人通過其實踐故可見得天地間有一體流行之道體存在，此存在遍布於一切，又靈妙變化無窮，此理看似一超越的天道，實則若聖人身上無此同質之體，如何能在修養達此高度時能見得天道，故明我之性定有能與天打對同的東西，而曰我之性則渾全為易理，此乃是聖人從事道德實踐而來的必然肯定。此能打對同的不只在聖人身上，事實上亦即是人人皆有的良知，故近溪給易之乾之坤能所賦予的內容，即是人的良知良能。唐君毅先生論及近溪的心知與天道處，〔註60〕亦以為「良知及乾知之義」，唐先生以天地萬物因交感故能

〔註58〕《會語續集》14條，收於《近溪子全集》，台北：國家圖書館藏。
〔註59〕同上註。
〔註60〕此處參看唐君毅先生，《中國哲學原論──原教篇》，台北：學生書局，1990

生，物物能交感故能生生，從感通處言生來解釋易傳的乾知之義，而人的良知亦是能與萬物相感通，透過人對萬物的不忍人之仁心，與萬物感通爲一體。有此良知與乾知皆是感通，藉此感通而生生萬物，而與萬物爲一體，故說良知即乾知。此論述可謂非常仔細地分析出乾知與良知之共同處。從近溪之語錄中，亦可見良知即乾知之義，其言乾知坤能往往與百姓之知能並說，試觀近溪之言：

> 乾、坤原是合體，知、能亦是互用。但乾則專是陽明，而坤則不免陰晦，乾知便清妙而足以始乎坤，坤雖厚實而止是終乎乾，所以曰「百姓日用而不知。」……故乾、坤皆易也，知與能皆天所以與我也。先事乎知，則日入清妙而聖神可幾，反是則百姓日用，終身由之而不知其道者眾矣。〔註61〕

易是聖人通過其道德實踐而來的體會，近溪教門人亦要通過修養，來達到此體會，希聖的入手則是從「乾」卦始。乾知坤能互用即是易之生生的靈妙莫測，尤其乾之強健不息更足以概觀天道之生生不已，故說乾知又能涵蓋坤能。近溪以乾知來說明百姓日用而不知的良知，故知常人要通過道德實踐以希聖、以上達天道，其始便在於回復己之良知，一旦吾人逆覺此知乃是天生我與聖人同的良知，久久用工而弗去，我亦能體會天道之生生即在我身。故近溪雖亦言天命落在我身爲我之性，此形上的根據乃是虛說，眞正明白此天命原來在我身而爲我之性，乃是須要透過眞切的道德實踐，並非從聖人所傳下來的經典中學習即能得到，故知此時的知絕非對於客觀知識的認知，而是透過主體道德實踐而來的覺悟之知。此種覺悟在近溪思想的脈絡中則是「復以自知」的逆覺工夫。

近溪的良知即是知愛知敬的孝弟慈，近溪以良知言乾知，亦以孝弟慈言生生不已的天道，其以孟子「生惡可已」〔註62〕言之：

> 孔門宗旨止要求仁，究其所自，原得之《易》，又只統之以生生一言。夫不止曰生，而必曰生生，生生云者，生惡可已也。生惡可已，則

年，頁 420～430。

〔註61〕《近溪子集》38 條，收於《近溪子全集》，台北：國家圖書館藏。

〔註62〕近溪以孟子語釋生生，此義見於楊祖漢先生所作〈羅近溪的道德形上學及對孟子思想的詮釋〉一文。《孟子》〈離婁上〉：「仁之實，事親是也；義之實，從兄是也；禮之實，節文斯二者是也；樂之實，樂斯二者是也；樂則生已，生則惡可已。」。

易不徒乾，乾而兼之以坤；坤不徒坤，坤而統之以乾。〔註63〕

孔子云「仁者人也」，蓋仁是天地生生的大德，而吾人從父母一體而
分，亦只是一團生意，而曰「形色天性也」，故色容溫，沒有一毫干
犯的氣象，口容止，沒有一毫干犯的言詞。蓋由他心中有個生生大
德，立了天下之大本，自然生可惡已；生惡可已，自然不知足之蹈
之、手之舞之皆是此本。如是則人固以仁而立，仁亦以人而成，在
父母則爲孝子，在天地則爲仁人，方不負父母生我一番。〔註64〕

近溪以生惡可已來詮釋易之生生，足可見之近溪對生生之體會是從事親從兄
的孝弟慈而來，故又說在人身上也有此生生大德曰仁。人與父母原爲一體，
從父母所分亦只是一團生意，人透過孝弟慈以回復此一團生意之一體不分，
亦回到天道之一體不分，故透過此實踐而來的體會，則天地之生生無非是此
個孝弟慈之生生，天道之生生不已，乃是透過人事親從兄的實踐中，所達之
生惡可已而得其彰顯。聖人體此而曰生惡可已的天道，乃即是人身上生惡可
已之仁性，故人的道德實踐須逆復此知，人多非生而知之者，故又須法聖人
規矩以復此良知，推擴此良知而與萬物爲一體，而體會我性之良知即是天道
之生生。從聖人體道而教人曰「人固以仁而立」，人依此性乃得以從事道德實
踐，此性無時不在彰顯，故曰在我身上而爲我的道德實踐之根據。從人須透
過自身的道德實踐方能證得我性即是天道曰「仁亦以人而成」，對於天道的眞
實肯定，須由眞切的道德實踐才能肯定之，此種體證是父無法教於子，定須
自己覺悟的。

中庸之天命，近溪又是以易之生生說明的，故此天命即是生生不已之天
道，而其內容亦是孝弟慈，近溪言：

蓋中庸根源，聖人本得自乾坤生生謂易一句，而生生面目，最好輕
快指點者，再無如母之養子、子之慕親而姊妹弟兄之和順敬讓也。
故大易之首乾坤，乾卦而先推元善，惟是庸德之行、庸言之謹。蓋
曰：非此日用平常，則天命之生化，何自而顯著？人心之活潑，何
自而因依？故即此便是眞誠，而天下萬世所當共爲存主；外此便是
邪妄，而天下萬世所當共作防閑。〔註65〕

〔註63〕　《會語續集》32條，收於《近溪子全集》，台北：國家圖書館藏。
〔註64〕　《近溪羅先生一貫編》119條，上海：上海古籍，1995年。
〔註65〕　《會語續集》6條，收於《近溪子全集》，台北：國家圖書館藏。

中庸根源也就是易經中生惡可已的天道，此生惡可已以孝弟慈來說方是最妥貼的說明，近溪以「順乎親有道：反諸身不誠，不順乎親矣；誠身有道：不明乎善，不誠乎身矣。」〔註66〕來解釋中庸的「誠」，並結合以近溪的易學中乾元之善乃善性之善，故明乎善即明乎此善性，即復知此知愛知敬的良知，既復知此良知對父母兄弟自然和順敬讓。於是人能孝弟慈便是誠，沒有做到孝弟慈便是不誠。近溪的「庸」字承朱子作「平常」解，其平常則指著天命之生生在平常的孝弟慈中展現。再也沒有比孩提皆知愛親敬長此人人皆知能者更為平常的事，此平常不但指生活中最簡易自然者，亦是指人人皆不可避免、歷古今而不可改者，天命在此平常中彰顯其自己，人亦透過此最平常者得以通達天命。

而此平常與天命之關係，近溪以體用區分來說解：

> 天命一句即是庸德之中，而率性一句即是中德之庸。庸以中為體，而其性斯達；中以庸為用，而其命乃顯。故庸在百姓日用，原今古一樣，更無得說所謂家國天下，未有一人外卻孝弟慈，而能生養成立者也。〔註67〕

近溪分別以「體」來說「中」，以「用」來說「庸」。以天命之謂性來說體，此體是指人人身上皆有知愛知敬的良知本性，亦是生惡可已的天道生生，此用即是孝弟慈的日用平常之實踐，雖以體用說，實則體用為一，藉此用以顯明此體。人人皆有孝弟慈之實踐，即可見人人皆有此知愛知敬的善性；而欲透過修養工夫以治平至家國天下者，亦須從復己之良知始，終於推擴及天下民我，體會與天下萬物為一體，又同於天道的生惡可已。故說「未有一人外卻孝弟慈，而能生養成立者。」無論是見此性之在我身而為我道德實踐之根據，抑或盡此性以達天命者，皆離不開孝弟慈。是知愛知敬之良知為體，故有人人皆能孝弟慈之用；有孝弟慈之用方能見得天命之生惡可已在我身中即是知愛知敬之性。

近溪以體用言乎中庸，更有將實踐與形而上的天道合著看之取向，不唯聖人通過道德實踐以證悟天道，人人更可藉由我性之良知以通達天命，藉著我性之良知的喚醒，自覺地從事道德實踐，在實踐之中肯定此天命即是生惡

〔註66〕出自〈中庸〉第二十章。〔宋〕朱熹著，《四書章句集注》，台北：大安出版社，1994年初版，頁38。
〔註67〕《會語續集》6條，收於《近溪子全集》，台北：國家圖書館藏。

可已亦即是我性。試觀近溪之言：

> 今且論天下，中從何來？乃民受天地之中以生也；庸從何名？乃中
> 等平常之人也。今此中等之人，名以庸常之輩者，又豈不謂各隨己
> 性，而簡易率直也哉？此簡易率直以爲知，其知不須人思慮，卻是
> 陽明發越，而天命之照耀也。此簡易率直以爲能，其能不須人學習，
> 卻是陽和充盎，而天命之活潑也。故性不徒性，而曰：天命之謂性
> 矣。夫此不慮之知既爲天知，則舉千萬人而可以同知；此不學之能
> 既爲天能，則舉千萬人而可以同能。故道不徒道，而曰：修道之謂
> 教矣。夫此道根諸命、顯諸性、普諸教，則天與吾人更無一息之可
> 離，而吾人與天又可一息之不畏也哉？但可惜百姓卻日用而不知。
> 〔註68〕

近溪雖在盡信本心之外尙言法聖王的工夫，但此法聖王並非向外學習於聖人以達天命，學習聖人亦只是學習由己而人的本末關係，學習聖人以復知己性作爲初步工夫，故聖人只是典範，學者學習聖人如何成聖的過程，眞正的實踐的過程仍須躬自體會方能言上達天命。聖人之所以能爲規矩，只是聖人先於吾輩而知之，或有生而知之者如堯舜，無須法規矩而即知向自己的性盡去，近溪言：「然古先聖人，所以足爲作聖之規矩者，正以其只盡自己之性，只明己性之善，而更無纖毫之或取諸外也。」除了盡自己的性以外，別無上達天命的工夫，近溪在此處說的甚是顯明，人皆須法聖王規矩以成聖，而聖人其實亦只是盡自己的性、無纖毫取諸外，故人法聖王亦是從自己的性以盡去即能上達天命，而無假外求。

　　人皆有此不學不慮的性，以其超越而又普遍於人人，故又曰此性來自於天，故就人本有道德實踐的根據而言，亦謂「天命之謂性」，此性不學不慮而又自然呈露，人不知之卻又自然能行，如同聖人的不思而得、不勉而中，亦如同天命莫之爲而爲、莫之致而至。以此說道德實踐是人人可能的，人皆有此天性，並非聖人獨有之，故人人若能自覺地從事道德實踐，亦能如同聖人盡性以至於命。以根源的性說人與天通，是潛在地通，天命流行於一切故人人皆在天命之中，透過道德實踐而言人與天同，則是眞實體證的同體之感，近溪「修道之謂教」從此處說。人若能知曉運用天生善性良知良能，自覺地從事孝弟慈的道德實踐，則以此性與天命根源之同，人必能眞切地體證此性

〔註68〕《會語續集》12條，收於《近溪子全集》，台北：國家圖書館藏。

即是天命。真切地感受天地靈妙地運作，而無一處纖毫不生化，此性亦不在天命之外；又此性由己之孝弟慈，以至家國天下皆孝弟慈，天地萬物無一外乎我仁心之感通，此性之無窮又與天命之廣大、生惡可已相當。故知近溪言超越的天命，其真切的肯定必要從道德實踐往上說去，也唯有通過道德實踐而來的體證，方才能說此天命是落在人人而為人人之性。此道德實踐只在最平常的孝弟慈之倫常中，故此孝弟慈乃是近溪「極高明而道中庸」者。

五、小結：近溪的道德形上學

近溪以愛親敬長來規定良知，不僅作為人人皆能成聖的道德實踐的根據，更從孝弟慈人人皆有此實踐來說明此內在的根源隨時呈現，此種普遍性是從天命在我身上而為我之性講的。之所以能言天命之謂性，則是聖人透過道德實踐而來的肯定。以近溪所言，聖人之所以能知天命只是「正以其只盡自己之性」，「而更無纖毫之或取諸外也。」的盡性工夫，「只是一覺」的逆覺本心的工夫，逆覺吾人之性只是生生之仁，此仁心能推擴至天地萬物而無盡，與天地萬物為一體而生生萬物，於是自覺此身之良知即同於天命，天命亦是此生惡可已。聖人通過其自覺而來的體會此心此性之推擴乃是無有窮盡，而必然要肯定天道的運行亦是如此的無有窮盡，而言易之生生，言乾知坤能而必曰復，通過復才能生而又生，天道便是此創生不已的存在根源。聖人以其道德實踐所達的境界之無盡，而必要如此肯定天道，而曰天命之謂性，天道之生生仁於一切，故人人皆有此性之生生，人人皆能盡性以至於命，因為此性即是天命。

關於盡性以至於天命，牟宗三先生在《圓善論》〔註69〕中，以孟子的「盡心知性知天」來論述儒家的道德形上學，牟先生言人能知天命必是由於人的心性「體證」其為如此，這是通過道德實踐而來的肯定。「天命之謂性」不是由上往下說天命下貫於我故我有此性，我有此性故我能從事道德實踐，如此人的道德實踐就成了他律。但道德實踐不能是他律，故道德是通過人的道德精神而來的奮發而肯定的實事實理，因此天之所以有此創生萬物的意義，是由於人的道德創造性來肯定之。牟先生此言正與上述近溪以聖人來肯定天命之謂性的意義相當。人需通過自覺的無條件努力的道德實踐方才叫做道德，故近溪亦強調「復以自知」，雖然近溪言人人皆能孝弟慈、人人皆有良知良能，

〔註69〕牟宗三先生著，《圓善論》，台北：學生書局，1985年初版，第二章。

是從人人有成聖的可能性說，但近溪亦非常清楚聖人的知能與孩提的知能不同，故近溪又說「百姓日用而不知」，此「知」正是道德實踐的關鍵所在，此知即是自覺，故近溪言聖人「只是一覺」。近溪說天命之謂性是就人人有此道德實踐的根源說，人皆能從事道德實踐，此根源只在我性就具足而「更無纖毫之或取諸外」，是求之在我者也。但此根源未足以說明道德實踐對於天命之肯定，故近溪補充以聖人的體證，天命之謂性是通過聖人盡己之性而來的肯定方能言說之，此亦能說明牟先生所言儒家的道德形上學，是透過道德實踐而來的真切體證。

　　牟宗三先生在《心體與性體（一）》則對於道德形上學的完成有較為詳細的論證，其言：

> 儒家惟因通過道德性的性體心體之本體宇宙論的意義，把這性體心體轉而為寂感真幾之「生化之理」，而寂感真幾這生化之理又通過道德性的性體心體之支持而貞定住其道德性的真正創造之意義，它始打通了道德界與自然界之隔絕。這是儒家「道德的形上學」之澈底完成。〔註70〕

牟先生先言康德由於「一層未透」：其自由意志只是設準，人無法對此有直覺。道德實踐對德福一致的必然要求，於是通過道德實踐而來的肯定上帝，由上帝來保證德福一致，如此只能發展到「道德的神學」。又其所關心的智思界與自然界的溝通，因其無法把握住自由意志，故只能以審美的判斷力來溝通。牟先生言此以判斷力的溝通，在技巧上非常的巧妙，但畢竟是需要靠一個「第三者」來溝通之。繼之言儒家如上述引文，猶如儒家對於道德心是肯定的，是人能透過道德實踐而體認的，而此體認的本心又不只在己，必要通於天地存在之理的天道，由於人透過道德實踐所體會的本心的創生不已，更加地肯定此天道必也是創生不已之真幾。此體證非只在超越界的體認，而是既體會此通己與天道之心體性體，此體正是充滿道德意識，與精誠惻怛的不忍人之心，必會將其創生不已落到經驗世界而為實踐。則在康德學說中無法肯定的道德形上學，與溝通二界的問題，在儒家自然不成問題。

　　通過前四小節的論述，可見近溪由己性以至於天命，乃是透過真誠的道德實踐方能有此肯定，以及有此真切的體證本性之仁，則必有其推擴於萬物之實踐，此實踐是無有止息、的不斷的道德實踐工夫。由此可知牟先生所論

〔註70〕牟宗三先生著，《心體與性體（一）》，台北：正中書局，1990年初版，頁180。

述的儒家之道德形上學，在近溪的思想中可爲茲證明。對於近溪的道德形上
學，楊祖漢先生有二篇論文專述之，〔註71〕楊先生論述近溪以孝弟慈來說明
良知，正是從倫常實踐往上說的形上學，此對於形上學的體證又是如此親切
自然，人人皆有入手處，不但可說明道德形上學是由實踐而來的肯定，更能
證明形上學並非離開現實的虛空架構。筆者上述通過對近溪文獻的耙梳，亦
可見近溪透過孝弟慈來說明由人之心性往上通達天道的通貫義理。除了可釐
清近溪思想確實有其核心宗旨貫穿，近溪以孝弟慈而言的本體宇宙論，正可
爲當代新儒家所提出的道德形上學作一證成。

第三節　作爲工夫義的孝弟慈

一、孝弟慈之實踐

　　上節所論述的近溪以孝弟慈作爲本體之義，亦兼及言孝弟慈的實踐之義，
欲證得本體需從自身愛親敬長的孝弟慈做起，一步一步往外推擴，終至於聖人
境界之時，其胸襟懷抱與其實踐爲一，亦皆不離開孝弟慈。孝弟慈的實踐工夫，
不單只在行爲中孝弟，更須從自身於孩提之時便能知愛知敬的不學不慮中，體
會此孝弟慈正是我之良知，方能眞切地從事孝弟慈的道德實踐，因此孝弟慈的
工夫和本體在近溪思想的脈絡中是分不開的，即實踐以證悟本體，亦即本體之
超越的體會，作爲孝弟慈能實踐的源源不斷動力。孝弟慈的實踐須待自己的覺
悟，以自知此孝弟慈即自身之良知，此即是近溪的復以自知工夫之精神；由己
以至人、至天下的外王規模，近溪亦是從孝弟慈一步步向外推擴，其推擴皆不
離孝弟慈之核心價值，此即是近溪提格物工夫之精神。故以孝弟慈作爲近溪工
夫論之宗旨亦十分恰當。眞正要言孝弟慈之工夫，是須含著近溪整個修養工夫
來說的，上述兩種工夫留待後章詳論，本節將孝弟慈的工夫，主要聚焦在近溪
時常勸勉人從對自己家人孝弟慈做起，乃言近溪最基礎的工夫，但以其眞誠流
露、最易喚醒良知之自覺，亦是近溪所論所有修養工夫的根本。

　　從近溪之語錄中可見，近溪以對父母眞誠流露之孝弟慈，作爲道德實踐
的起始工夫，雖說對父母之孝，然近溪實含著孝弟慈三者而說，近溪曾言「說

〔註71〕分別是楊祖漢先生 2005 年於論文研討會發表的〈羅近溪思想的當代詮釋〉，與
　　　　2006 年發表的〈羅近溪的道德形上學及對孟子思想的詮釋〉，尚未收錄至期刊中。

孝而弟在其中」，〔註72〕慈應當亦作如是看，孝弟慈三者實不宜分述為近溪的
三種工夫而須合為一者來領會。此看近溪之言：

> 問：「孝弟為仁之本，孝弟之道亦多矣，如何方是為仁的本處？」
>
> 曰：「賢只目下思量，父母生我千萬辛苦，而未能報得分毫；父母望
> 我千萬高遠，而未能做得分毫，自然心中悲愴、情難自己，便自然
> 知疼痛。心上疼痛的人，便會滿腔皆惻隱，遇物遇人決肯方便慈惠
> 周卹溥濟，又安有殘忍戕賊之私耶？」
>
> 曰：「如此卻恐流於兼愛？」
>
> 曰：「君之所恐卻不會流矣，但或心尚殘忍，無愛可流焉耳。」〔註73〕

近溪教人體會仁體的入手處，正是從自己對父母之真切而不容已之孝心而
來，人能在日常中孝父母，善盡一切能孝父母之事，而仍覺得對於父母之恩
回報有如萬一，無論行為如何做盡，而此孝父母之心似乎永遠難盡，方知己
之愛父母之心，乃是不容已的真誠湧現。而此孝心之真誠湧現的人，是不會
偏私於對己之父母之愛而吝於其他人物，一旦此孝心之真誠湧現，正可上接
人之天性，而此愛亦無窮湧現，無須吝於對其他人的愛以保留給自己的父母，
因為此愛之無窮故可由己之父母以及人家之父母，以及於一切萬物，此愛不
會有所減損，而能愈用愈出。一旦體會此心之仁體，此體乃是生生，是體會
孝弟慈的生惡可已，生惡可已故能及於人，及於人之愛亦不可已。故欲體會
仁體，從孝弟慈之實踐中最容易體會，因為對父母、兄弟、妻子之情感最容
易真誠流露，在此段中近溪所言的孝父母之心，更是無論於孩提愛父母的天
性，或是從現實世界中父母對於我生養之恩，都最容易喚醒。從此孝父母之
倫常實踐，與此最容易喚醒之真誠之情，加上此真誠之情正是由於人之天性
所流露出，故以孝弟慈來作為體會仁體之入手工夫，不僅十分合適的而且容
易入手，更是因為孝弟慈倫常正是體證仁體的關鍵。

　　問者繼之言兼愛，其論兼愛乃是從「理應如此」講，以為人既然有愛，
此愛又須無窮推擴，最後愛盡天下民物，對人之愛與對父母之愛亦同。近溪
此言仁則是從實踐而來的證悟，是從仁的真誠惻怛講，人一旦真正通過道德
實踐以證悟本體之善性，其愛的推擴自有其親疏，此等親疏之別是自然而然

〔註72〕《近溪子集》162 條，收於《近溪子全集》，台北：國家圖書館藏。
〔註73〕《近溪子集》17 條，收於《近溪子全集》，台北：國家圖書館藏。

的，人是因爲愛自己的父母之體會，而能愛天下人的父母，絕不會因爲愛人家之父母而忘了自己的父母，亦不會因爲愛人家的父母，便把別人的父母與我的父母比並看。人對於自己的父母、兄弟、妻子之不容已之眞性情，與不忍見他人之不幸，是有次第之別的，此種次第是在體證仁體之後自然有之，非從理論上推測既有仁愛就應該一視同仁而得的。故知近溪的孝弟慈是不離開實踐來瞭解的，亦不是虛空的證悟一個良知本體，須在眞實的倫常生活中，從孝父、弟兄、慈愛子女的實踐中，從此不容已之眞誠惻怛的仁心之流露，而反觀體會此爲自己之良知。

近溪孝弟慈並言，其根據是由〈大學〉而來，近溪論〈大學〉有言：「至其實實作用，則只是個孝者所以事君、弟者所以事長、慈者所以使眾，上老老而民興孝，上長長而民興弟，上恤孤而民不悖。」〔註74〕又從孔子之懷抱說來，其曰：「況聖人仁天下之志，思欲老老以及人之老，長長以及人之長，幼幼以及人之幼。」〔註75〕又曰：「孔子七十從心所欲不踰矩，亦何等大事，然亦不過曰：老者安之，少者懷之。」此作爲近溪論孝弟亦兼及慈之論說的根據。近溪不單以經典之論據作爲孝弟「慈」思想的唯一理由，近溪亦是透過其切身的體會，而曰：「民間一家只有三樣人，父母、兄弟、妻子；民間一日只有三場事，奉父母、處兄弟，養妻子。」以孝弟慈三者合說，方能道盡一家中的人倫關係，由孝而往長上通，由弟而友愛於同儕，由慈而下及一切子民弱小，故孝弟慈能涵蓋仁體之推擴的全面性，而能說到與萬物爲一體。慈亦是人的天性之流露，雖不若孝弟乃是孩提之童即能有之，但在人一旦成爲父母，則亦是不學而能，故近溪常以「如保赤子」與「未有學養子而嫁」來說明慈亦是不學不慮的天生良知。況且在現實的實踐當中，父母對於子女的慈愛往往甚於孩子對父母的孝弟之情，其流露更是純粹且持久，眞誠而無條件地付出，更多的人是從當了父母之後才開始體會應該好好孝父母、醒悟孩提之時的良知，故先儒只提孝弟，而近溪言孝弟慈，確實從慈的實踐之中，亦能見得人的天性之自然流露。近溪單獨論述慈的實踐之語錄如下：

> 此命字，亦當就已說「我命該當爲子孫辛苦」則可；若說「我命該當有不肖子孫」，則生意已自本身斬了，是自己先不肖矣，又安能貫通於不肖子孫也耶？故人生萬一不幸遭際有此，必須與之同生死患

〔註74〕《近溪子集》175 條，收於《近溪子全集》，台北：國家圖書館藏。
〔註75〕同上註。

難、感通化導，力有時而盡，心無時而解，乃是慈道之極也。嗚呼！

己慈既極，則子孫又安有不可移之理哉？〔註76〕

有人以孝弟慈在現實中可能遭遇到的難題，對近溪提問：若有父親表露其天性而盡於慈，其子卻仍為不肖，「若畢竟終不能感格，非命而何？」此人之設問當是以「命」作為道德實踐之限制，若道德實踐做到底而仍有所無法達者，則此道德實踐僅能受限於此而無法再進了。近溪之回答如上引文，其「命」不就限制講，就人天生之性命講，故其曰「我命該當為子孫辛苦」，是道德實踐只重在對己身之反省與要求，不論結果為何，而只以盡本性之慈來論道德。道德實踐雖涉及對象，父要表現慈須有子方能慈，然道德實踐之完成則可以不就對象，而單從主體之盡性言之，由於其不需考慮對象與結果，故此性之盡乃是無有窮盡，慈之天性的流露乃是無止盡的呈現，不會因為子女不肖而輕言中斷。在此近溪強調道德實踐在己性之盡，盡己之慈性則會發現對於子女之慈愛的實踐乃是無有止盡，正以此無窮盡之處而曰盡性，近溪言此己身之盡性乃是「慈道之極」。由此可見近溪對於道德實踐提點的重點只在於己，排除一切外在的原因，只有自己之心是否純粹才是道德實踐是否純粹的唯一原因，亦是無條件而為之。此處可見得近溪對於慈的道德實踐之強調，慈的實踐在人而言與孝弟一樣是普遍的，人皆應當如此的。此論道德實踐之在於盡己，則是孝弟慈之實踐皆然。

孝弟慈之實踐工夫，近溪時常在會講時講與百姓老幼聽，因孝弟慈之通俗普遍的意義，家家戶戶皆有此倫常，無論老少都能聽懂與實踐。近溪從孝弟慈講的實踐是相應於其講學形式，以勸勉百姓皆能從日常的孝弟慈之行為中行道德實踐。近溪在大眾講孝弟慈的實踐，其言如下：

起立眾中而呼之曰：「諸人試看，某今在此講學攜有何物？止此一個人身而已。諸人又試想，我此人身從何所出？豈不根著父母，連著兄弟，而帶著妻子也耶？二夫子乃指此個人身為仁，又指此個人身所根、所連、所帶以盡仁，而曰：仁者人也，親親長長幼幼，而天下可運之掌也。是此身纔立，而天下之道即現；此身纔動，而天下之道即運。豈不易簡！豈為難知！人之所以能聖，聖之所以能時，在一舉足之間、一啟口之頃也，豈非天下之至巧至巧者耶！彼道在邇而求諸遠，事在易而求諸難，辛苦平生竟成話柄，又豈非天下之

至拙至拙者耶！」〔註77〕

今日大家到此，聽高皇帝聖諭叫起孝父母、敬尊長等事，句句字字觸著各人本來的真心，則誰無父母？誰無兄弟？亦誰不曾經過孩提愛敬境界？今雖年紀或有老的、或有壯的、或尚幼的，固皆相去赤子已久，然一時感通光景宛然。良知良能如沈睡忽醒，則中心耿耿，便於血肉形軀頓爾作得主起。雖是舊時耳目，而視聽卻分外聰明，雖是舊時聲口，而言詞卻分外和順，雖是舊時手足，而動止卻分外敬謹，故自然不待拘檢而靜定，勝如官府在上。豈止一身受用，且其天機活潑生生不已。……今我老幼一堂如此受用，日久一日，自一家而傳至他家，自一鄉而傳至他鄉，自一邑而傳至他邑，莫不翕然向風，截然歸一，即孟氏所謂：人人親其親，長其長，而天下太平將復見矣。〔註78〕

近溪通過孝弟慈乃是人人可做得的實踐，讓百姓不覺得道德實踐是件難以下手的事，興起百姓願意實踐的心，進而引導百姓從孝弟慈的道德實踐之中體證此為其本心良知。近溪講孝弟慈與百姓聽甚是簡易，而又不離其思想架構，只是用平常的語言讓百姓能懂能做得，其強調在孝弟慈是不論老少人人能做，亦是生而為人想擺脫也擺脫不掉的天生之性，故近溪曰此為「人身所根、所連」。既然是容易做、又人人都離不開，以此來說明此種道德實踐是人人應當要行的。教人人從家中的孝弟慈做起，又說此孝弟慈的實踐其實就是人的良知天性、聖人亦由此做得，正是將百姓日用而不知的善性，指點給百姓知之：從此平常的孝弟慈行為做去，即是成聖之路的道德實踐工夫。除了使百姓有確定的道德實踐方向，更在其中豁醒百姓自知其良知，其以時常宣說的太祖聖諭為例，指點百姓聽聞聖諭之教人孝父母、敬尊長，而會有心之所同然之觸動者，此所感動之處正是人的真心本性，道德實踐便要由此「作得主」的良知做起，而非只限於日常之孝弟慈的行為。既體此真心，則其孝弟慈便不只於一身，而必推之家國天下，此說的平治天下則非從為政者的角度說的，而是從孝弟慈之真心可以互相感通，人人聞見此孝弟慈之實踐，其真心便容易觸動而同時亦開始實踐孝弟慈。說明了孝弟慈來平治天下，不僅單靠聖人之仁心廣大遍及萬物，使萬物各復其良知，而此天性之孝弟慈乃是普遍之人性，容易從見到別人孝弟慈的實

〔註77〕《近溪子集》70條，收於《近溪子全集》，台北：國家圖書館藏。
〔註78〕《近溪子集》168條，收於《近溪子全集》，台北：國家圖書館藏。

踐而豁醒其本來良知。人只不知此孝弟慈的眞心即是天性，既知之此爲學聖之下手處，則此工夫甚是簡易可行。近溪不改其之思想架構與深度，而換以簡易之語來講給百姓聽，百姓之反應如語錄記載：「時在人宗祠開講，四旁老幼不下百輩，咸躍然興曰：『如此談道，吾儕誰不曉得？如此學聖，吾儕誰不做得？聽來果是痛快。』」無怪乎近溪有「舌甚筆」的美名。

　　近溪將其孝弟慈之說講與百姓聽懂與能下手實踐，此亦可說是走入民間的泰州學風，但在近溪的思想中亦有將此仁心推擴出去的必然要求，近溪通過與師友論學、以鄉約的方式與百姓講學，其實是通過教化的方式來推擴孝弟慈。吳震先生認爲近溪此提孝弟慈既是道德行爲的方式，亦是近溪的政治與社會理念，並言在傳統儒學中外王視作是內聖學的推延之結果，故政治與道德沒有截然二分的界線。〔註 79〕此說故是當然，但近溪將孝弟慈作爲其外王規模之核心價值，只能說順著近溪的思想往下推，道德實踐做到有如聖人的感通萬物爲一體，必有復天下人之良知的要求。此種道德實踐不僅聖王能做得，通過復以自知的工夫人人皆能有此感通與推擴的要求，故說近溪的社會治理的政治問題以孝弟慈的倫理法則來解決也好。實亦可說近溪所開出的外王理想乃是道德的外王事業，不是通過孝弟慈來讓國家富強，而是人人皆能從事孝弟慈的道德實踐，則人人各復其良知，人人的善性呈露，天下自然皆是和煦之氣，無須治而自平。此道德的理想故是人人皆能做得，下至黎民百姓都能通過對於聖諭的遵守，而使得孝弟慈之風由一家傳至一鄉一邑，如近溪此等知識份子更能透過講學以推擴孝弟慈之實踐於人人，非要爲政者才能做得。爲政者因其權勢之顯則更應從事孝弟慈的實踐，其作爲領導帶動之力則更大，況且爲政者更須爲人民的福祉著想，近溪曰：「政爲民而立，則政之所云必民間之事。」〔註 80〕民間之事乃只有三種事，故爲政者更應當從自身之孝弟慈的實踐，以推擴於人民皆能孝弟慈，故近溪曰：「故聖賢爲政，不徒只開設條款、嚴立法令叫他去孝弟慈，而自己先去孝弟慈。」〔註 81〕期許爲政者更當行道德實踐，因爲政者在上位，官位愈大影響之民愈眾。

　　故近溪的平天下的理想乃是道德的理想，使天下之人皆能從事道德實踐，使人民各復其善性才是最大的理想，此道德理想能與理想政治結合爲一尤佳，

〔註 79〕吳震著，《羅汝芳評傳》，南京大學出版社，2005 年，頁 211～223。
〔註 80〕《近溪子集》178 條，收於《近溪子全集》，台北：國家圖書館藏。
〔註 81〕《近溪子集》178 條，收於《近溪子全集》，台北：國家圖書館藏。

但亦可見近溪的道德與政治之概念不全然相同，爲政則不僅孝弟慈的本心之盡即能做好，尚須客觀的知識條件之配合，近溪爲官時能治水利、退莽賊，〔註82〕使人民生活能安和樂利，此則不僅僅講孝弟慈便可。但爲政者若亦能兼有孝弟慈之道德實踐，則不僅對於百姓的生活有所助益，更能使百姓之精神內涵豐富，故近溪爲官亦不忘講學，其爲道之勤連禦敵之時都不輟講學。〔註83〕近溪亦建言時居官顯位的張居正〔註84〕、徐楷〔註85〕應對皇帝、內閣大臣之時，須提撕道德實踐之重要，因君王影響力及於天下百姓，若君王與執政大臣皆能從事道德實踐，其所施予於民者，使百姓能個個復其本性之做爲就更善。但道德實踐的外王理想亦可獨立於政治而實踐之，由人人親其親、長其長，百姓的孝弟慈實踐而觸動著人人的良知本性，以至推擴於天下；乃至由學者由論學講學，使人明此孝弟慈之眞心乃是我之天性良知，亦是仁心之推擴的外王實踐。故由聖王所揭示的外王規矩，其眞實意義是道德的理想，故成聖是人人可做的，若此外王規矩是政治理想，則只有爲政者、抑或只有當朝君主方能著手了。但近溪卻說學者亦是來了結孔子公案，其言如下：

> 問：「立身行道，果是何道？」
>
> 曰：「大學之道也。大學『明德、親民、止至善』許大的事，也只是立個身。蓋丈夫之所謂身，聯屬天下國家而後成者也。如言孝，則必老吾老以及人之老，天下皆孝而其孝始成，苟一人不孝即不得謂之孝也；如言弟，則必長吾長以及人之長，天下皆弟而其弟始成，

〔註82〕程玉瑛著，《晚明被遺忘的思想家——羅汝芳（近溪）詩文事蹟編年》，台北：廣文，1995 年。繫於近溪六十一歲之年。

〔註83〕《近溪子集》189 條記載：「初至騰越警報方急，中外戒嚴，雖諸士人心亦皇皇，故謁廟升堂未及詳講。繼，鄉縉紳邀會於來鳳山房，此堂以「默識」名扁，乃陽明先生手筆也。眾坐定，忽報：酋賊前鋒失利而黨眾猶尚負固，遂匆忙遣師，仍未終會。越數日，諸鄉達復修會如初，亦坐定，而捷音疊至矣。乃共賡歌相慶頌我大中丞王公運籌決勝之遠，而不肖芳會逢其適之奇也。」

〔註84〕《羅明德公文集》〈羅明德公本傳〉：「聯會靈濟宮，本朝稱盛舉，云時張江陵爲裕邸講官，公詰曰：“兄進講時有必欲堯舜其君意否？”張沉吟。公嘆曰：“兄所居何等責任，乃無一段眞精神以感格君上，何耶？”」

〔註85〕乙丑（1565 年），予（王奉常）爲符卿，先生以寧國守入觀，既見政府存齋徐公（徐階），出語予曰：「吾適見徐公，首言公當勸皇上，以務學爲急，然必於其左右執禦、禦馬先之，公誠能使諸大閣知嚮學，即啟沃上心一大機括也。公奈何僅循內閣故事，以塞其職耶？公大以吾言爲然，因歎曰：『諸君講學猶是空談，未足風世，得君相同心學道，寰宇立受其福矣。』」《盱壇直詮》198 條，頁 234。

苟一人不弟即不得謂之弟也。是則以天下之孝爲孝，方爲大孝；以天下之弟爲弟，方爲大弟也。」

曰：「若如此說，則孔子孝弟也不曾了得。」

曰：「吾輩今日之講明良知，求親親長長而達之天下，卻因何來？正是了結孔子公案。」

曰：「若如此說，則吾輩未必了得。」

曰：「我眞是爲著孔子公案，則天下萬世不愁無人爲吾輩了也。即此可見聖人之心，只因他自不以爲了，所以畢竟可了。若彼自以爲了，則所了者又何足以言了也？吾人學術大小最於世道關切。大家須猛省猛省。」〔註86〕

道德實踐的終極境界便是聯屬天下爲一大身，其實踐必是要從己身之孝弟慈，乃至天下人皆能孝弟慈，如此的志業縱是連孔子亦無法了得，可見得近溪所言的平天下，不只是物質生活的百姓安和樂利而已，而是道德理想的完成，此等平天下的志業從人人開始孝弟慈就能踐履，而其終極卻是孔子也無法完成。此平天下的理想是道德實踐的無有止盡，須待人人皆能承接此天命在我之性方能完成，故此平天下之事又是人人皆能做得，人人皆能自覺地以此良知而從事孝弟慈的道德實踐，因此孔子未了的公案由能復知己之良知的學者來接續完成，既能復知己之良知，此良知是生惡可已的生生，是能將孝弟慈不斷推擴的道德實踐，以其生惡可已而亦能喚醒人生惡可已之良知，故自有繼之而起的實踐者。現實世界平天下的道德理想似乎未有完成的一天，因爲道德實踐是不斷努力的無止盡過程。但論及主觀境界，則聖人不自以爲其仁愛推及全天下，而窮極一生的實踐以促進道德理想的完成，正以此生惡可已之心故成爲聖人。如此的聖人境界是爲學者努力的目標，如此的平天下志業是人人可以擔負的起，故知近溪的治平天下與政治之治平功業是有所差別的。

　　言道德理想的天下平，能從人人親其親、長其長說天下平，故能從立身行道以說平天下。立身行道是近溪所說的〈大學〉工夫，由己身孝弟慈的實踐復知己之良知，以漸次推擴至家國天下，此立身行道近溪又是從孝經說的：「立身行道，揚名於後世，以顯父母，孝之終也。」〔註87〕近溪以己之身爲

〔註86〕《近溪子集》91條，收於《近溪子全集》，台北：國家圖書館藏。

〔註87〕〔唐〕元宗御注，〔宋〕邢昺疏，今人陳弘治分段標點，《十三經注疏》《孝經

小，以復知良知而與萬物為一體為大身，其不僅勉人要在家孝順父母，更要積極地充盡己性之良知以從事道德實踐，乃至無有止盡的平天下之志業，近溪言：「故孟子論志必要願學孔子，亦恐怕偏了此身、小了此身，若偏小了此身即是羞辱父母。豈必為惡，然後為不孝哉？」〔註88〕近溪對大眾之講學雖從倫常之實踐講起，依舊歸向道德實踐的工夫，講學大之孝弟慈。故孝弟慈不能止於行為之孝弟慈，亦對本性要有所體會，見近溪之言：

> 曰：「宗族稱孝、鄉黨稱弟，卻又只是個士之次者，何也？」
>
> （羅子）曰：「孝弟一也。不能因心以出者，淺而忘本；不善推所為者，近而遺末。故必誠意正心修身，而其為父子兄弟乃可足法，齊家治國平天下，而後人之父子兄弟自法之也。」
>
> 於是滿堂聞者，咸翕然嘆曰：「人不善學，則雖孝弟而終歸於鄉士之次；人能善學，則即孝弟而終至於聖神之大，物不可以無格，而知果不可以不先也。」〔註89〕

孝弟慈雖為近溪所最為提倡，但鄉黨以孝弟聞名之士似乎已做盡孝弟慈，為何卻非聖人，正因其缺少對本性之體證的工夫。近溪所謂的學即是成聖之學，孝弟慈不能止於倫常中實踐而不自知，近溪的孝弟慈故從最簡易入手的倫常講起，倫常之孝弟慈亦是學聖的第一步工夫，有了真誠的倫常實踐，在從此倫常之真誠中以體證此為我之本心良知，便好向聖人的規矩作去。故孝弟慈之實踐從倫常講起，而道德實踐之完成則非要推擴到天下人皆能孝弟慈不可，道德實踐的完成則需賴以其他的工夫以佐之。

二、小　結

　　本章旨在談論近溪的思想核心，雖言本體，但即是從道德實踐往上說的道德形上學。又近溪的工夫論和所復之本體密切相關，故對於本體的釐清對近溪工夫論的瞭解有其必要性。故花許多篇幅冗述之。

　　近溪在其畢生的道德實踐歷程中，對孝弟慈有獨特的領會，更以孝弟慈作為其思想的核心宗旨，開展出其思想規模，亦以孝弟慈來貫穿儒家的經典，以孝弟慈作為詮釋儒家經典的主要脈絡。其思想中的本體乃是由孝弟慈作為

注疏》開宗明義章，台北：新文豐出版公司，2001年初版，頁37。
〔註88〕《近溪子集》134條，收於《近溪子全集》，台北：國家圖書館藏。
〔註89〕《近溪子集》115條，收於《近溪子全集》，台北：國家圖書館藏。

精神內涵，其所開出的工夫，更不離開孝弟慈的真實踐履與體證。若謂近溪思想有所本，乃本之於孝弟慈，故以孝弟慈作爲近溪思想之宗旨，以此來理解近溪的思想當是貼切的。在面對近溪「獨以孝弟慈爲化民成俗之要」是否會落於迂腐的質難，近溪答道：

> 主張學術，聖賢大事，芳何人，斯敢妄與此？惟是〈學〉〈庸〉《語》《孟》童而習之、壯而行之、迄茲齒漸衰殘，悉心體會，其文辭章旨、理路歸宿，統之果若有宗，達之亦若有據。乃述生平鄙見，期以裁正高明，大都俚語敷布，不敢不詳盡矣，至於人情世習，則又有說焉。〔註90〕

近溪自言其對於儒家經典之體會，從中而領略有其宗旨，雖名曰孔孟宗旨，實是近溪思想立論之宗旨，近溪乃以此宗旨來融合通貫儒家經典。由此可見近溪的學術並非「大而無統」，〔註91〕乃有其學問之宗旨，其宗旨即是孝弟慈。此宗旨是透過近溪童習之、壯行之，真切的道德實踐而來的體證，實非虛言，近溪自道：「孟子孩提愛敬之良、不慮不學之妙，徵之幼稚以至少長，果是自己曾經受用，而非虛話也。」

　　王時槐之語：「《會語》出晚年者，一本諸孝弟慈，絕口不及二氏。」〔註92〕蔡世昌先生引此語而說孝弟慈乃是近溪晚年宗旨，代表其思想的圓熟型態。〔註93〕吳震先生對此語則表示不同看法，其以爲近溪在早年師事顏山農、學易於胡中正時，即回歸孔孟而體悟孝弟原則的重要性。〔註94〕筆者亦以爲孝弟慈並非近溪晚年定見，乃是其自創立其思想體系之根基，並有著其自幼及長在家庭中切身體會，以畢生之精力以從事的道德實踐，通過本章之論述，亦實可見孝弟慈足可作爲挺立近溪生命精神的學問思想宗旨。

〔註90〕《會語續集》7 條，收於《近溪子全集》，台北：國家圖書館藏。
〔註91〕許敬菴對近溪的批評：「大而無統，博而未純」。黃宗羲在明儒學案中引此評語，更曰「已深中其（近溪）病也」。見於黃宗羲編撰，《明儒學案》，泰州學案三，台北：里仁，1987 年，頁 762。
〔註92〕《羅明德公文集》首卷，銘碑傳疏節略，王時槐撰〈出傳〉。
〔註93〕蔡世昌撰，《羅近溪思想研究》，北京大學哲學所博士論文，2000 年。
〔註94〕吳震撰，《羅汝芳評傳》，南京大學出版社，2005 年，頁 211。

第三章　復以自知的體證工夫

　　歷來學者對於近溪工夫論的研究，側重點有所不同。﹝註1﹞牟宗三先生在儒家的最高境界處亦肯定近溪，言近溪的特色有三，第三為「歸宗于仁，知體與仁體全然是一，以言生化與萬物一體。」﹝註2﹞以知體處言天命生生，再從知體之生惡可已處而同體於天地萬物，本是近溪學問中以證體工夫所證得之境界，牟先生給此境界極高的評價，言近溪此是承陽明學心體與知體、心齋學之自然與平常而來的「圓頓」之境，乃是順著儒家義理發展下所必然的化境。然牟先生亦以為此些證體工夫在陽明已分解殆盡，近溪除此順適平常的境界以外並無新說可立。在工夫上牟先生以破光景作為近溪思想之勝場，此乃為「不屑湊泊」、無工夫的工夫，從思想史的角度來看，為王學發展的必然，因為順著王學下來，只剩一光景的問題，而近溪正是承當此必然。

　　牟先生以破光景為近溪思想之特點，此為當然，然近溪的體證工夫，卻不若牟先生所批評的：以歸宗于仁為近溪之學特點「此則為顢頇」。實觀近溪思想之全貌，對於體證工夫十分的重視，法聖王之規矩乃有助於體證工夫的

﹝註1﹞　除了唐、牟二先生之外，楊祖漢先生於其〈羅近溪的道德形上學及對孟子思想的詮釋〉論文中，以近溪的「復以自知」與「復見天地之心」，闡述牟先生的「逆覺體證」之義。古清美先生及其指導的魏月萍先生之碩士論文，皆順著牟先生以「破光景」作為近溪思想之特色，並進而將「破光景」作為近溪之學近禪之特色。李得財先生於其東海博士論文中，主張近溪工夫論是以《大學》為核心以展開其格局。蔡世昌於其北京大學博士論文中，以「本末先後」與「有無動靜」講近溪的工夫論，其中並列許多主張，諸如「制欲體仁」、「敬以直內義以方外」、「博文約禮」、「信與疑」等來說明，並無特別表述其中之關連與工夫之架構。

﹝註2﹞　牟宗三先生著，《從陸象山到劉蕺山》，台北：學生，2000年再版四刷，頁288。

實踐，破光景工夫亦是救證體工夫之偏，以近溪思想之整體而言，證體工夫實爲其工夫之主要。牟先生在思想史的觀點說破光景爲近溪思想之特長，然伴隨著近溪極高明的化境下，其對於本體的體認爲知愛知敬之良知，再言切近平常處以體證此知體，此等體證工夫亦足以作爲近溪思想的發展特色。且近溪所講述的體證工夫又透過易經復卦來闡釋，此正合於牟先生對於心學工夫名以「逆覺體證」〔註3〕之重大發明。明道以「識仁」來說證體工夫，陽明僅以「致良知」言，兼以「覺悟」之說，而牟先生在說及心學心即理之特色時，名其工夫曰「逆覺體證」，以此工夫來統括心學諸家，以「逆覺」言反知其本心確是十分的當且生動地表述。牟先生論述逆覺工夫時舉孟子「湯武反之」、「反身而誠」之言，來說明此逆覺工夫確實是切合孔孟本意，又舉陽明把良知「復得完完全全，無少虧欠」，來說明陽明的「『致』字亦含有『復』字義」，〔註4〕來說明逆覺工夫是本心之向後返以知其自己之工夫。牟先生此對於心學證體工夫十分貼切的描述，又足以該心學特色之本質工夫，而此「逆覺體證」之語，在近溪的證體工夫中正有相當對應之描述，近溪以復卦名曰「復以自知」。近溪通過復卦來闡釋其修養工夫，此「復」之義竟與牟先生言「逆覺」相合，不可不謂近溪亦明察心學本質工夫之特色，以此明察來說明近溪的證體工夫在心學歷史中有其發展亦無不可。

　　唐君毅先生以「歸本於仁」言近溪學之特點，並在近溪透過復卦以知得本心處有詳細的論述，筆者亦認同此立場，從近溪文獻中對於先知得本體多有重視，可見近溪本體的體證工夫乃爲其首要工夫，可做爲其工夫論之主要架構。筆者名近溪此證體工夫曰「復以自知」的工夫，實因爲近溪詳細論述此工夫時，皆以《易》之復卦加以闡述說明。《易》可謂近溪思想推至根源的依據，其以易之生生來貫天人，其中在天的表現爲「乾知」，在人則爲「良知」，可作爲近溪所言本體之根源來理解。近溪講易首重乾坤，乾坤又須先復卦，蓋以乾知作爲本體之根據，則復卦即爲近溪闡述其思想工夫之依據。且近溪常用「復以自知」此語，正足以說明其證體工夫之梗概，故以此名近溪的證體工夫。

〔註3〕 牟宗三先生著，《心體與性體（二）》，台北：學生，2002年。牟先生在論明道思想中已有提到「逆覺體證」，頁239，詳細論述見於講述胡五峰章第九節，頁474～484。

〔註4〕 語出牟宗三先生著，《從陸象山到劉蕺山》，台北：學生，2000年再版四刷，頁229。

第一節　「復」的工夫

一、反求諸己

　　近溪語錄中耳提面命地告誡門人與來學者，學聖之工夫只在「反求諸己」，只一反求工夫便足已，正因為成聖的根據就在人身上，人人反求可得，故說聖人是人人可做得。試觀近溪之語學者：

　　　　吾仁以位之育之，而其修道立教之機，亦只反觀一己身中，更不俟他求而有餘裕也。〔註5〕

　　　　知人也者，知其性之皆善也，知性皆善，方思己身是道、是中，自不容不反而求之矣。孔孟聲聲口口，只喚人反己，既曰「古之學者為己」，又曰「君子求諸己。」〔註6〕

　　　　然良知在人明白不昧，雖雞犬至輕皆知求之，豈有人心至重如此而反不知求耶？弗學弗問焉耳矣。〔註7〕

　　　　如此便見得萬物皆備於我，我能誠於反身，即其樂莫大焉者矣。〔註8〕

　　　　既欲求以希聖而直至希天，乃而不尋思自己有甚東西，可與他打得對同、不差毫髮，卻如何去希得他而與之同歸一致也耶？反思原日天初生我只是個赤子，而赤子之心卻說渾然天理。細看其知不必慮、能不必學，果然與莫之為而為、莫之致而至的體段，渾然打得對同過也。〔註9〕

　　　　反求諸己即謂之恕，恕得快即謂之仁。〔註10〕

　　　　幸大家早共反求以仁其身，而仁天下、仁萬世於無疆也已。〔註11〕

　　　　「仁者人也。」「人，天地之心也。」故學者既識得萬物與我同體，

〔註5〕　《近溪子集》180 條，收於《近溪子全集》，台北：國家圖書館藏。
〔註6〕　《近溪子集》40 條，收於《近溪子全集》，台北：國家圖書館藏。
〔註7〕　《近溪子集》26 條，收於《近溪子全集》，台北：國家圖書館藏。
〔註8〕　《近溪羅先生一貫編》112 條，收於《續修四庫全書》1126 冊，上海：上海古籍，1995 年，頁 576 下
〔註9〕　《近溪子集》80 條，收於《近溪子全集》，台北：國家圖書館藏。
〔註10〕　《旴江羅近溪先生全集》129 條，台北：國家圖書館藏。
〔註11〕　《近溪子集》34 條，收於《近溪子全集》，台北：國家圖書館藏。

便須反之于身以體乎萬物。〔註12〕

無論是教導學者而以孔孟之言證之，抑或在會中對鄉里老少之勸勉，近溪所言工夫皆指向反求諸己，欲踏上學聖之路、欲求證得本心良知、欲能證得仁體而與萬物同體，皆以反求諸己為首要工夫，近溪更言「亦只反觀一己身中，更不俟他求而有餘裕也。」近溪所謂成德的證體工夫只此反求便足夠，而無須再外加任何其他的知識與其他工夫，近溪亦言學問，但此學問並非透過學習外於我的客觀知識而得，乃是透過學習聖人，而明白體證本體乃是成聖的唯一途徑。

此所謂反求諸己的工夫，其實正是「復以自知」的證體工夫。近溪於上述對於反己工夫的強調，而未細講如何反己的工夫，唯提到須賴覺悟方能證體，其言：「心雖在人中，而道實在心中，但人自不覺知耳。」〔註13〕「惟精以鍛之，其心初止是人，漸次人而化作道矣。……入手則在覺悟，妙悟能徹乃見精通。」〔註14〕此覺悟是在自身中發現原有一超越的道德性，故知此覺悟非經驗之知覺，乃是從經驗中體證有一超越的本體。在近溪對於易經「復卦」的詮釋，與對「克己復禮」的解釋中，則較詳細地鋪陳出此種證體的工夫。

二、學而知之

人雖生而皆與知與能，但此百姓之知能乃善性的真誠流露，卻與知天命的聖人有所不同，學者從何開始入手復以自知的道德實踐工夫呢？近溪以孟子語說「先知覺後知，先覺覺後覺」，人非生而知之者，故須「學」生知者之典範，方能明白成聖之路乃是從自身下工夫，方能明白透過「覺悟」的方式乃能證體。雖名曰學，並非從學習聖人境界下的所作所為來學習成聖，只是從聖人身上見到一條通往成聖之路，真正去覺悟、去證體而達到聖人境界的，仍須通過自己的修養工夫方能證成。故知近溪所謂的學，是在自身上有根源的，而非從外在學習道德知識來幫助自己成德，此學是證體之學，故近溪將「時習」解作「因時」，是證體的當下即是回到本心之悅樂，而不待時時習之、習而熟之才能悅樂。透過學習聖人的典範，以明白學聖之路乃是須賴證體工夫方能成，雖是自悟，然經由聖人以指明一個正確的為學方向則是必要的。

〔註12〕《近溪子集》130 條，收於《近溪子全集》，台北：國家圖書館藏。
〔註13〕《近溪子集》39 條，收於《近溪子全集》，台北：國家圖書館藏。
〔註14〕《近溪子集》40 條，收於《近溪子全集》，台北：國家圖書館藏。

近溪言：

> 今學者爲學，其道術亦多端，使非藉先覺經書啓迪而醒悟之，安能
> 的知聖時之時而習之也哉？然所覺習之時，又何嘗外吾本心之自然
> 順應者，而他有所事也哉？即吾夫子以時而聖，雖自孟子而始表揚，
> 然究言其所由來，亦自三絕韋編於伏羲、文王、周公之易，苦心悉
> 力而後得之。想象當日祖述憲章、上律下襲，即其已然之迹而反求
> 於自然之心，復以所深造而自得者，於古人先得我心之同然而印證
> 之，故能通古今達變化，而成時中之大聖也。〔註15〕

近溪通過孔子來講學而知之的工夫，必須從學習古聖開始，此乃是爲何近溪解
釋〈大學〉的「古之欲明明德」爲「此古者的有所指，即堯舜是也。」〔註16〕
學習古聖則需從聖人所留下的經典中學習爲聖之方。上述此學乃是學習成聖的
方法，此方法正是人人皆有能成聖的本心良知、學習成聖之路即是體證本心的
工夫。可見得近溪爲學工夫之路向乃是屬牟先生所謂「逆覺」〔註17〕者，而非
「順取」地從聖賢所揭示處以明理。近溪分辨得學者與聖人境界不同，但學者
之所以學習聖人，正因爲人人皆有同然之處，故學非學於外者使自心清明，而
是通過學聖人讓吾人知道開始從恢復自心本有的清明處下工夫。學是學如何
「復」的工夫，既以學得就須在自身上努力下工夫，久久弗去，終成聖人境界
之時，正如同孔子學習古聖之經書，須逆反而知自身有與聖人相同之處，最後
讀聖人經書則不再是學習，而是印證此心之同然。

　　近溪所指成聖的路只有一條，便是復以自知其本有的不學不慮之良知，
即是逆覺而證體的工夫。人皆生而有良知良能，但須透過學習聖人方明白要
此工夫之下手處，上言孔子之時其本自勤學《易經》而來，此言學《易》在
近溪思想中有其特殊意義。從本體言，近溪以《易》之生生來作爲良知的本
源說明，故言：「孔門宗旨止要求仁，究其所自原得之易，又只統之以生生一
言。」〔註18〕從工夫言，近溪雖本自《論》《孟》言反求諸己，其工夫的方向
大抵已定，但對於反己工夫的鋪展開來，近溪更是緣引《易經》之復卦來定
名與闡述。

〔註15〕《近溪子集》193 條，收於《近溪子全集》，台北：國家圖書館藏。
〔註16〕《近溪子集》5 條，收於《近溪子全集》，台北：國家圖書館藏。
〔註17〕此語摘自牟宗三先生著，《心體與性體（二）》，台北：學生書局，2002 年 12
　　　　版，頁 477。
〔註18〕《會語續集》32 條，收於《近溪子全集》，台北：國家圖書館藏。

予（羅子）曰：『此是諸儒爲學的宗旨，而近時名公從而主張發揚，云爲「深造自得之要。」〔註19〕予早年未遇真師，亦儘是把這工夫去做，亦喜其說爲「得易經之蘊。」後弱冠遇人教，以講「易須先乾坤，乾坤須先復」，乾坤二卦，雖不相離而不可相並，六十卦皆是此意，故今說復也要乾來應照。蓋復之爲候是一年至日，於四時則其時爲春首，於六氣則其氣爲熅煖。乾曰「元亨利貞」，復則是元之初。初起頭處融和溫煦，天下萬事萬物最可喜可愛，而爲卦之善者也。然孟子形容這個善，卻云「可欲之謂善」，而孔子指點這個乾元，則又云「元者善之長。」是復在六十四卦，豈不是第一最善者哉？今要解得復卦的確，須說：復是復個善也。其復善，又是復善之最長，而非可以他卦例言也。』〔註20〕

對於門人問起復知的工夫，近溪以「此是諸儒爲學的宗旨」答道，蓋「爲學」之宗旨雖以諸儒言，亦應當即是作爲近溪思想中修養工夫之宗旨。此言明近溪的易學思想之次第乃「易須先乾坤，乾坤須先復」，此次第如近溪所言是「後若冠遇人教」，則此學易之次第似乎胡宗正亦有此主張，胡宗正之主張難考，今從近溪文獻中胡氏教近溪的「易之爲易，原自伏羲洩天地造化精蘊於圖畫中，可以神會而不可以言語盡者，宜屏書冊，潛居靜慮，乃可通耳。」〔註21〕其工夫在「宜屏書冊、潛居靜慮」，亦是讓近溪自悟的工夫，近溪自道「閉戶三月亦幾亡生，方蒙見許。反而求之，又不外前時孝弟之良，究極本原而已。」〔註22〕雖未見出胡宗正所教是否重於復卦，但胡氏所引導的確實是讓近溪自覺自悟的一種工夫，近溪通過其自覺、反而求之，體證得孝弟之良知即是易之生生。故知近溪從胡氏學易，通過易來貫通〈學〉〈庸〉《論》《孟》的孝弟慈宗旨，此即是「易須先乾坤」，以乾知坤能的生生來立體之大本，如何恢復

〔註19〕此近時名公當指陽明，陽明曾引孟子語：「君子深造之以道，欲其自得之也。自得之則居之安，居之安則資之深，資之深則取之左右逢其原。故君子欲其自得之也。」（離婁下），而言：「日用間何莫非天理流行，但此心常存而不放，則義理自熟。孟子所謂『勿忘勿助、深造自得』者矣。」《王陽明全集》，王陽明書牘書一〈答徐成之〉（辛未），大申書局，1983年初版。

〔註20〕《會語續集》33條，收於《近溪子全集》，台北：國家圖書館藏。

〔註21〕《盱壇直詮》181條，台北：廣文書局，1996年四版，頁223。

〔註22〕《近溪子集》58條，收於《近溪子全集》，台北：國家圖書館藏。另於《盱壇直詮》181條，曹胤儒載「如是坐至三月，而師（近溪）之易學，恍進於未畫之前，且通之於學、庸、論、孟諸書沛如也。」即近溪體證孝弟之旨而能通於典籍。

本體的修養工夫，則透過復卦來說明之，故說「乾坤須先復卦」，良知良能是先天帶來，作為道德實踐的根源，此是就存有面講，若人不通過復以自知的修養工夫，則無以體現此道德本體，此是就人的道德實踐而說「復」須先於乾坤。故近溪言此復卦乃是「復個善」，通過復的工夫而回到乾知，此善即是人的天生善性、本然良知，故說善之最長。通過復以自知的工夫，人便能回到原初的善性，一切實踐皆能以此善性展現，即是聖人由修身以達至天下的至善境界。

三、復以自知

近溪對於復卦的重視，即是其對於修養工夫，尤其是證體的逆覺工夫的重視，通過復卦近溪對證體工夫作出貼切的描述。下段繼言復以自知的工夫：

> 有從旁應之者曰：「吾人之性本然皆善，復則如興復、恢復，所謂復吾舊物也？」
>
> （羅子）曰：「此與興復、恢復卻又不同，蓋彼是失而後復，若吾性之善則本然具足，原非可以得失言者也。」
>
> （羅子）曰：「此復字從知處說起，所以云：復以自知也。」〔註23〕
>
> 曰：「如此則與日至陽回之復，卻又似有兩樣矣。」
>
> 子（羅子）曰：「復是一個而可兩分，雖可兩分而實則總是一個善也。但性善則原屬之天，而順以出之，知善則原屬之人，而逆以反之。故孩提初生，其稟受天地太和、真機發越，固隨感皆便歡笑。若人心神，開發於本性之良、徹底悟透，則天地太和亦即時充滿而真機踴躍，視諸孩提又萬萬也。」〔註24〕

此段近溪十分清楚地說明了何謂復以自知的工夫。必須先界定出「復以自知」是從「知處」說起的工夫，其言「復是一個而可以兩分」，亦可說是「知」是一個而可以兩分，是在說明通過人人本有的不學不慮的良知，來「復知」我此良知原來即是天命生生之乾知。「復」在此處代表證體的工夫，就「自知」而言它亦可是工夫所證得之體，與證體而後明白工夫及本體的境界。且以「良

〔註23〕 「復以自知」之語，出自《周易》〈繫辭下傳〉「履以和行，謙以制禮，復以自知，恆以一德，損以遠害，益以興利，困以寡怨，井以辯義，巽以行權。」

〔註24〕 《會語續集》33條，收於《近溪子全集》，台北：國家圖書館藏。

知」和「乾知」做簡單的區分，來看待近溪所言分兩個的復（知）。

人人本有天生良知，是先天赤子即帶來的不學而能、不慮而知，此即是近溪所謂屬之天的「性善」。爲何說是「順以出之」乃是因爲它不學不慮，孩提未經學慮而卻都知曉愛親敬長，縱使及長不再如同孩提般順同天性之自然而流露爲善，但人的善性一直都在，如同近溪在解釋《孟子》「求放心」一段，其言：「人心放時，非是無有此心，只因逐物有方，著在一處。」人心放時其本心良知仍在，只是人著於物而未曾聽信本心，近溪又言：「若能得其眞體使良知活潑，便心即是仁，仁即是心，內則爲主宰，發則爲正路矣。」〔註25〕一旦通過證體的工夫，則良知當下便能呈現，並非良知消失而後找回，乃只是將良知從退隱的位置又重回作主宰的位置。良知時時刻刻都在發揮著作用，此個意思在近溪描述其爲官時所見的一位犯人時，尤爲清楚，近溪言：「夫豈其皆善於初，而不皆善於今哉？及覩其當疾痛而聲必呼乎父母，覓相依而勢必先乎兄弟，則又信其善於初者，而未必皆不善于今也已。」〔註26〕人往往見到惡人惡行而想其良知必定泯滅，近溪則從犯人臨決前嚎哭哀呼父母，而見縱使如常人以爲的惡人，其知愛知敬的良知善性仍在。良知善性時時都在起著作用，無論是孩提之時的自然孝父母，或者及長的慈愛子女，抑或在爲惡之時的羞惡之心，關鍵只在於人依不依此良知而行。正因良知時時起著作用而說「順以出之」，此乃是人人皆有善性的自然流露，未經學慮即能源源不絕地流出，作爲人人道德行爲的準則（雖然人在行爲上並不一定遵循），作爲人的道德意識之萌發。此個天性良知便是「復以自知」的工夫中第一個「知」，通過此順以出之的良知，來說人人皆有做此道德實踐工夫的根源，人人皆能依此工夫做去而成爲聖人。以此亦可說明人在學習聖人而知成聖要從修身始，此修身的證體工夫並非從聖人處學習來而沒有源頭的，人人皆有此善性根源，只在依不依此良知作主宰，一旦從學聖中明白了依此良知而做工夫便能成聖，而開始聽信自己的良知，即是「復以自知」工夫的開端。可以說復以自知的第一個知：良知，正是能做復以自知工夫的根據，在作工夫的主體亦是此良知，通過良知覺照自己本體，便是復以自知的工夫。就本體說第一個知是良知；若就工夫的歷程說，則要體現此第一個知所要做的工夫，只要願意聽信良知的聲音即是，因爲良知的善性流露是一直都在的，此階段

〔註25〕《近溪子集》26條，收於《近溪子全集》，台北：國家圖書館藏。
〔註26〕《會語續集》7條，收於《近溪子全集》，台北：國家圖書館藏。

的工夫即可名曰「順以出之」，亦是復以自知工夫的前奏，有良知善性的自然運作才是道德主體能行復以自知工夫的動力。

　　以乾知來作爲連接天人的關鍵處，近溪的乾知既是天道生生剛健的代表，以乾知來演化天道的生生不已，所以要通達《易》的關鍵在於體會天道生生，要體會天道生生就必須要從乾知坤能下手。乾知坤能是完整的生生不已之運作，而特舉乾知，是因爲「乾足統坤，言乾而坤自在其中，知足該能，言知則能自在其中。」〔註27〕近溪又以乾知來說明人的良知，以此表達人與天原相通，人的孝弟慈生惡可已即是天道的生生不已，故乾知實可作爲人即是天的貫通之處，藉此來形容近溪所謂的第二個知。此知並非如人人皆有的天性良知一般不學不慮，通過天性良知自然而發的行爲可能是善行，在鄉黨中是個孝弟之人，但絕非是聖，即是尚未達到第二個知。此知乃是復以自知所自「知」者，達到此知須賴「復」的工夫。所謂「復」是就人日用此良知卻不知，而逆覺此良知原來在我，良知在我又即同於天道生生之乾知。以人皆有善性流露，只要順著此善性流露做去即是依著天生良知而行，就此言「順」，但順此良知而行的時候是日用而不知的，即如孔門的「心安」，人順此良知而行的時候會覺心安，善於實踐者便會因心安而依者良知而行。但眞要學聖則不只依此良知而行，更須逆反而知此心安者正是我心之良知，此良知正是常人與聖人皆相同者，聖人便是由此做去而體會我心即同於天者，從「日用而不知」到「知此良知」須要有一逆反而知的工夫，即是「復」的工夫。由於此知並非先天帶來人人皆有此覺照，而是先天的良知本性本有此能力，但須通過人爲的工夫努力，方能體證此先天本有的良知在我，故曰「逆以反之」。順著良知善性的流露而行，是以心應於物而在事上有所發用，相反的，所謂「復」正是將用心收回己身做反省的工夫，而覺此心之所以能發用的根源，以此應於物與逆反於心亦可說明，「順」與「逆」是指射工夫所用的方向。體此心之根源即是良知本性，而知此性原同於天道之生生，此心之良知即天道之乾知的創生不已、剛健奮發不已，故再順此良知而應於物時，已截然不同與孩提、百姓之日用而不知，其良知（乾知）乃不止於對父兄的愛親敬長，更能推擴至一鄉一縣，乃至國家天下，與天地萬物同體之大身，因爲其良知是通於天道生生，其仁愛是有根源而能源源不絕的推擴，一旦知良知即是天便已是聖人境界。在此細說近溪所分的第二個知，以乾知來表示良

〔註27〕《近溪子集》94條，收於《近溪子全集》，台北：國家圖書館藏。

知即同於天，此時所做的工夫是通過人的道德實踐而逆反知此天性良知，以人為努力相對於天性，與所用工夫的方向不同而說「逆」。

孩提初生所秉受的天性，善性無時不在人身中流露，故從人皆能愛親敬長中即能見得人人皆有此善性，從捧茶童子身上亦能見道，此是道在人身上的展現，人秉受天道之善即能「隨感皆便歡笑」，此時天道只對此個體產生作用。而通過復以自知的工夫「開發本性之良」，即是逆反而知此良知即是天命乾知，方能充盡良知之大用，良知不止在個人一身起作用，真正良知本性即是與天地萬物同為一大身，樂不止在個人一身，其身與天地同大故其樂亦必使天下人皆能同樂。所以如孔子必學不厭、教不倦，復知此良知同於天的證體之樂無有窮盡，故能學不厭；既知此樂而必使此樂生惡可已，而要讓人亦能復以自知的天下志業亦無有窮盡，故教亦不倦。如近溪所言：「以此反之於身，便自然無愧無作而為學不厭矣；以此通之於人，便自然盡得英才而為教不倦矣。到得不厭不倦去處，則前日良知良能，渾然成個不思而得、不勉而中一段滋味，其過不容以不化，其存不容以不神，其天地不容以不合德矣。」〔註28〕此時以從前時的日用而不知成為聖人境界，此良知已非一身之良知良能，而是能與天地合德的乾知，與萬物同體的大身。故雖亦是孩提的良知善性之作用，方能逆覺其知之同於天，但聖人「視諸孩提又萬萬也。」

上述細說「復是一個而可兩分」，然即可見得「雖可兩分而實則總是一個善也。」復以自知的工夫正是以第一個知：天性良知，來作為工夫之主體，來覺照其自己即是同於天的乾知：第二個知。故覺（復）者與被覺（復）者皆同樣是良知，以其所覺悟後的涵意之廣大而作出兩個知的區分，其實是同一個本體在起作用。亦是講述同一個善，只是一個善作為天性，百姓日用而不知，一個則是人通過自覺的道德實踐而知此善。一個善是不知、一個已知之善；一個善是天性如此自然流露、一個善是需通過道德實踐方能知之，其實是同一個善，只以其狀態的不同來做區分。近溪以「一個而可兩分」來說明道德實踐所應下工夫處，即是將百姓日用不知者成為已知，通過「兩分實則一個」來說明此種道德實踐工夫的本質乃是體證的工夫，而非向外求索的工夫。故近溪回答學生「吾性之善則本然具足，原非可以得失言者也。」性善是本來即為我有，復以自知的工夫只是體證那本來我有的，而不是向外去學習一個善來。由此可見近溪的心學路向之確定。

〔註28〕《近溪子集》185條，收於《近溪子全集》，台北：國家圖書館藏。

　　唐君毅先生論近溪「復以自知」〔註 29〕之觀點筆者多半贊同，唯兩點與唐先生稍稍有異。唐先生所言良知之順而外出，會有「滯于形跡之勢」，故「復」乃是「對滯跡之勢而爲逆，非逆其聰明之用也。」逆是逆滯于物欲之勢，而回到天知大用，故此逆並非違背順著良知而出的「聰明之用」。唐先生此言逆是從衝破物欲的限制而回到道德本心之運作，而筆者所言「逆」是相對於良知應於事而爲用，說逆反回己心之良知而談自覺的工夫，逆是就工夫所用的方向而言。若以唐先生的逆是衝破物欲而言，則近溪此工夫不單是證體，而亦要涉及對制欲望的工夫，此「復」乃是就其能排除欲望的限制而言「復」。但近溪曾言「人能體仁，則欲自制。」〔註 30〕是其工夫應當落在「體仁」，而制欲乃是體仁工夫之後自然的結果，故就工夫言近溪當言「證體」的工夫，而不從「制欲」來論說工夫方向，故筆者以其工夫乃在證體的回復本心來解釋近溪所言的「復」與「逆」。又唐先生言：「蓋逆知既所以迎迓天知之大用，而順承之；是即天知之大用，自求繼復，而方逆知。」復知工夫以良知作爲實踐的動力，筆者深感認同，但此動力是就良知之本具有能自覺的「能力」而言，正如人人皆可以爲堯舜，是因人人皆具有堯舜之善性，故人人若能行道德實踐則人人亦可以成爲堯舜，就此「可能性」而說，但此可能性並不表示人人即是堯舜。良知之作爲「復以自知」的動力亦然，復以自知的證體工夫是端賴良知本體之自証而得，若無良知則無法論及復以自知的工夫。但此動力是否強到能言「自求繼復」，若以自求繼復言，則人人當其陷溺於物欲之時必然有其警醒處，欲逆反於物而做道德實踐之決心，置之於人生則人人不只有道德實踐之能力，且必定會有道德實踐之眞切工夫，現實人生卻並非如此。近溪於此處應當是有所保留的，故近溪在復以自知工夫之前尚有一「法聖王」的工夫。通過學習聖人一生成就的歷程，及其流傳下來的經典中，方能知道學聖的途徑乃在「體證本心良知之同於天」，因爲治平天下國家的根本乃在修身。近溪通過聖王規矩來定住盡信本心不至流於放肆，眞正體證本心者，必如聖王般推擴其心以至天下萬物的廣闊胸襟，其心雖遍及於萬物而自有其由身、家、國，以至天下的次第。

　　在回答生知、學知、困知所用的工夫是否有所不同，近溪所作出的解釋正可幫助瞭解所謂的「復雖一個而可以兩分」，其言：

〔註 29〕唐君毅先生著，《中國哲學原論──原教篇》，台北：學生書局，頁 421～430。
〔註 30〕《盱壇直詮》136 條，台北：廣文書局，1996 年四版，頁 187。

> 知有兩樣：有本諸德性者，有出諸覺悟者。此三個知字，當屬覺悟
> 上看，至於三個知之的之字，卻當屬之德性也。蓋論德性之良知良
> 能，原是通古今、一聖愚，人人具足而個個圓成者也。然雖聖人，
> 亦必待感觸覺悟方繞受用得。即如堯舜亦謂「聞一善言，見一善行，
> 沛然若決江河而不能禦」，可見也是從感觸而後覺悟。但以其覺悟之
> 速，便象生成使然，其次則稍遲緩，故有三等不同。至謂及其知之
> 一也，則所知的德性，皆是不待學而能、不待慮而後知，即困知之
> 所知者，亦與生知之所知者，更無毫髮不同。〔註31〕

近溪此言知有兩樣與上段引文內容相近，一者是人的天性良知，其為工夫所
要體證的「德性」，亦是進行「復以自知」工夫的道德主體。一者是指復以自
知的「覺悟」工夫本身。近溪更強調作為天性的良知是人人皆有的，生知、
學知、困知所體會的都是相同的本體。除此之外，近溪亦強調人人要成聖皆
須通過「復以自知」的體證工夫，縱使連生知的聖人亦需經過覺悟的工夫，
只是時間久速之別。綜觀近溪所強調的兩點，可得出：學習成聖的方法，人
人皆須通過「復以自知」的工夫，連生而知之的聖人也不例外，且此工夫為
必然的亦是唯一的途徑，因為人人最後所體證的道體皆是那相同的天性良
知，而唯有通過「復以自知」證得此體之同於天地，方能成就與天地萬物同
體之大人。

茲再舉近溪之語來說明「復」的工夫：

> 如乾曰「乾知太始」，始即元也，元則的確是善矣。復曰「復以自知」，
> 自即己之性也，己性又不的確亦是善也哉？〔註32〕

> 身即自也，即所謂「道不遠人」，近取諸身，反身而誠，樂莫大焉者
> 也。然則復之不遠，非修身如何？〔註33〕

> 子繞說：「發狠去覺照，發狠去探求」，此個知、行卻屬人；繞說：「有
> 時忘記卻忽然想起，有時歇手卻惕然警醒」，此個知、行卻是屬天。
> 〔註34〕

> 謂之復者，正是原日已是如此而今始見得如此，便天地不在天地而

〔註31〕 《近溪子集》104 條，收於《近溪子全集》，台北：國家圖書館藏。
〔註32〕 《會語續集》33 條，收於《近溪子全集》，台北：國家圖書館藏。
〔註33〕 同上註。
〔註34〕 《近溪子集》37 條，收於《近溪子全集》，台北：國家圖書館藏。

在吾心，所以又說「復以自知」。自知云者，知得自家原日的心也。
〔註35〕

上引諸段語錄可以補充說明近溪的復以自知工夫，首段所謂「復」者即是「原日已是如此而今始見得如此」，以原日有而不知，今日能知之故曰「復」，復指的便是一種反回到自心的工夫。所謂的自知，正是「知得自家原日的心也。」復既是反回的動作，所知的便不在外而是原日的本心，故此工夫曰「簡易」，此道曰「不遠人」，因為一反身即能做得此工夫，而不假外求。此等直截的工夫正契合著「我欲仁，斯仁至矣。」〔註36〕「學問之道無他，求其放心而已矣。」〔註37〕的孔孟思想。是當下喚醒道德心的真生命作主宰，是要求意志自我挺立、自我立法，而非從外在去尋求道德法則來依循。且此道德心之喚出是我要有就有的，「復」的工夫本身，不需外加任何道德知識即能做得，因此「原日的心」是人人皆有的，此性之善是確然呈現的流露，只待人從中警醒奮發，一旦人有此動機想要道德實踐，是誰都能做得此實踐的。再觀第三段，近溪論述此道德實踐工夫的動力何在，前面筆者論述近溪的復以自知工夫時，有言性善是本於天，而逆知是「人為」的道德實踐，此人為所指的乃是需通過「人」作為道德實踐的主體而來的道德實踐，方能體證此性善的體。而近溪此段所指點其學生處，卻分說知行之「屬天」與「屬人」，「屬人」的部分正是說其學生「有意」地想要實踐道德、體證道體，此個有意則其必是有認知心之所發，而近溪所說「屬天」的知行，正是說體證道體的動力乃是來自於原初性善的道德心，所謂「復以自知」的工夫，正須要通過道德心的警醒，才能自覺地做逆覺體證的工夫，因此無論通過日常的愛親敬長，抑或學習聖賢經典，所要觸發的皆是良知性善的道德心之顯發，是從心之所同然處觸動己之良知，而非學習以「知識」得要從事道德實踐、以「屬人」的知行來做證體的工夫。此處近溪正道出復以自知的動力來源，正是性善，由於性善「順以出之」的源源動力，一旦佐以人能自覺地「逆復」之體證工夫，則能保證此工夫乃是一體證必定能證得的，因為此所要體證的本體，正是作為源源動力的善性。

〔註35〕《近溪子集》80條，收於《近溪子全集》，台北：國家圖書館藏。
〔註36〕《論語》〈述而〉。〔宋〕朱熹著，《四書章句集注》，台北：大安出版社，1994年初版，頁134。
〔註37〕《孟子》〈告子〉上。〔宋〕朱熹著，《四書章句集注》，台北：大安出版社，1994年初版，頁467。

四、復其見天地之心

　　既反回到本心體會此心之同於天，故能有「天地不在天地而在吾心」之感，因此心之良知同時即是乾知，體此心之為乾知則此時的心即是天地之心，人一旦能證得本心，體現此心之生生，則天地之創生不已之真幾便能通過人而彰顯其價值，故近溪有一譬喻：「蓋人叫做天地的心，則天地當叫做人的身。如天地沒人為主，卻像人睡著了時，身子完全現在卻一些無用。天地間一得個堯舜孔孟主張，便像個人睡醒了一般，耳目卻何等伶俐！身體卻何等快活！」〔註38〕天地之心在人，即是通過人的道德體證，體現此心之生生以展現天道之價值，天道價值永在，但若沒有人自覺實踐道德的體現，則其價值彰顯不出。復以自知的工夫便是人能體證天地之心的唯一途徑，試觀近溪之言對人心與天地之心的闡述：

> 伏羲畫之一以專其統，文王象之元以大其生，然皆不若夫子之名之以「乾知大始」，而獨得乎天地人之所以為心者也。夫「始」曰「大始」，是至虛而未見乎氣，至神而獨紗其靈，徹天徹地、貫古貫今，要皆一知以顯發而明通之者也。夫惟其顯發也，而心之外無性矣；夫惟其明通也，而心之外無命矣。故曰「復其見天地之心乎」，又曰「復以自知」也。夫天地之心也，非復固莫之可見，然天地之心之見也，非復亦奚能以自知也耶？蓋純坤之下初陽微動，是正乾之大始，而天地之真心也；亦大始之知，而天心之神發也。唯聖人迎其幾而默識之，是能以虛靈之獨覺，紗契大始之精微，純亦不已而命天命也，生化無方而性天性也，終為神明不測，而心固天心，人亦天人矣。〔註39〕

近溪認為孔子以「乾知大始」來名天道是最為恰當的，其所意涵著不只天道運作之生生，更是作為人的性命根源，以此天地之心來貫通天地物我。天地間的實理如此，但人如何通達此理，即是通過復以自知的修養工夫，近溪言：「要皆一知以顯發而明通之者也。」通過復以自知所體證的本體，不僅作為人從事道德實踐的良知本性，更是通天道運行生生不已的天地之心，人經由此證體的工夫，正可使人成為天地之心，以體現、彰顯天道，故近溪又以復卦「復其見天地之心」，言人通過復以自知的道德實踐工夫，則可讓主觀道德

〔註38〕《近溪子集》190 條，收於《近溪子全集》，台北：國家圖書館藏。
〔註39〕《盱壇直詮》37 條，台北：廣文書局，1996 年四版，頁 48。

實踐與客觀天理貫通。楊祖漢先生在詮釋近溪此文時作了簡明的區分：「『復見天地之心』，與『復以自知』二句義是相涵的，但又略有不同。復見天地之心，是從天地之心處說，即從道體之存有上說；復以自知，是從主體之自覺上說。言復以自知，更顯逆覺之工夫義。……若分主客，只是工夫過程上暫時之區分，最後是可以泯除的。」〔註40〕以主客觀之確實能看清：近溪從「復其見天地之心」與「復以自知」兩種角度來說明，以見其證體工夫之全貌。近溪以復以自知的工夫，來貫通天道與性命，主觀的道德實踐與客觀的廣大普遍近溪都兼顧之，故近溪言此天道之生生須通過「復」之證體工夫才能見得，其言「夫天地之心也，非復固莫之可見」；又言能知此天道生生的性命覺悟之知，亦須通過「復」的工夫方能喚發出，其言「然天地之心之見也，非復亦奚能以自知也耶？」是無論欲體證天道，抑或體證性命之在我，皆須通過「復以自知」的修養工夫。事實上，僅此一個「復」的工夫，即刻能貫通天人，故聖人能「妙契大始」而「心固天心，人亦天人矣。」正是人之作為「天地之心」，天地之生生須待一「復」而能冬至陽回、萬物皆春；而人能體此天理，正是通過「復」的工夫，方能見得本性之善，此性之善之生惡可已正是與天相同處，故能以己之良知以體天之乾知。故近溪又言：「其為心也只一個心，而其為復也亦只一個復。」〔註41〕復雖有此些不同，然所要著手的只是同一個「復」的工夫，所體證得的本體亦只是一個「心」而已。

　　從近溪以「天地之心」來貫通天人，亦可指示出近溪「復以自知」工夫的下手處，其言：

> 善言心者，不如把個生字來替了他，則在天之日月星辰，在地之山
> 川民物，在吾身之視聽言動，渾然是此生生為機，則同然是此天心
> 為復。故言下著一生字，便心與復即時混合，而天與地、我與物，
> 亦即時貫通聯屬而更不容二也已。」〔註42〕

天與人通過一個「心」來貫通，而此心之實義即是「生生」，正如前章所述，近溪以孟子的「生惡可已」來為生生作下註腳，此生從人處體會正是孩提即知愛知敬的良知，此處近溪：「故言下著一生字，便心與復即時混合。」一言

〔註40〕楊祖漢先生撰，〈羅近溪的道德形上學及對孟子思想的詮釋〉，「理解、詮釋與儒家傳統」國際研討會，中央研究院文哲所，頁1～14，2006年1月。
〔註41〕《近溪子集》233條，收於《近溪子全集》，台北：國家圖書館藏。
〔註42〕同上註。

「生」此心即能復，亦即所謂的「復以自知」的工夫，無須遠求，只因所欲體證的本體即在吾心，而吾心之純粹發用即在日用平常的愛親敬長中真實展露，故欲體證本心當從知愛知敬當中體證。欲得此個天人覺悟，並非從靜坐中觀照，而是在日用中本性之真誠流露處當下反觀此心、當下體證得。此處可見近溪不僅從孝弟慈指點性體十分親切，即其道德實踐工夫，亦是從親切平常處即可下手，人雖有氣質上的限制，如生知、學知、困知者為學之遲速，但只要願意作此工夫，卻人人皆終能知之。

五、知得透徹而久久弗去

近溪以親切平常講此「復以自知」工夫，但其對於聖人境界卻不輕言企及，如近溪提醒聽講會眾：「知後乃方可入聖焉耳，非即聖人也。……吾人一時覺悟，非不恍然有見，然知之所及猶自膚淺。此後須是周旋師友，優游歲月收斂精神，以凝結心思。」〔註43〕此是勸勉大眾不要輕看此證體的工夫，輕言證得本體往往是乍見光景，師友之提醒則能常保工夫之努力。再從復以自知工夫本身說，光言「復」未必足夠，近溪以比較孔子之時與顏子之復言：「顏子之一日復禮，是復自一日始也，自一日而二日、三日，以至十、百、千日，渾然太和元氣之流行而融液周遍焉，即時而聖矣。」〔註44〕復以自知工夫並非一證悟就一切證悟而達聖人境界，是久久不輟地勤奮用工，終能使此心時時皆是本心呈現，亦皆是天道朗現，才是孔子聖之時的境界。近溪形容孟子境界亦如：「故知而弗去，不是要他不去，只知得真時，便原自不曾去也。久久弗去，則細細密密自然有許多節次，從從容容又自然有許多文彩。」〔註45〕真復知得此體，不僅同於天，亦是自然能久久弗去。然初作復以自知的入手處，近溪則不忘提醒：「若論其始初著力處，則只是知得透徹而久久弗去耳。」〔註46〕於天性流露處的警醒體悟，並非一悟全悟的，而是不斷在日用實踐中能保持時時警惕，時時體此本心，讓本心作主宰。每一次的體證本性之善，皆是真切工夫，故近溪亦言：「當下即可言悅，更不必再俟習熟而後悅。」每一次的悅樂皆是由於體現本性之善。而「久久弗去」的工夫，更能

〔註43〕《近溪子集》144 條，收於《近溪子全集》，台北：國家圖書館藏。
〔註44〕《近溪子集》33 條，收於《近溪子全集》，台北：國家圖書館藏。
〔註45〕《近溪子集》163 條，收於《近溪子全集》，台北：國家圖書館藏。
〔註46〕同上註。

常保此悅樂亦能時時呈現，本性之善能時時作行爲判斷之主宰。

試引近溪描述孔子境界一段語錄，來作爲復以自知工夫的結語：

> 問：「論語時習之時字，舊作時時，〔註47〕而先生必曰因時者，何也？」
>
> 曰：「聖人之學，工夫與本體原合一而相成也。時時習之，於工夫似覺緊切，而輕重疾徐終不若因時之爲恰好。蓋因時，則是工夫合本體，而本體做工夫，當下即可言悅，更不必再埃習熟而後悅。況朋來而樂亦只是同此工夫，當心愜意，所以不徒己悅之而人亦悅之，亦不必埃道得其傳而後樂也。夫子嘗謂「默而識之」，正是識得這個時的妙處，故愈學而愈悅，如何有厭？愈教而愈樂，如何有倦？故不慍人之不己知者，正其不厭而不倦處。蓋緣他識得時的根源眞，執得時的機括定，雖間有一人不知，而未必人人之不知也；雖人有一時不知，而未必久久之不知也。〔註48〕

近溪以「因時」〔註49〕點出復以自知工夫的特色，即是「本體做工夫」，故其每做一分工夫復得眞體，即是一分悅樂。此工夫若能「知得透徹而久久弗去」，即是孔子聖之時的境界，即是「因時」，在所有時中皆能復體，此時的「復」亦無工夫相，而只是「工夫合本體」，所謂的「復」的工夫已轉成時時皆是「復體」的狀態，一切應事接物皆以本心以對。孔子正是「識得這個時的妙處」故能時時悅樂，故能學不厭、教不倦，因其無論是正己與成人的工夫，皆已是貼合本心，每次的學習與教誨皆是回復本心的悅樂。復知的聖人境界除了己心之悅樂不斷，更因己心通於天之廣大、與萬物同體，自然願意不斷地做成人的工夫，亦因此同然之心之感通，故能「人亦悅之」。聖人與萬物同體之

〔註47〕 此當指朱子之注：「既學而又時時習之，則所學者熟而中心喜悅，其進自不能已矣。」《四書集注》。

〔註48〕 《近溪子集》84 條，收於《近溪子全集》，台北：國家圖書館藏。

〔註49〕 關於近溪的「因時」，吳震先生有詳細的論述，其中有言：「"時"是天心和人心得以展現自身的關鍵，也就是說，天心和人心藏之于時而又顯之于時，"時"給予了"心"這一本質存在以某種普遍形式。」近溪通過「復」所要回復的本體，本是通天人的乾知，而「時」是復以自知的聖人境界，故其必是合天人的，吳先生以「時」作爲天心和人心展現的關鍵亦不錯，因爲此天人相同之心，唯有從聖人身上方能體現。吳先生亦言近溪：「語氣重在"因"字，強調的是其間容不得時間上的絲毫斷裂……是區分"凡境"與"聖體"的關鍵所在。」此形容時間上的不間斷，筆者亦是認同的，此即是近溪在復以自知工夫上仍強調的「知得透徹而久久弗去」，如此方能達到聖人之時的境界。吳震著，《羅汝芳評傳》，南京大學出版社，2005 年，頁 307～314。

本心亦終能感通萬物與之同體，故近溪言：「雖間有一人不知，而未必人人之不知也；雖人有一時不知，而未必久久之不知也。」正因人終必能知之，所以聖人的外王工夫才能無盡地做下去，雖言成人之外王工夫，其實亦只是本心之不斷推擴而已。

第二節　克己復禮

　　近溪對於「克己復禮」的解釋，亦是以復卦來訓解，因此此解亦離不開「復以自知」的證體工夫。「克己復禮」之篇歷來學者有許多解釋，如古注「克」爲「約」，〔註50〕亦有注「克」爲「責」，〔註51〕注「己」則多爲「自」。訓「己」爲「私」則揚雄、劉炫已有之，〔註52〕朱子亦注己爲私欲，其注曰：「仁者，本心之全德。克，勝也。己，謂身之私欲也。復，反也。禮者，天理之節文也。……故爲仁者必有以勝私慾而復於禮，則事皆天理，而本心之德復全於我矣。」〔註53〕此注則承繼伊川而來，朱子引程子曰：「非禮處便是私意。既是私意，如何得仁？須是克盡己私，皆歸於禮，方始是仁。」〔註54〕朱子解「己」尤限在「身之私欲」上，通過涵養察識的工夫來克除私欲，一旦私欲克除心即能明理，此工夫用在氣心，故對治其心之私欲。然近溪所主張的證體工夫，是直接體證超越的本心，本心作主宰自然不會有私欲之不合禮，是二者工夫所用之處不同，故對此篇的訓解有所不同。朱子集注在當時仍是解經的權威，故學生的疑難由此而發：

　　　　曰：「克去己私，漢儒〔註55〕皆作此訓。今遽不從何也？」

〔註50〕　東漢馬融：「克己，約身也。」皇侃《論語義疏》：「剋，猶約也。復，猶反也。言若能自約儉己身，返反於禮中，則爲仁也。」參考程樹德撰，《論語集釋》，北京：中華書局，頁818～819。

〔註51〕　范甯：「克，責也。……非仁者則不能責己復禮，故能責己復禮則爲仁也。」出處同上注。

〔註52〕　揚雄，《法言》：「勝己之私之謂克。」劉炫援以解左傳「克己復禮」之文，意指楚靈王多嗜慾、誇功伐而言。劉炫曰：「克者，勝也。」清惠士奇《禮說》：「訓己爲私，濫於王肅，浸於劉炫，異乎吾所聞。」出處同上注。頁817、820。

〔註53〕　〔宋〕朱熹著，《四書章句集注》，台北：大安出版社，1994年初版，頁182。

〔註54〕　此語出自《二程集》〈伊川先生語八上〉〈伊川雜錄〉楝又問：「克己復禮，如何是仁？」曰：「非禮處便是私意。既是私意，如何得仁？凡人須是克盡己私後，只有禮，始是仁處。」台北：漢京文化，1983年初版，頁286。

〔註55〕　隋劉氏《正義》：「《爾雅釋詁》：『克，勝也。』又：『勝，克也。』相轉訓。此訓約者，引申之義。」西漢揚雄《法言》：「勝己之私之謂克。」參考程樹

曰：「亦知其訓有自，但本文由己之己，亦克己己字也，如何作得做由己私？大學『克明德』、『克明峻德』，亦克己克字也，如何作得做去明德、去峻德耶？況克字正解，只是作勝、作能，未嘗作去。今細玩易謂『中行獨復』、『復以自知』，渾然是己之能與勝處，難說論語所言不與易經相通也。」〔註56〕

克己復禮是孔子回答顏淵問仁，故其牽涉到的是極為重要的「歸仁」工夫，學者無不以自己的學問工夫來訓解之，故以此處的訓解亦可見出近溪工夫的主要型態。近溪言「由己之己，亦克己己字。」其工夫之一貫，皆是復本心的體仁工夫。故近溪解「克」作「能」，其亦有所本，乃本諸〈大學〉，朱子注「克明德」亦曰：「克，能也。」〔註57〕近溪能己之義，即是充盡本心之義，本心既復故能心矩合一，故可曰「復禮」。近溪採「勝」與「能」之注，朱子即注「勝」，但近溪與朱子的詮解又大有不同，朱子之勝乃是「以勝私欲而復於禮」，其勝是以所明的天理之勝過私欲，私欲永不復出而「事皆天理」。近溪是從「己之能與勝處」說，勝不作克除與戰勝的工夫，而是就本心之大用說勝，己之「能」與「勝」能「復禮」，即是回復本心，以本心作主宰則行為自能合於禮之規矩，即是聖人的心與矩合一。近溪以「克己復禮」來作為重要的體仁工夫之說明，近溪亦自覺此種心學路向，而援引明道、象山、陽明之語以證之，其言：「比至有宋，乃得程伯子渾然與物同體之說，倡之於先；陸象山宇宙一心無外之語，繼之於後；入我皇明，尊崇孔、顏、曾、孟，大闡求仁正宗，近得陽明先生發良知真體、單提顯設，以化日中天焉。」〔註58〕引「渾然與物同體」、「宇宙一心無外」、「良知」來說明「克己復禮」，足見近溪的「克己復禮」乃是證體的工夫。

近溪以復卦解「克己復禮」，其言如下：

復本諸易，則訓釋亦必取諸易也。易曰「中行獨復」，又曰「復以自知」。「獨」與「自」即己也，「中行而知」即禮也。惟獨而自，則聚天地民物之精神而歸之一身矣，己安得而不復耶？惟中而知，則散一己之精神而通之天地民物矣，復安得而不禮耶？故觀一日天下歸仁，則可見禮自復而充周也；觀為仁由己而不由人，則可見復必自

德撰，《論語集釋》，北京：中華書局，頁820。
〔註56〕《近溪子集》34條，收於《近溪子全集》，台北：國家圖書館藏。
〔註57〕朱熹著，《四書章句集注》，台北：大安出版社，1999年，頁6。
〔註58〕《會語續集》11條，收於《近溪子全集》，台北：國家圖書館藏。

己而健行也。是即孟子所謂：「萬物皆備於我，反身而誠，樂莫大焉者也。」宋時儒者如明道說：「認得爲己，何所不至。」又說：「仁者渾然與物同體，義禮智信皆仁也。」似得顏子此段精神。象山解克己復禮作能以身復乎禮，似得孔子當時口氣。〔註59〕

近溪以「中行獨復」與「復以自知」來說明合天人之心的聖人境界，以聖人的心即是矩來說明「克己復禮」，此亦是近溪常言的「仁禮兩端」。「獨」與「自」即是通過「復」而體仁的工夫，故曰：「聚天地民物之精神而歸之一身」，文中的「己安得而不復」之「復」不是工夫義，乃是通過體仁工夫而已證得本體的狀態。此天地精神歸之一身，即是聖人所證得此體乃是與天地萬物同體之廣大，故此即是體「仁」的境界。而「中」與「知」則是聖人體仁其行爲必定合於規矩，其感同天地萬物之爲一體，其實踐亦必由修身以推擴至家國天下，而此次第不容混，此便是聖人之矩，即是所復之「禮」。由近溪之「能己」講，體仁而後其身即是規矩，故「克己」而後必然會「復禮」。近溪雖並言「仁禮兩端」，但其中其實是有次序的，先有體仁的復本工夫，本心既復則身必自合於禮，此意可由近溪之語所見：「故觀一日天下歸仁，則可見禮自復而充周也；觀爲仁由己而不由人，則可見復必自己而健行也。」禮須待「復」方能充周完備，從心所欲不踰矩，而心之所以能復本心，乃是通過復以自知的工夫，反回己身而體證本心，故說「復必自『己』」。因此近溪的「克己復禮」工夫，其實仍是由「復以自知」的逆覺以證體的工夫而出發。

再舉近溪在復卦中爲「克己」與「禮」給出說明，其言：

> 黃中所通〔註60〕者，即一陽眞氣從地中復，所謂克己而復者也；中通而理者，即陽光而明，所謂復以自知，而文理密察以視聽言動而有禮者也。故從此而美在其中，從此而暢于四肢、發于事業，便是以所可欲而先諸己，施諸人，通諸天下，及諸後世，方可以望乎大而化、化而神也。〔註61〕

> 夫復則天，天則時，時則順而理，順而理則動容周旋，四體不言而默中帝則，節而自成乎文矣。復在乎己也，夫安得不動之而爲禮也

〔註59〕《近溪子集》34 條，收於《近溪子全集》，台北：國家圖書館藏。

〔註60〕《易》〈坤文言〉「君子黃中通理，正位居體。美在其中，而暢於四支，發於事業，美之至也！」。

〔註61〕《近溪子集》179 條，收於《近溪子全集》，台北：國家圖書館藏。

> 耶？是以孔孟立教，每以仁禮並言。蓋仁以根禮，禮以顯仁，則自
> 視聽言動之間而充之仕止久速之際，自將無可不可而爲聖之時也
> 已。〔註62〕

前小節論述「復」並不完全與「時」相當，但「時」其實是「復」到聖人的
化境，亦所謂復以自知而能「知得眞時，便原自不曾去也。」上段引文近溪
所論的即是「復」的聖人境界，故言「復則天，天則時」。近溪從「黃中通理」
來講「克己復禮」，因爲黃中通理其「正位居體」，近溪以此講證體工夫是不
難理解的。近溪從「一陽眞氣從地中復」來講「克己」的工夫，亦即是「復」
的證體工夫，從下引文「仁以根禮」亦可見出要有已復之「禮」，在視聽言動
中無不中節，須要先有對仁體的體證，因此在「克己復禮」中仍可看出「證
體」工夫的不可缺少、以及優位性。再者，此兩段引文強調一點：既證本體，
達到復以自知的聖人境界，有其必充滿於行爲、必推擴於外而及於一切民物、
必自然合於一切規矩。故言既復知已，「而文理密察以視聽言動而有禮者也。」
既已證體，其行爲無不中於禮，更能「暢於四肢，發於事業」。能實有諸己的
眞切體證工夫，而後自然能推擴及一切民物而自合其規矩次第，是言：「施諸
人，通諸天下，及諸後世」。有眞切的體證於內，「仁以根禮」，更在外在言行
中無不中節於禮，而恰當地將所誠於中者表現於外，「禮以顯仁」。在體與用
之中的諧和一致，其現實經驗中的行爲，是其所體證的超越道體的眞實發用；
其所體證超越的道體，也通過現實經驗的實踐而有其眞實的彰顯。即體即用，
合工夫與本體，形而下中即見形而上者，即是近溪所謂的「聖之時」的聖人
境界，即是「大而化、化而神」，是仁與禮的合一。而此境界，須由「復以自
知」的證體工夫方能臻至。

關於「天下歸仁」的解釋，近溪亦是從所證之體之廣大，仁者與萬物同
體說的，其言：

> 曰：「如何是天下歸仁？」
>
> 曰：「一陽之氣雖微，而天地萬物生機皆從是發。此禮之復雖在一己，
> 而陽和發育，天下萬世又豈有一人不生化者哉？觀之古今人人皆學
> 顏子之學，則古今人人皆歸顏子一復禮中矣；古今人人皆歸於一復
> 禮之中，則吾輩願作聖人，又何必求於一己之形性外耶？」〔註63〕

〔註62〕《近溪子集》89 條，收於《近溪子全集》，台北：國家圖書館藏。
〔註63〕《近溪羅先生一貫編》303 條，收於《續修四庫全書》1126 冊，上海：上海

近溪在詮解「天下歸仁」，仍是扣著「爲仁由己」說的，此亦牽涉近溪的禮之「規矩」，即是大學的由修身以至家國天下，故道德實踐必從一己之身開始，從復以自知的體證本心工夫開始。由此起始，一旦體證本心與天同、與萬物同，自會有所推擴，其推擴與行爲亦自能中矩，此體之與萬物同，萬物亦會受其感通而觸發起其自己所同然的本心，故人人喜親聖人，故近溪亦言：「古今人人皆學顏子之學，則古今人人皆歸顏子一復禮中矣。」此個人心之所向，人所願學者，皆是由於人人所同然的本心受到感通而起的自我要求。因此要想達到「天下歸仁」，起先的重點並不放在如何面對天下人，乃是放在如何體現自己的本心，一旦復以自知己本心，則天下人無不歸之。此「天下歸仁」並不從天下太平講，而是從既證得本心，以人人心之所同然之故，與天地萬物同體之心不只在己，人亦受其感通而心嚮往之。此種感通是在既證得本體之後即刻能發生的，因爲作爲天生善性的良知是時時在起著作用的，故一旦能克己復禮，即刻能感通人，「雖間有一人不知，而未必人人之不知也；雖人有一時不知，而未必久久之不知也。」〔註64〕人人本性之善即刻受到觸發感通，只待人人能自覺而已。近溪此解說與朱子「天下之人以仁稱之也。」「先有爲仁之實，而後人以仁之名歸之也。」〔註65〕解「天下歸仁」大有不同。由於朱子須透人自勝己私方能明得天理，復天理節文之理，故天下歸仁其「仁」只能就一己說。而近溪以心體之能同體與天地民物之廣大，故一旦有「克己復禮」之證體，就主觀而言其本心即廣通至天下，就客觀之天下人而言，人皆同然之本心亦同時被觸動，只是端看人是否能自覺而知，遂起而亦行道德實踐。近溪又言：「所謂天下歸仁者，是說天下之人，都渾在天地造化一團虛明活潑之中也。此一團虛明活潑之仁，從孩提少長便良知良能。」〔註66〕天性之善本在每一人心中，只是通過證體工夫在我與人之間的善性搭上溝通的橋樑，此即是「無我無人、無遠無近而渾融合一」之境。近溪以此證體工夫，即能從主觀的道德實踐以通客觀的外王事業。

　　近溪以證體工夫來詮釋「克己復禮」，難免遭到學生的質疑，尤其在四個非禮處，正像朱子所解釋的「勝私欲」一般，且看近溪如何回答此問題：

　　　古籍，1995 年，頁 675 上。

〔註64〕《近溪子集》84 條，收於《近溪子全集》，台北：國家圖書館藏。

〔註65〕朱熹著，《朱子語類》卷三，北京：中華書局，2004 重印版，頁 1051。

〔註66〕《近溪子集》183 條，收於《近溪子全集》，台北：國家圖書館藏。

　　曰：「顏子請問其目，而孔子歷指四個非禮。非禮不是私如何？」

　　曰：「此條卻是象山所謂能以身復乎禮者也。蓋視聽言動皆身也，視
　　孰爲視，聽孰爲聽，言動孰爲言動，皆禮也。視以禮視，聽以禮聽，
　　非禮則勿視聽；言以禮言，動以禮動，非禮則勿言動，是則渾身而
　　復乎禮矣。此即非禮以見復禮，即如恕之以不欲勿施，而見所欲與
　　施也，皆反言以見正意。」〔註67〕

近溪以孔子答仲弓問仁的「己所不欲，勿施於人」，拿來與四個非禮相比，在語
法與內容上皆可以相容。近溪的「非禮勿視」者，亦是言復知的工夫，即從「非
禮勿視」之行爲中，體證此時的心即是良知的好善惡惡，故說「從非禮處見復
禮」。非禮處其實是要人從禮處下手去做，是「反言以見正言」，從所不欲處正
可以見到我所欲者爲何。近溪舉「不欲勿施」之例，其言並非教人戒除「以不
欲施於人」者，或以「不欲勿施」來端正己心。而是要人從正面立題，即是「從
己處之欲，以推想到人之所欲；從己處之不欲，來推想到人亦不欲。」重點在
己心之眞誠流露，由己心之流露所做出的行爲自然合乎禮，因爲由己心以推擴
至他人，所做出的行爲自然不會對人與我造成損害，積極地說，如此的行爲即
是對於人我皆是最恰當中節的。前者是藉由外在行爲的改變，來端正己心；後
者是從正己心之處，自然知道外在行爲如何端正起。從非禮處教人見得「復禮」
處，正是教人要從內心之禮出發，行爲自然合禮，如何內心能有禮，乃是經由
「復」的體證工夫，以達到心與矩合一之境。

　　近溪所想強調的是，證體工夫雖由己出發，但其所體證的本心不只限於
己身，而是通於天地民我的大身，由本心而出發之思慮，亦不僅限於一己之
私，而是追求一切民我皆能諧和之方式，其所展現的行爲即是合於禮。以其
心量之廣大遍及一切民我，故其行爲亦能成爲眾人之規矩，不僅在外在行爲
上讓人願意依循，亦讓人興起由衷嚮往學習之心。此便是近溪所言：「說『克
己復禮』只己字未了，便云『天下歸仁』。說『己所不欲』亦己字未了，便云
『勿施於人』。眞是溥天溥地渾是一個仁理生生，便渾天渾地合成一個大大的
人，而更無彼此也。」〔註68〕近溪的克己復禮工夫所要展現的，不只是行爲

〔註67〕《近溪子集》34 條，收於《近溪子全集》，台北：國家圖書館藏。其中「此條
　　　卻是象山所謂能以身復乎禮者也。」之「謂」字，《近溪子集》作「未」，《旴
　　　江羅近溪先生全集》、《旴壇直詮》作「云」，《羅近溪先生明道錄》、《近溪羅
　　　先生一貫編》作「謂」，因語意之差別，故引文將「未」改爲「謂」。
〔註68〕《近溪子集》194 條，收於《近溪子全集》，台北：國家圖書館藏。

之無處不中節皆能合於禮,更是其心之廣大與天下民我之共爲一體。

第三節　致良知

　　致良知工夫在近溪思想中亦是證體工夫,致良知便是知天下之本在修身,而體此知愛知敬的良知,既體此良知則致其知於事物,便是愛親敬長,便是老吾老以及人之老,而人自法之也。其工夫不但含著證體,亦有推至於實踐的行動。試觀近溪論致知之處:

> 問:「求放心,即是致良知否?」
>
> 曰:「雖是一個工夫,然用處稍有不同。如求放心,是未嘗知學之人,須要發憤操持,以立其志相似,故曰:將已放之心,使反復入身來,則知體精明,方可下手致去,即所謂:氣質清明,義理昭著也。大約求放心,是外以約之於中。致良知,是中以出之於外也。其中愈精明,則其發愈詳密,其發愈詳密,則其中益精明矣。」〔註69〕

此是對比「求放心」與「致良知」,二者皆是證體工夫,近溪以其用力處來區分,正好可看出證體工夫的分解步驟。前述求放心近溪原非指放於外的心,而是此心一直在起作用只是人不自覺。從原本日用不知而知之,此即是求放心的工夫,亦是復以自知的初步工夫,覺此良知在我。致良知便是在既知得此良知之後,將此良知以發揮出來於日用實踐之中,是近溪以「直而養之,順而推之」來說明致知工夫,既從事物中體認良知,更將此良知之心用於事事物物上。近溪在〈大學〉中對致知之解釋,即知物之本末,故此致知之推擴亦必從己身之愛親敬長,乃推至家國天下。直養工夫正是擴充己心的工夫,是既證得知愛知敬的良知而將之藉由在行爲的實踐中,以推擴到愛敬天下人、與天地萬物同體的良知,因此此「致」的工夫亦是爲完成證體工夫所必須。近溪亦點出證體工夫中的「復」與「致」的工夫是可以相輔相成亦相合的,知得愈精明就愈能推擴得盡,愈將所證之體推擴,亦愈接近聖人所知之體。此個意思和陽明在事上格物以致良知,以眞行的踐履才證得眞知,有異渠同工之處。但近溪認爲其與陽明致良知工夫有別,其言:

> 曰:「陽明說要致良知,則其意專重致字,原亦不止單說良知已也。」
>
> (羅子)曰:「即良知本章,孟子亦自有說,致的工夫處,原非格其

〔註69〕《近溪子集》167條,收於《近溪子全集》,台北:國家圖書館藏。

不正以歸於正也。」

曰：「如何見得是致的工夫？」

（羅子）曰：「致也者，直而養之，順而推之。所謂致其愛而愛焉，而事親極其孝；致其敬而敬焉，而事長極其弟。則其為父子兄弟足法，而人自法之，是親親以達孝，一家仁而一國皆興仁也；敬長以達弟，一家義而一國興義也。非所謂：人人親其親、長其長而天下平耶？」〔註70〕

近溪推崇陽明的良知之說，但對於「致良知」的工夫，近溪自覺與陽明有所差別。陽明從知是知非講良知，故其致良知亦須從事上致，「致知在實事上格」，〔註71〕其具體方法是在事事物物中「格不正以歸於正」，從面臨事物之是非判斷，當下讓良知呈現知是知非，以格不正歸於正。陽明的致知亦非懸空的致知，是在事上磨練，從臨事而喚發出的道德心，當下體證此知是知非者即是良知，遂依此良知來為善去惡，將原來不正的，以良知所發之好善惡惡行為來正之，此即是「致吾心良知之天理於事事物物，則事事物物皆得其理矣。」〔註72〕此亦是從證體以往下說，真知得本體自會有其不容已的要求在事上踐履。但陽明亦有一義，即是通過格物的工夫，來幫助致知工夫的完成，如陽明所說：「然知得善，卻不依這個良知便做去，知得不善，卻不依這個良知便不去做，則這個良知便遮蔽了，是不能致知也。」因此致知先須要格物：「去惡固是格不正以歸於正。為善，則不善正了，亦是格不正以歸於正也。如此則吾心良知無私欲蔽了，得以致其極，而意之所發好善惡惡，無有不誠矣。」陽明此說良知知得善惡，但行為不見得為善去惡，知行不合一，此知必非真知。因此如何幫助知得真知，即是在臨事物時體證得此知是知非的本心，從事物中知行合一者，方是真知。在此陽明體認到「知善」的道德體會，和「為善」的現實實踐是有距離的，通過「格不正以歸於正」正可以彌平此段距離，此是陽明對於道德實踐的真切考量。近溪於此立場稍有不同。

近溪所說的「直而養之，順而推之」的工夫，即是以證體的工夫出發，此證體工夫前亦論述其可以在日用倫常中體證得，此點與陽明的事上用工並無差異。唯近溪主張既體證此知愛知敬的良知本心，只要推擴此心以應於事

〔註70〕《近溪子集》94條，收於《近溪子全集》，台北：國家圖書館藏。
〔註71〕《傳習錄》卷下，台北：大申書局，1983年，頁93。
〔註72〕《傳習錄》卷中〈答顧東橋書〉，台北：大申書局，1983年，頁35。

事物物，自然所爲皆是合乎規矩的善，而無須藉「爲善去惡」的工夫來恢復本心。簡單說，近溪以證得本心爲因，工夫所用之處，爲善去惡是自然的結果；而非從爲善去惡的工夫方能體證本心。近溪反對的是以「格其不正以歸於正」作爲證體的工夫，然近溪所主張的證體工夫中，實亦包含「格其不正以歸於正」之結果在其中。近溪言：「故只渾淪到底，即便不善化而爲善也，非爲善去惡之學如何？」〔註73〕此處的渾倫到底即是知體透徹，便自然是爲善去惡之學，可見近溪並非反對爲善去惡之學，而只是在對於工夫之提醒時，近溪願意多重視體證本體的工夫，一旦證體得徹底，一切其他工夫所要求者便都含在其中了。但是否意味著近溪輕忽了體證超越的本體與現實經驗實踐的距離呢？其實亦不然，如近溪言：

> 識其心以宰身，則氣質不皆化而爲天命耶？昧其心以從身，則天命
> 不皆化而爲氣質耶？心以宰身，則萬善皆從心生，雖謂天命皆善無
> 不可也；心以從身，則眾惡皆從身造，雖謂氣質乃有不善亦無不可
> 也。故天地能生人以氣質，而不能使氣質之必歸天命；能同人以天
> 命，而不能保天命之純全萬善。若夫化氣質以爲天性，率天性以爲
> 萬善，其惟以先知覺後知，以先覺覺後覺也夫，故曰「天地設位，
> 聖人成能。〔註74〕」〔註75〕

近溪亦區分天命之性與氣質之不同，氣質有善惡，天性則皆是純善。以天性作爲人之主宰，則自然好善惡惡無不中節；以氣質作爲主宰，則有善與不善。因此爲學工夫重在恢復天性以作爲人之主宰，亦即重在證體的工夫上，既眞知得本心作爲身的主宰，則行爲自會好善惡惡，而無有知而不行之理。此個論點與上述陽明的第二種提法不同。陽明以「格不正以歸於正」作爲格物的工夫，〈大學〉「物格而後知至」，格物致知本是一體之工夫，然針對工夫所用之處不同而細言之，則格物工夫是在致知之前做的，陽明言：「物無不格，而吾良知之所知者，無有虧缺障蔽，而得以極其至矣。」〔註76〕而近溪的格物是「格物之本末

〔註73〕《近溪子集》213 條，收於《近溪子全集》，台北：國家圖書館藏。
〔註74〕此語出自《易》〈繫辭下傳〉。〔魏〕王弼、韓康伯注，〔唐〕孔穎達正義，今
　　　人邱燮友分段標點，《十三經注疏》：《周易正義》，台北：新文豐出版公司，
　　　2001 年初版，頁 659。
〔註75〕《近溪子集》95 條，收於《近溪子全集》，台北：國家圖書館藏。
〔註76〕王陽明，《王陽明全集》王陽明文集卷六〈大學問〉，頁 92，台北：大申書局，
　　　1983 年。

先後」，此個格物工夫須是在致知之前先做固是，然陽明所謂的「爲善去惡」格物工夫，卻是近溪致知而後的必然結果。此亦可見出近溪與陽明在於致知處亦稍有不同，近溪由復以自知的證體工夫所體證的即是「眞知」，故必有眞行（爲善去惡）；陽明的眞知亦含著眞行，而陽明重視有眞行（爲善去惡）之實踐才能驗證此爲眞知。可見得近溪與陽明言致良知有細微的差異，其雖皆是逆覺本心以知得良知在我，天理亦即在我心，然之所以能體證得此良知的進路稍有不同。近溪的致知只要通過逆覺的工夫就足夠，其落實在行爲中是必然的，此個說法和筆者對於陽明致知工夫的第一種解讀亦相當，唯近溪亦強調此種覺悟工夫並非一悟就全悟的，因此需要「久久弗去」的不間斷證體工夫。但近溪對於每一次所體證覺悟者皆是肯定其爲本心，因此每一個當下體證其皆能發而爲實踐，每一個當下體證皆能有所悅樂。「久久弗去」的工夫只是讓此體證即實踐能久久持續，則如聖之時的境界。反觀陽明的眞知其實即是近溪所謂「聖之時」，亦即是「復以自知」的聖人境界，此眞知須要在不斷的事上磨練用工，陽明言：「其良知所知之善者，即其意之所在之物而實爲之，無有乎不盡。」〔註 77〕固亦是近溪所謂「久久弗去」的工夫，在聖人境界下眞知即眞行、致知即格物當然是沒有問題的。近溪和陽明的差別就只是在很小的地方了，近溪的未達聖人之致知即是眞知眞行，與聖人差別只在間斷與不間斷爾，當眞知沒有體現的時候其行爲就有落差；陽明未達聖人的致知，須要在行爲的眞正實踐出來才算知得，要有行爲的配合才眞能體證良知，近溪則是在面對行爲之反觀己心，即體得當下純善之心即是良知，既體得此良知即能依此良知去做，能否有此實踐只在有沒有做自覺的工夫而已。

　　近溪在此不同意陽明致良知的看法，其實正顯出近溪對於證體工夫的不假外求之強調，其更純粹的表達了證體工夫只要在己心的一覺悟即是。此覺悟的發生當然是在面對事物的當下，但此覺悟的工夫，卻是無須藉其他行爲工夫以輔佐之，是人在當下一覺即有的。是只要人一自覺己心則良知現在，在良知的作用下當下便能做出好善惡惡的恰當行爲，無須在行爲之完成後才認得此心體。

第四節　信得及

　　近溪對「信」的強調，亦是屬其證體工夫的一種表現。在論述近溪倡言

「信」的觀點之前，先看近溪對於學生「只靠自信性善」就能成聖的提問，回答中近溪對工夫路向做一簡要而重要的分判。其問答如下：

> 問：「經書所論聖賢工夫，如戒慎恐懼種種具在，難說只靠自信性善便了？況看朋輩，只肯以工夫爲先者，一年一年更覺進益；空談性地者，往往冷落無成，高明更自裁之。」

> 子（羅子）沈默一時，對曰：「如兄之言果爲有見。請先以末後二句商之，蓋此二句，本是學問兩路。彼以用功爲先者，意念有個存主，言動有所執持，不惟己可自考，亦且眾共見聞。若性地爲先，則言動即是現在，且須更加平淡，意念亦尚安閑，尤忌有所做作，豈獨人難測其淺深，即己亦無從增長。縱是有志之士，亦不免舍此而之彼矣。然明眼見之，則眞假易辨，而有進無進，非所論矣。」〔註78〕

此就用功與性地之分，恰如近溪在解「由仁義行」與「行仁義」時，所做的「一往南行，一往北行」的譬喻一般，〔註79〕是大不相同的兩樣工夫，此處近溪所謂的「用功爲先」者，即是向外學理的求學方式，故說「意念有個存主」，因爲所學之理目標甚爲明確，其所學習來的道德知識，正如同學生的提問是增益可見的。然近溪卻指出這樣的工夫，如同往北走再如何用功努力也走不到南方，來譬喻這樣的用功方向之誤。近溪所重視的正是「性地爲先」的證體工夫。因爲其工夫重點在於體證己心之良知，並不如同「用功爲先」者，其實踐行爲乃依其所學之理做準則，故能「言動有所執持」。證體工夫當下言動即能反求己心之良，故「言動即是現在」，工夫所用在於時時刻刻皆能體會本心，應事應物皆能以本心作主宰，其下工夫皆在心體處，而爲善的動機是尤難考察，故難以特定的展現來衡量學問之進展。雖其無從以其所學所長之知識來衡量，然有「誠於中形於外者也」，故明眼人能從其行爲之中節、

〔註78〕《會語續集》35條，收於《近溪子全集》，台北：國家圖書館藏。《會語續集》載「難說只靠自信善便了」一句，「性」字依《盰江羅近溪先生全集》補。《會語續集》載「即己亦無從增長」一句，《盰壇直詮》載「即己亦無從驗其長益」，可參考對照之。

〔註79〕近溪對「由仁義行」與「行仁義」二者有以南北爲喻來說明其差別之大，其言：「此是兩種學問。如商旅路途一往南行，一往北行，難說出門時且先向南，後又回轉向北也？……後世學術不明，只是此處混帳。蓋行仁義與由仁義行，是南北分歧處，由勉而安，是程途遠近處。行仁義有行仁義的安勉，由仁義行亦有由仁義行的安勉也。」《近溪子集》113條，收於《近溪子全集》，台北：國家圖書館藏。

從其展於外氣質之光彩，而察其境界高低。

　　近溪雖未正面提到「自信性善」與「性地爲先」之關係，亦不難看出近溪對於證體之學的重視，此工夫可謂成聖之學的唯一工夫，「自信」更是此學中所必經的歷程，與必然展現的結果。此證體工夫若可細分步驟，近溪提「信」於此工夫的前後兩段皆須用到。一者在爲學之初，須「信好古先」，學習聖王之規矩，此規矩正是修身爲天下之本，故「信古先」正是「信性善之在我」，而開始往自身之良知做體證的工夫。一者在既做體證工夫，曾體得此在我之良知原是知愛知敬之良善，更能「信己性之爲善與人性之皆善」，〔註80〕而無有間斷地做此證體工夫，朝聖人境界努力。以下分別就此二種「信」，引近溪之語錄以論述。

　　　　是以孔夫子之志學、孟夫子之願學所學則皆大學之道，以此深造則
　　　　雖忘食忘憂，卻信古好古以直探性命之微，而悉憑至善之矩，著力
　　　　固極其奮銳，辨擇尤極其精詳。久之渙然冰釋怡然理順，則我即聖
　　　　心，聖即我體，豈不渾渾融融聯屬中國爲一身，統會萬古爲一息哉。

〔註81〕

近溪以孔孟學問歷程以言述，即是做爲學者學聖之路的典範，學者學聖正應如同孔孟一樣效法古聖，此個效法與信好卻非以聖賢之性善作我之性善，而是信聖人由此路以達到聖人，我亦由此路以學聖。故信好古先接著是「直探性命之微」的體證自身之性體的工夫，由此處說此「信」乃是體證工夫的前奏，無此對於古聖之信好，即無從以學聖王之規矩，若非生而知之者則難以自力體證性體。既信古聖則此信好便能成爲修養工夫之推動力，近溪形容孔子：「於古聖信好愈益精專，敏求愈益奮勵。」〔註82〕對古聖之規矩信心欲足，就愈能在自身做不斷地體證工夫，愈做此體證工夫則對己之性善、對聖王規矩的信心愈強，亦更足以鼓舞此工夫之久久弗去。

　　近溪提及第二種信，總不免和「覺悟」關連在一起，其言：

　　　　故只從此須臾之頃，悟得透，信得及，則良知以爲知，若無知而自
　　　　無所不知；良能以爲能，若無能而自無所不能。所謂明德也者，應
　　　　如是而明，所謂率性也者，應如是而率，赤子之心不失而大人入聖

〔註80〕　《會語續集》7條，收於《近溪子全集》，台北：國家圖書館藏。
〔註81〕　《近溪子集》209條，收於《近溪子全集》，台北：國家圖書館藏。
〔註82〕　《會語續集》9條，收於《近溪子全集》，台北：國家圖書館藏。

之事備矣。〔註83〕

其端只在能自信從，而其機則始於善自覺悟，如其覺悟不妙，難望信從而同歸矣。蓋虞廷言道，原說其心惟微，而所示工夫，卻要惟精惟一，有精妙的工夫，方入得微妙的心體。〔註84〕

惟是善根宿植、慧目素清的人，他卻自然會尋轉路。……於欲轉難轉之間，或聽好人半句言語，或見古先一段訓詞時，則憬然有個悟處，所謂：皇天不負苦心人。到此方信大道只在此身，此身渾是赤子，又信赤子原解知能，知能本非慮學，至是精神自來帖體，方寸頓覺虛明。〔註85〕

近溪點出須「悟得透」才能「信得及」良知，越信此性之善就越能在覺悟的證體工夫上用功。可見得「信」與「悟」關係之密切，信須是要賴悟的工夫做得精確而來的結果，而無此信以作為道德實踐的動力，又無法幫助證體工夫「久久弗去」之維持。因此當近溪強調「信得及」時，是在強調能保持良知本心之運作以作為證體工夫之動力。近溪所提的「信」與宗教意義的信有所不同，例如基督教重要的教義：「因信稱義」，正是叫人全然的相信上帝，而近溪所提的「信得及良知」正是要人信自己身上即有與聖人相同、與天地精神相往來的性體，通過對聖人經典之學習，只足以使人信此良知在我身，而真正對良知有所體會，信得此良知真是善，且不只我之良知是善、聖人的良知亦如同我之性善、人人的良知亦皆如同我之性善，此個體會並非從聖賢經書學來，而是透過自己真切的體證工夫而來。

　　信作為證體工夫之一部分，可從近溪對孟子「可欲之為善」一段的解釋而證：

蓋此善字即是性善善字。性為固有，便是信有諸己；性本具足，便是美可充實；性自生惡可已，便是大有光輝；性原不慮不學而應用無方，便是化不可為、神不可測也。〔註86〕

近溪把「可欲之謂善」的「善」字解做「性善」，因此這一整段正是如何通過復以自知的證體工夫而達到聖人境界的詮釋。近溪形容此語是「起手也在是，

〔註83〕　《近溪子集》173條，收於《近溪子全集》，台北：國家圖書館藏。
〔註84〕　《近溪子集》42條，收於《近溪子全集》，台北：國家圖書館藏。
〔註85〕　《近溪子集》42條，收於《近溪子全集》，台北：國家圖書館藏。
〔註86〕　《近溪子集》215條，收於《近溪子全集》，台北：國家圖書館藏。

結果也在是。」即是工夫合本體之意，知得體一分便有一分信，以「有諸己」言信，即是知的此性善爲我所有。可見得近溪要人信得及之工夫，即是自知得性體之工夫。

第五節　體仁工夫

　　體仁工夫是近溪向顏山農（顏鈞，1504～1596）問學的首度工夫指示，此是近溪師事山農的開始，亦是近溪心學路向的開始。此個體仁工夫在日後近溪的學問發展中亦佔有地位，置於近溪思想脈絡，體仁工夫固是「復以自知」的證體工夫無疑。近溪與山農的首次對話見如下：

　　芳具述：「昨遘危疾而生死能不動心，今失科舉而得失能不動心。」

　　先生俱不見取。（芳）問之。

　　（先生）曰：「是制欲，非體仁也。」

　　芳謂：「克去己私復還天理，非制欲安能以遽體乎仁哉？」

　　先生曰：「子不觀孟氏之論四端乎？知皆擴而充之，如火之始燃、泉之始達，〔註87〕如此體仁何等直截。故子患當下日用而不知，勿妄疑天性生生之或息也。」

　　芳時大夢忽醒，乃知古今天下道有眞脈、學有眞傳，遂師事之。

〔註88〕

近溪早年讀薛文清語對水鏡坐，欲使心與水鏡無二，是朱子學的格物之理以入於心，因而近溪此時的疑問是「非制欲安能體仁」。通過前小節論述克己復禮的部分，可知近溪後來對於「克己」已不解作「克去己私」，而是做「能己」解，足見近溪義理之轉向。此時顏山農所昭示的正是體證本心仁體的工夫，順本心而行自會有其發用，自此近溪開始研究孔子「求仁」、孟子「性善」之學。後來近溪在講述「復以自知」時，曾提及孟子此段之義，在此引述，以作爲近溪對此體仁工夫之理解，其文曰：

　　天與人原渾然同體，其命之流行即己性生生處，己性生生即天命流

〔註87〕語出《孟子》〈公孫丑上〉「凡有四端於我者，知皆擴而充之矣，若火之始然、泉之始達。苟能充之，足以保四海；苟不充之，不足以事父母。」〔宋〕朱熹著，《四書章句集注》，台北：大安出版社，1994年初版，頁329。
〔註88〕《會語續集》4條，收於《近溪子全集》，台北：國家圖書館藏。

行處。但一顧諟則見得須臾難離，惕然警覺、恐然悚動而光輝愈加
發越，即是火之始燃，而一陽之氣從地中復也。地中即謂之黃中，
中而通者乾元之光明，知之所始也。乾知大始處便名曰復，復也者
即今子心頓覺開明，所謂「復以自知」者也。〔註89〕

近溪通過「復」的工夫來說明，「火之始燃」乃是有根源的發用，其根源就在
通過「復」的工夫所體證的本體，即「但一顧諟則見得須臾難離」天人渾然
同的生生之體。通過復以自知工夫而體證的乾知太始，即作爲火之始燃之本
源，證體而有其開明與光輝發越，則自然有如火與泉而能源源不絕地通至四
海。此段可見近溪的體仁工夫即是證體工夫，繼以觀近溪對於制欲與體仁工
夫之辨析。其言：

好仁者、惡不仁者，孔氏之訓本並舉之，〔註90〕則二端誠不可偏廢
矣。但先言「好仁者」，後言「惡不仁者」，亦孔訓也，則二端又可
無次序也哉！細玩此章曰：「好仁者，無以尚之」，則不仁之惡自不
待言；曰：「惡不仁者，其爲仁矣，不使不仁加乎其身」，則非爲仁
之外另去惡不仁，而不仁之惡，好仁故足以該之也。故仁爲萬善之
長，識仁爲學者之先，程伯子得宗孔、孟，其最的是此一個先字。
蓋仁心之端原只不忍，物且不忍，況己身哉！不忍親以其身爲不善，
便叫做體仁，又叫做制欲，但中間暗藏次序。視之學問無頭者，其
難易順逆萬萬天淵，譬之奕棋，只先一著便成勝局也。明道、伊川
二先生至親昆季，此意竟不通融，晦庵、象山二先生一時豪傑，此
辨竟成仇敵。今若再不以的訓準而一之，則眾見紛勝、學脈之亂將
無紀極矣。〔註91〕

近溪以「好仁」、「惡不仁」來解體仁與制欲，可見此二者實爲一工夫，皆是
體證工夫，可從近溪雖分言兩端，然又須有不可亂之次序見得，近溪分明以
體仁工夫爲優先。此體仁工夫一作，制欲工夫自然隨之而來，近溪言：「人能
體仁，則欲自制，傳曰：太陽一照，魑魅潛消是矣。」〔註92〕近溪的體仁工

〔註89〕《盱壇直詮》59條，台北：廣文書局，1996年四版，頁88。
〔註90〕語出《論語》〈里仁〉子曰：「我未見好仁者，惡不仁者。好仁者，無以尚之；
惡不仁者，其爲仁矣，不使不仁者加乎其身。有能一日用其力於仁矣乎？我
未見力不足者。蓋有之矣，我未之見也。」。
〔註91〕《近溪羅先生一貫編》126條，上海：上海古籍，1995年。
〔註92〕《盱壇直詮》136條，台北：廣文書局，1996年四版。

夫乃是體此「萬善之長」的知體，既復以自知則爲善去惡乃自然發用，此時自然發用的「去惡」，即是不待制而欲自制了，因爲是以本心作主宰，故形氣之軀自然會依著本心而行爲自然中節。制欲和體仁可說是一套工夫其結果的兩面，既知得體則只願爲善、亦不願爲不善之事，是近溪說「不忍親以其身爲不善，便叫做體仁，又叫做制欲。」通過復以自知的工夫所體證得的知體即是體仁，既體知體而自然有的爲善去惡作爲即是制欲。故雖言制欲，其之所以能制欲者，正是體仁工夫及其所證得之體，在欲自制的行爲中，正是有知體在其中運作。此亦是近溪強調「但中間暗藏次序」的原因，雖爲一體之兩面，然下工夫處卻只能從體仁而不能從制欲，制欲須是經由體仁工夫而後，由內而發的欲自制，若單提制欲工夫，則易讓人誤以爲從外在的行爲規範入手，期望以外在之規矩來內約其心，此則是方向的大大錯誤。

　　近溪更以此體仁工夫，作爲陸王心學與程朱之學的分野。近溪強調此一「先」字，可以作爲其對於首要工夫，或者本質工夫之強調，近溪並非不重視制欲工夫，然作爲聖學工夫，制欲則不能拿來作爲首要的工夫，此「先」正是關鍵之所在。近溪在論及「克己復禮」與「克伐怨欲」之別時，談到「蓋怨欲是人性生，今伐治不行，豈是容易？」〔註93〕近溪亦是注意到人對制欲望之困難，由此作入手工夫以期達到聖人境界尤是難，以血氣之心來對治形氣的欲望，則永無根治的一天。因此近溪倡言體仁工夫，又言：「能己復禮則天下歸仁，能復，即其生生所由來；歸仁，即其生生所究竟也。」〔註94〕體仁正是體此生生之大本，體我之與天同的根本，則自我身上展現出生生，我亦能生生之仁仁乎人，能以生生仁人之時，此時的我之私欲又怎有不制可言呢？近溪在在說明了體仁才是作爲成聖的本質工夫。學問能言此心即是良知，此心即是天命之生生，其工夫乃是通過良知之自知而無須假以外求，則此學問便是近溪所認定的孔孟學統，是明道、象山、陽明所繼之者。此分判與當今新儒家對於心學心即理的定義，亦是不謀而合。

〔註93〕《會語續集》11條，收於《近溪子全集》，台北：國家圖書館藏。
〔註94〕同上註。

第四章　格物工夫

第一節　前儒的格物說

　　近溪自述其格物說乃是遍讀先儒之解而後自悟的，其言：「比聯第歸家，苦格物莫曉，乃錯綜前聞互相參訂，說殆千百不同，每有所見則以請正先君。……三年之後，一夕忽悟今說，覺心甚痛快，中宵直趨臥內，聞於先君。」〔註1〕因此要瞭解近溪的格物之說，務必要對前儒之心得有所瞭解。近溪在其格物思想中，自覺其格物乃是兼有陽明與朱子的長處且補其不足處，故稍敘述陽明與朱子之格物說，以見近溪所認為其短處。心齋不增字解經的格物說，格物之本末以推出事之終始，對近溪的影響十分顯著，因舉心齋之說以見近溪所取之處與所異之處。近溪就學顏山農後三年始物格物之旨，近溪直接親炙山農之教導，對近溪影響最大之處即在於體仁學脈，因述山農之格物說以見近溪所受之影響，以及近溪為何不取山農之說。故以下分述四者之格物說。

一、朱子之格物窮理

　　朱子以〈大學〉錯簡之故，加上了格物補傳，〔註2〕足以表達朱子對格物

〔註1〕　《會語續集》4條，收於《近溪子全集》，台北：國家圖書館藏。
〔註2〕　朱子言「閒嘗竊取程子之意以補之」。按：此當取伊川之意，《河南程氏遺書》〈伊川語四〉：「莫先於正心誠意。誠意在致知，『致知在格物』。格，至也，如『祖考來格』之格。凡一物上有一理，須是窮致其理。窮理亦多端，或讀書，講明義理，或論古今人物，別其是非，或應接事物而處其當，皆窮理也。……若只格一物便通眾理，雖顏子亦不敢如此道。須是今日格一件，明日又格一

之說的理解。朱子補曰:「所謂致知在格物者,言欲致吾之知,在即物而窮其理也。蓋人心之靈莫不有知,而天下之物莫不有理,惟於理有未窮,故其知有不盡也。」〔註3〕以心去明物之理顯然爲朱子的立場。心本具有理,然受到「人欲」之害而不能明,朱子曰:「學者必須先克人欲以致其知,則無不明矣。」〔註4〕以心知不明故須格事事物物之理,事物之理既明,而吾心本來所明之理即能因格物而明,朱子曰:「他內外未嘗不合,自家知得物之理如此,則因其理之自然而應之,便見合內外之理。」朱子亦覺得其格物致知所得之理是可以內外合的,只是其心與理終究只是相合而不能爲一,其致知便是本心「認知」得到「極至之理」,其本心是能明一切理的,心與理終是爲二,非如孟子言作爲人之大體的「心之官」。

朱子訓「格,猶至也。」〔註5〕所格之物爲「眼前凡所應接底都是物。」〔註6〕亦做「格,盡也。」「物,謂事物也。」〔註7〕格物即「須是窮盡事物之理。」〔註8〕格物需窮盡事物之理,其心方能明而曰「致知」,格物與致知在朱子其實是同樣工夫,一是就工夫所做向外格事物之理,一是就既格得事物之理而心亦明理言,朱子言:「格物是物物上窮其至理,致知是吾心無所不知。格物是零細說,致知是全體說。」〔註9〕因此朱子只要言「格物窮理」便足以說明其格物致知的工夫。此種工夫確如牟宗三先生所言乃是「橫攝」,〔註10〕其心知是用來向外認知理的,朱子雖言:「此心之虛明廣大,無所不知。」〔註11〕然此知之義非如不學不慮之本然良知,只是心具有「能知」事

件,積習既多,然後脫然自有貫通處。」朱子訓「格」爲「至」,與格物物之理終有「一旦豁然貫通」,皆與伊川此意相當。
〔註3〕 〔宋〕朱熹著,《四書章句集注》,台北:大安出版社,1994年初版,頁9。
〔註4〕 《朱子語類》〈大學二經下〉北京:中華書局,1986年,頁291。
〔註5〕 同上,頁283。
〔註6〕 同上,頁282。
〔註7〕 同上,頁284。
〔註8〕 同上,頁283。
〔註9〕 同上,頁291。
〔註10〕 朱子學以其心能認知事物之理與事物之所以然屬於道德知識的超越之理,心直接向外認知,故牟先生名其曰「順取」,爲「橫攝系統」;而陽明學之本心自覺,能直通達天道,良知即是天理,是良知自覺其自己,並從現實的心以昇到超越層的本心與天道,故牟先生名其曰「逆覺」,爲「直貫系統」。參考自牟宗三先生著,《心體與性體三》,台北:學生書局,1990年,頁382～387。
〔註11〕 《朱子語類》〈大學二‧經下〉北京:中華書局,1986年,頁293。

物之理的功能，牟先生以「認知」來名朱子之心知。以上略說朱子之格物說。

二、陽明之格物致知

　　陽明的致良知學在上一章已約略闡述，而其致良知又須關連著〈大學〉一起說，此小節則述陽明之格物說。陽明訓「格」爲「正」，「物」爲「意之所用必有其物，物即事也。」〔註12〕格物之義在四句教中說得清楚「知善知惡是良知，爲善去惡是格物。」〔註13〕爲善去惡的工夫即是陽明的格物工夫，通過爲善去惡，使原來不正之物得歸其正。陽明曰：「故欲誠意，則隨意所在某事而格之，去其人欲而歸於天理，則良知之在此事者無蔽而得致矣。此便是誠意的功夫。」〔註14〕此段雖言誠意工夫，其實亦言致知工夫，正可見陽明如何從格物以致知。陽明的爲善去惡工夫在這裡看來，即「去人欲」「歸天理」的工夫，陽明與朱子同樣認爲人是因人欲，遮蔽了本心天理的彰顯，但陽明與朱子對本心體會有不同，從此言工夫處亦可見不同。陽明藉著去人欲（去惡）所歸之天理即是本心良知，雖然爲善去惡是在經驗現實之行爲，但陽明此工夫仍是一逆覺體證工夫。能爲善去惡者，其實是因爲人人皆有不學不慮的本然良知，人的善性中本有知是知非的道德判斷，但人因爲受到私欲的障蔽，所行出來的未必依著本然良知之判斷，因此陽明提爲善去惡的格物工夫，正是透過在事上依著良知本心之判斷而行，藉由爲善去惡之實踐，正可逆覺此時此刻的心即是知善知惡的良知，故「去其人欲，而歸於天理。」因爲陽明所體認的天理是在心中，故此歸於天理，即是歸於本心之良知。不斷地在事上磨練、爲善去惡，正能讓本來知善知惡的良知，能擴而充之成爲眞知眞行「而得致矣」。此個模式與近溪「復以自知」工夫中，良知自知其自己是相同的。陽明知善知惡的良知，正是作爲爲善去惡工夫的動力；而通過爲善去惡工夫所致得之良知，其實又只是人人本有的良知本性，然此時卻是「自知」的聖人境界。

　　陽明在論心意知物爲一時，對於「物」又有另一種說法：「以其明覺之感應而言，則謂之物。」〔註15〕此個說法可與陽明另一段對格物致知的論述一起看，陽明言：「致吾心良知之天理於事事物物，則事事物物皆得其理矣。致

〔註12〕 王陽明，《王陽明全集》〈傳習錄〉中，頁 37，台北：大申書局，1983 年。

〔註13〕 王陽明，《王陽明全集》〈傳習錄〉下，頁 91，台北：大申書局，1983 年。

〔註14〕 王陽明，《王陽明全集》〈傳習錄〉下，頁 69，台北：大申書局，1983 年。

〔註15〕 王陽明，《傳習錄》中，頁 59，台北：大申書局，1983 年。

吾心之良知者,致知也,事事物物皆得其理者,格物也。」〔註16〕此段看來又似乎致良知在先,格物為其結果。是致吾心之良知天理,則做在事上自然為善去惡,物皆得其正。關於此看似矛盾的說法,牟先生認為陽明說「物」有二義,而做了清楚的分析:

> 「從明覺之感應說物,嚴格講,與從意之所用說物,是不同層次的。後者的說法,意與物是有種種顏色的,故必有待於致良知以誠之正之。而前者的說法,則無如許參差,唯是良知天理之流行,意不待誠而自誠,物不待正而自正。」〔註17〕

牟先生所述「從意之所用說物」的層次,即是上段所論述的陽明為善去惡的格物工夫,而從「明覺之感應說物」即是對聖人境界的描述,既真切體得良知本體,以其明覺感應而為物,而一切物皆各得其正。致良知之天理於事事物物應亦是在此層次,格物才會作為致知自然發用之結果。以上略說陽明之格物說。

三、心齋之淮南格物

心齋自創「淮南格物」說,其認為無須如朱子的補傳,而〈大學〉的格物之義具足,此為心齋之重要發明,亦為近溪所吸收與發揮。心齋之言如下:

> 《大學》乃孔門經理萬世的一部完書,喫緊處只在止於至善,格物卻正是止至善。格物之物,即物有本末之物:「其本亂而末治者否矣,其所厚者薄而其所薄者厚,未之有也。」此格物也,故即繼之曰:「此謂知本,此謂知之至也。」不用增一字解釋,本義自足。驗之《中庸》、《論》、《孟》、《周易》,洞然吻合。孔子精神命脈具此矣。〔註18〕

格物即是通往「至善」的簡截之徑,而此格物正是格「本末之物」,己身為本、天下為末,原是同一身。此本末之物若能格之,則即是知致,意指格物為工夫,致知乃是此工夫所成之境界。物如何格,心齋對「格」亦有獨特的解釋:

> 格如格式之格,即後絜矩之謂。吾身是個矩,天下國家是個方,絜矩,則知方之不正,由矩之不正也。是以只去正矩,卻不在方上求,

---

〔註16〕王陽明,《傳習錄》中,頁35,台北:大申書局,1983年。
〔註17〕牟宗三先生著,《從陸象山到劉蕺山》,台北:學生書局,2000年再版四刷,頁234〜235。
〔註18〕王艮,《王心齋全集》〈語錄〉下,台北:廣文書局,1987年再版。

　　矩正則方正矣，方正則成格矣。故曰物格。吾身對上下前後左右是
　　物，絜矩是格也。「其本亂而末治者否矣」一句，便見絜度格字之義。
　　大學首言格物致知，說破學問大機括，然後下手功夫不差，此孔門
　　家法也。〔註19〕

同樣以〈大學〉本文「絜矩」來訓「格」，心齋以「矩」喻己身，「方」喻家
國天下，格物則是「絜度於本末之間，而知自天子以至於庶人，壹是皆以修
身爲本。」心齋有別於陽明、朱子，而將格物的範圍擴大至由我以及於天下
之大身，陽明、朱子其格物固是格於事事物物，然所格物亦是爲了正己之心
的個人修養目的。而心齋的格物所關心的範圍擴大，其不僅要求己身之正，
由己之矩所畫出的方亦須正，所畫之方有不正則己之正就有待商榷了，因此
眞正的格物工夫須是做到不止己身之正，亦要達至天下之正，其所下修養工
夫之範圍是相當大的，亦足以說明爲聖之志業乃是無有窮盡的努力，亦足以
說明心齋爲何強調「出必爲帝者師」，乃因其志在格天下之正的遠大理想。

　　而心齋所說〈大學〉的「吃緊處」在「止至善」，至善可謂〈大學〉所鋪
張工夫的終極目標，心齋說至善與「安身」是分不開的，這也可以顯示絜度
身之矩之爲本至天下之爲末的修養工夫，爲何能達到至善之境界。心齋述安
身如下：

　　以經而知安身之爲止至善也。《大學》說箇止至善，便只在止至善上
　　發揮。物有本末。格，絜度也，絜度於本末之間，而知自天子以至
　　於庶人，壹是皆以修身爲本。知本，知之至也。知至，知止也。……
　　安身以安家而家齊，安身以安國而國治，安身以安天下而天下平。
　　故曰修己以安人，修己以安百姓。孟子曰：「守孰爲大？安身爲大。
　　失其身而能事其親者，吾未之聞。」〔註20〕同一旨也。不知安身，
　　身不能保，又何以保天下國家哉？〔註21〕

絜矩於身與家國天下之間，由本及末皆以修身爲本，此身安則天下皆安。心
齋所提的安身應有二義，一者在己身之修養，己身安則能安人、安百姓；一

〔註19〕同上注。
〔註20〕《孟子》離婁上，心齋所引與原文略有差異，原文如下：「孟子曰：「事孰爲
　　　　大？事親爲大。守孰爲大？守身爲大。不失其身而能事其親者，吾聞之矣；
　　　　失其身而能事其親者，吾未之聞也。孰不爲事？事親，事之本也。孰不爲守？
　　　　守身，守之本也。」」。
〔註21〕王艮，《王心齋全集》〈語錄〉下，台北：廣文書局，1987年再版。

者由己以至家國天下皆得其正，則此身乃指由己至天下之大身，此安身即是止至善。前者言修養工夫，後者言道德實踐的目標，亦要止至善的目標達成，己身才眞正能安。故心齋的格物工夫，亦是從己身之修身出發，先安己身、正己之矩，而後才能推擴至家國天下，安此大身。以上略說心齋的格物說。

四、顏山農之大中學庸

山農受心齋的大成之學，亦申止至善與安身之旨，唯山農於心齋去世後，在心齋祠祭祀期間，悟「大中學庸」之道，〔註22〕以〈大學〉〈中庸〉篇名爲經旨而申述之。下引山農自述其學之文，與山農的及門高第程學顏述其師「大中學庸」之學，可補充說明山農的「大中學庸」之義。二文如下：

> 大中學庸，學大庸中，中學大庸，庸中學大，互發交乘乎心性，吻合造化乎時育，是故中也者，帝乎其大，主識萬善，從〈中孚〉，夫子所謂天下之大本。是大本也，家乎萬有爲〈大畜〉，孟子所謂「萬物皆備於我」。我中既無朕兆致和，亦無聲臭中和，御運天道性命，從心爲學，入道成德，三年大成，宜家教國風天下如視掌，豈不易簡，豈難致哉！是故學之自造以成己也，必先聚精凝神，遂性致命，崇德達道也。〔註23〕

> 自我廣遠無外者，名爲大；自我凝聚員神者，名爲學；自我主宰無倚者，名爲中；自我妙應無迹者，名爲庸。〔註24〕

由山農之文可得出「中」與「大」爲本體之義，「學」與「庸」爲工夫之義。山農謂「中」爲大本，「主識萬善」即指著人之善性言，而此善性之本可謂大本，因此「大」亦是形容本體之特性：廣大能皆備萬物。由程學顏之文可見「大」與「中」正是從不同的角度以說明本體，自其廣大而曰「大」，自其主宰面與其不偏不倚而曰「中」。而山農繼謂「從心爲學」，指出其工夫方向乃是從「大」、「中」之善性，此學既是在心「豈不簡易」，山農以「簡易」來解「庸」，亦可見山農之體證本心之路向。山農的體證本心工夫是「聚精凝神」，程學顏所述亦無差，曰「凝聚員神」，此個凝神在山農本人的修養歷程中須要

〔註22〕 見顏山農，《顏鈞集》〈自傳〉，北京：中國社會科學出版社，1996 年初版，頁 26。

〔註23〕 顏山農，《顏鈞集》〈耕樵問答晰大學中庸〉，北京：中國社會科學出版社，1996年初版，頁 49。

〔註24〕 同上注，附錄一〈衍述大學中庸之義〉，程學顏撰，頁 76。

「閉關」七日，其教學亦闡述此「七日來復」的凝神工夫。此種體證方式與近溪的即事物之當下以逆覺本心不同，近溪向胡宗正學易時，亦是閉戶三月方得，然近溪教人卻甚少提此種閉關之工夫，只教人在愛親敬長之時即可體良知，復知此良知乃是聖人與百姓皆同者，此即是為聖之道。近溪重復卦之義，復即是本心之逆覺其自己，然山農所強調的「七日來復」，卻是實指「閉關七日」便能「一陽來復」，此思想二人大有不同。

　　山農自道其目睹異象而體證「大中學庸」之際，近溪亦在場，然於近溪論學中少有提及此思想，近溪得格物之旨是在從學山農後，又遍讀各家解說而後自悟得的。近溪格物說中有體證本心之義，此與山農相同，其餘則為近溪融合各家之說，與其本人的學問宗旨，而自己體會的心得。此格物之不同於師說，也許是山農讚許近溪「不倦於學」，唯善悟不及程學顏的原因。〔註25〕以上略說顏山農之格物說。

第二節　近溪的格物說

一、〈大學〉宗旨

　　在論述近溪的格物說之前，先看近溪思想中〈大學〉所佔之地位。首先「孔門之學在於求仁，而大學便是孔門求仁全書也。」〔註26〕〈大學〉完整的鋪述了成聖工夫的過程。既是成聖的工夫，其宗旨當與聖學宗旨相同，近溪在自述其貫通〈大學〉思想之際，即是以孝弟慈作為〈大學〉的精神內涵，其言：「從大學至善，推演到孝弟慈為天生明德，本自一人之身而末及國家天下。」〔註27〕又言：「孔子此書，卻被孟子一句道盡，所云：大人者，不失其赤子之心者也。」〔註28〕近溪又隨之以孝弟慈闡述赤子之心。孝弟慈並提乃是從〈大學〉而出，近溪正是以此孝弟慈以貫通儒家經典，對於孝弟慈提出之重要，以及鋪述出成聖之根源即是此孝弟慈，成聖之法亦是由此孝弟慈做

〔註25〕同上注，〈自傳〉：「近溪一傑，始終一致不倦於學，堪作老侶，而違遠千里、年亦入耄，不可遽匹夫邱隅之謀矣。若學顏之及門也，善悟善學，殆近溪所未及者。」，頁27。
〔註26〕《近溪子集》3條，收於《近溪子全集》，台北：國家圖書館藏。
〔註27〕《會語續集》4條，收於《近溪子全集》，台北：國家圖書館藏。
〔註28〕《近溪子集》123條，收於《近溪子全集》，台北：國家圖書館藏。

去，〈大學〉對於學者警醒的地位尤為重要。故近溪說：「如一個孝弟慈，若非大學懇切提撕，誰人曉得從此起手？起手之差其初不過毫釐，而究竟結果其終將謬千里。」〔註29〕〈大學〉對於學聖工夫有關鍵地標舉出方向的重要性，此一標舉正是證體與外求路向之別。

對於〈大學〉收於《禮記》之中，近溪有這樣的說法：

> 禮有經有曲，世人輒指一事一時言禮者，皆曲而非經也。若論經禮，則真是天之經、地之義，綱紀乎人物，彌綸乎造化，必如大學規模廣大、矩度森列，而血脈精神周流貫徹，乃始足以當之。〔註30〕

> 大學舊是禮記一篇，正禮之大經。然筆自聖心雖止言大經，而其中精妙圓通，曲亦未嘗不具備也。況曲禮必聖賢方能周旋而中，經禮則凡庸亦可率循而行，故曲禮必待學造，而經禮則可教立。如方圓之規矩，拙工亦可傳之，而巧非心解莫能。〔註31〕

〈大學〉為禮之大經，即是作為禮的根源，亦即是仁。正可見近溪之所以解大學為「求仁全書」，通過大學鋪展的修養工夫以學習聖王，正能回復吾人之仁心，又正是掌握住了禮之根源。以其為禮之根源故乃有其普遍性，故能涵蓋一切人物造化，規模能廣大。以此解說〈大學〉雖在禮記之中，並非只是知識地學習禮節，而乃是在本心中找根源的一套學問，近溪言：「故復以自知，而天之根，即禮之源也。」〔註32〕正足以說明此立場。曲禮是須要通過學習聖王規矩，與所制下的典章制度，要具曲禮之完備、動容皆能合宜中節只有聖人才能做的到；而經禮之作為禮的根源，其精神為仁，實內在於每個人的良知，是一逆復而知即有的。近溪以規矩與心巧來喻學與悟的工夫，亦即禮與仁之關係。禮是須要學習才能完備的，此意能說明成聖須要相當的努力終能成就，禮的工夫在為聖歷程中相當重要，若不如此則易流於輕易把現實經驗當作聖人化境。然而仁的工夫才是為聖之學真正的關鍵，沒有掌握此根源而學禮之節文只是形同虛設，即如孔子：「人而不仁如禮何？」此根源乃是人人皆有的，為聖之學是人人可做的，掌握此禮之大經，而曲禮實在可從此大經中生出。近溪點出為聖之學的關鍵，而此關鍵是「凡庸亦可率循而行」，勉

〔註29〕 《近溪羅先生一貫編》93 條，上海：上海古籍，1995 年。
〔註30〕 《近溪子集》7 條，收於《近溪子全集》，台北：國家圖書館藏。
〔註31〕 《旴江羅近溪先生全集》176 條，台北：國家圖書館藏。
〔註32〕 《近溪子集》117 條，收於《近溪子全集》，台北：國家圖書館藏。

勵人人皆能學聖；同時又高舉聖人境界，而讓學聖工夫是無窮地努力爲之。正是近溪以〈大學〉作爲顯示孔門「仁禮兩端」重要經典之意。

二、明明德、至善

明明德與至善作爲〈大學〉的開端，近溪亦以此二者來詮釋出〈大學〉最主要的兩大內涵，明明德正足以說明仁之一端，至善則說明禮之一端。所謂明明德者，近溪有如下的詮釋：

> 知一也。有自生而言者，天之良知也，所謂明德也；有自學而言者，人知己之有良知也，所謂明明德也。故百姓日用不知，惟聖賢則能顧諟天之明命也。〔註33〕

「明德」即是良知，「明明德」即是自知己之良知，亦即前章所述的復以自知的體證工夫。〈大學〉作爲禮之大經正是有此明明德之故，明德之爲良知，其內涵即是孝弟慈，近溪言：「明明德之本來明者，即愛親敬長不慮而知，人皆無不有之者也。」〔註34〕〈大學〉作爲「求仁全書」，所求之仁即是此孝弟慈之宗旨，以此立定〈大學〉修養工夫之方向，即是爲了體此孝弟慈之宗旨、禮之大經。「至善」則是作爲此精神內涵之下，從初學入手以至聖人境界的完整工夫次第之鋪展，近溪言：「學大人以明明德以親民者，其道必在止於至善焉。……一知止，而大學之道得焉。」〔註35〕只一至善便足以說明成聖之學的次第工夫之規矩。

朱子與陽明皆將至善當作明明德、親民而後的至高境界，朱子曰：「明德是下手做，至善是行到極處。」〔註36〕陽明曰：「至善只是此心純乎天理之極便是。」〔註37〕是通過〈大學〉修養工夫所欲達成的目標。心齋甚重視至善，知此至善則「孔子精神命脈具此矣」，將格物的絜矩工夫與至善緊密結合，並以安身來闡述至善。近溪重視「至善」與心齋相當，唯近溪對於至善的理解與又有不同，至善亦爲格物工夫所達到的理想境界，然近溪著重在將至善的理想具體化地由聖王的生命展現，從研讀聖人所留下的經典中得以效尤此典範，近溪之言如下：

〔註33〕《近溪子集》232 條，收於《近溪子全集》，台北：國家圖書館藏。
〔註34〕《近溪子集》225 條，收於《近溪子全集》，台北：國家圖書館藏。
〔註35〕《近溪子集》1 條，收於《近溪子全集》，台北：國家圖書館藏。
〔註36〕朱熹著，《朱子語類》〈大學一〉。
〔註37〕王陽明《王陽明全集》〈傳習錄〉上，頁 2，台北：大申書局，1983 年。

> 規矩者，方圓之至也；聖人者，人倫之至也。只識得古聖爲明親之
> 善之至，而明德親民者所必法焉，則大學一書從首貫尾，自然簡易
> 條直而不費言説也已。〔註38〕

> 明德、親民必止於善，至善也者，聖之純、倫之盡，而古之極也。
> 其惟放勳乎。克明俊德，以親睦九族，平章百姓，協和萬邦，〔註39〕
> 是明明德於天下矣。故知此者之謂止，而學此者之謂大學。〔註40〕

至善即是古聖所留下的格則，由修身、親親、乃至家國天下的次第規矩。成
聖工夫的第一步即是學習效法古聖而知道天下之本在修身，通過不斷地以同
樣次第的修養工夫，最終己心就如同聖王之至善規矩一樣，因此近溪言一知
止於至善「而大學之道得焉」。〈大學〉所揭示的修養工夫，正是由身、家、
國以至天下之次第而來，此次第正是由聖王之至善爲規矩，聖人將其通過修
養工夫而達至的境界著成經典，而爲後世人爲聖之方針，因此知此至善之學
即可謂之大學。對於至善之規矩，近溪敘述如下：

> 至善之所當知者謂何？物有本末，是意心身爲天下國家之本也；事
> 有終始，是齊治平之始於誠正修也。是有物必有則，有事必有式，
> 一定之格而爲明德親民之善之至者也。〔註41〕

所謂古聖之規矩，即是物有本末，事有終始，能知此本末先後之規矩而眞正
實踐出此規矩者，即是達到「至善」。同樣以格式來解釋格物之格，並以此規
矩即在至善實現，然近溪之規矩與心齋有別。心齋以己身爲矩，由己身以絜
度天下；近溪以聖人境界爲矩，由學習聖人之矩而知道修養工夫的次第根本
在於己，知本在於己後從修身以漸次推擴於人之次第，亦是以聖王之次第來
做檢別，檢別此時所體會者是否即是人人所同然的本心，蓋因由本心而推擴
的次第必如同聖王之規矩。近溪所言之規矩雖置於聖人處，然其亦同時存於
人人的本心之中，只是此存於人人是潛在地存在人心，須待修養才能呈現，
而聖人體證本心其所展現的正是由本心以推擴的次第，近溪因以聖王作爲道
德理想的具體呈現，足以讓人學習。然近溪所說的學習，並非與其證體工夫
相矛盾的向外學習，此種學習乃是有本源的學習，近溪言：

〔註38〕《近溪子集》4 條，收於《近溪子全集》，台北：國家圖書館藏。
〔註39〕《尚書》〈虞書・堯典〉。
〔註40〕《近溪羅先生一貫編》191 條，上海：上海古籍，1995 年。
〔註41〕《近溪子集》1 條，收於《近溪子全集》，台北：國家圖書館藏。

> 然孟子之學孔、孔子之學堯舜，豈是捨了自己的性善去做？但善則
> 人性之所同，而至善則盡性之所獨，故善雖不出於吾性之外，而至
> 則深藏於性善之中。〔註42〕

近溪以孔子信好古先，而將至善作古聖解，然孔子之學聖並非只是向外學習
聖王之之成法、規矩，聖人所能體現的規矩其根據亦是人人皆有的善性，只
是聖人能盡此性。因此說到人人皆有成聖的根據是可能的，即「善則人性之
所同」，卻並非人人即是聖人，聖人之成乃須要將「深藏於性善之中」的善之
至發掘出來，即是透過盡性的工夫、證體的工夫，因此「至善則盡性之所獨」。
成聖的根據在人人性中，聖人與百姓皆同然，此根據正是學聖的根據，學聖
王之規矩，知天下之本在於身，而在己身之性善處下工夫，亦是作與聖人相
同的體證工夫，方能成就聖王之規矩。因此此學並非是向外學習聖王之規矩
以置於吾人之身中，而是學習聖王之規矩以在吾人身中找到此規矩之根源，
由此根源之體證以自然推擴出與聖王相同的規矩，此方是聖王之規矩在吾人
身上得到實現。人人透過修養工夫而體會的本性是相同的，由本性所推擴的
次第也必然相同，因此吾人通過道德實踐工夫以達到的至善境界，正可以聖
人所呈現的生命境界作學者的典範。眞知得此至善之規矩，與知人人的根源
皆是相同，此二者關係便密不可分了，此是聖王能體現此規矩，與人皆能成
聖的關鍵，近溪便是將孝弟慈作至善的精神內涵，其言：

> 人之相親，須是骨肉方爲至親，舍孝弟慈則難言至親也，故孝經首
> 言「先王有至德要道」以治平天下。然則至善又豈外此三德也哉？
>
> 〔註43〕

近溪以人之骨肉相親的知愛知敬爲良知，以此愛敬之推擴而及於天下，來說
明治平天下之本在於己之性，此性正是孝弟慈。孝弟慈由家中的愛親敬長推
擴及於鄉鄰父老、及於一切天下民物，此親愛之情已不止於骨肉之血親關係，
而已是普遍地超越的性體。近溪以孝弟慈來說明至善根源之德，因聖人能體
現此規矩正是以此孝弟慈之推擴方能成就，學者能效法聖賢正是由於人人皆
有此同然的本性，故由身、家、國以至天下，是聖人鋪張命世規模之成法，
亦是學者修養工夫之次第，而孝弟慈之根源才是此規矩之所以能成的唯一根
據。近溪便以孝弟慈來作爲聖王規矩之精神內涵，孝弟慈亦是貫穿〈大學〉

〔註42〕　《近溪羅先生一貫編》92 條，上海：上海古籍，1995 年。
〔註43〕　《近溪子集》228 條，收於《近溪子全集》，台北：國家圖書館藏。

次第修養工夫之宗旨。

三、格物工夫

（一）信好古先

前述至善之爲古聖規矩，格物工夫須先學習聖王，近溪言：「惟此大學一書，則孔曾師弟信好古先、敏求直述，自首至尾皆是明言：如此爲學方是爲學之大，如此爲道方是爲善之至也。」〔註44〕近溪認爲〈大學〉爲孔子所作，孔子將其信好古先以學聖之心得寫成經書爲後世學者指出修養工夫，通篇〈大學〉皆是信好古先、學習古聖王典範，然此學從淺以至深，先學得「古之明明德於天下者，由本以及末而善斯至焉者也。」〔註45〕而知從己身之本下工夫，此點雖是粗淺的初步工夫，卻甚爲重要。若無古聖以其生命之點發，若無從經典中學習古聖，非生而知之的百姓難有學聖之自覺，此初步從事道德修養的自覺都沒有，更枉論復以自知的體證工夫了。近溪言：「今學者爲學其道術亦多端，使非藉先覺經書啓迪而醒悟之，安能的知聖時之時而習之也哉？然所覺習之時，又何嘗外吾本心之自然順應者而他有所事也哉？」〔註46〕此是近溪吸收朱子學強調「學」的重要，亦是近溪以「禮」之一路以佐「仁」，防止心學流於「徑信本心」之弊。〔註47〕藉由向外學習聖人之規矩，而知爲聖之根本乃在己心，以回到道德修養原在己心作工夫。從己心作修養工夫，所盡之心是否爲本心、所推擴之次第是否是由本心而發，此仍須以聖王之規矩來檢視，使自己的修養不會有所偏差，此便是「學」之深一層的意義。

近溪「學」之一義，雖取自朱子學而來，實與朱子之義並不相當。雖言學古聖其實在吾本心自有根據，學聖人只可謂爲觸發己心復知其自己即是至善的一個機緣，眞正達到至善絕非學古聖可達到的，己心之復知乃是眞正關鍵。然此學又極其重要，若無此機緣之觸發，人無法知道自己的本心有成爲聖人的可能，有同於天地之廣大的可能。筆者竊以康德在判斷力批判中對「範例」之於天才的描述，類比於近溪在道德實踐中聖人之於學者之關係。康德論述的天才

〔註44〕《近溪子集》227 條，收於《近溪子全集》，台北：國家圖書館藏。
〔註45〕《近溪子集》1 條，收於《近溪子全集》，台北：國家圖書館藏。
〔註46〕《近溪子集》193 條，收於《近溪子全集》，台北：國家圖書館藏。
〔註47〕近溪有言：「若只徒求書中陳跡，而不以知能之良培植根苗，則支離無成。與徑信本心者，其弊固無殊也已。(《近溪子集》8 條)」此文中顯示近溪對於朱子、陽明之學皆有反省。

是「生而固有的性能或心靈能力或創造能力，通過此心靈能力或性能或創造能力，自然把規律給與於藝術。」〔註48〕而天才又是無法透過學習與遵循法則而訓練成的，只能是「大自然之手直接賦與於每一個人。」〔註49〕但天才仍須透過學院之學習，以喚醒其天賦的創造力。喚醒天才者，正是由另一天才所創作的作品，此作品即稱爲「範例」。「天才乃是受範例所喚醒者，喚醒之使之感到其自己之原創力是如此之不受規律之強制以著力於其藝術。」〔註50〕此一喚醒正是天才透過對另一天才之典範的學習，而醒悟到其自身本有的原創力，以此喚醒的原創力能有其自身的創作。

　　近溪所論之道德實踐與康德所論述的美學領域雖有不同，然此分析模式極爲相似，故藉以說明近溪的「學古聖」。在心學的立場，對於心即是天理的體會同樣地無法學習而至、亦非遵循法則所可達至，是須要通過自覺工夫在其自身中找到人人與聖人所同然之本心，在其自身中找到法則。因此近溪言學古聖，正如同範例對於天才的意義相當，即是人從古聖之至善中見到我原有此可能成聖之本性，藉由聖人之規矩以喚醒吾人本心之生命力，從而開始證體工夫的道德實踐，進而體證此心之生惡可已自有其實踐的規矩。與康德論天才所異之處，是吾人由本心而發的規矩，必與聖人至善之規矩相同，因此乃爲道德實踐，意志之自我立法即是依無條件律令而行，聖人之本心與吾人沒有不同，所立之法亦皆依此無條件律令而行。然與天才相同之處，即是雖吾人與聖人由本心所發之法則皆相同，吾人卻仍然無法以依循、學習著聖人所立之法則而成聖，向外學習法則以作爲自身道德實踐之依據只是義外，只有從本心自己給出的規矩才是義內的道德本質工夫。藝術的天才雖爲少數人特有之專利，然就道德實踐言，卻是人人皆有成聖之根據，即人人皆有「本心能自己給出規矩」、「本心即是天地生生之創生性」的可能性。因此在道德實踐中，近溪認爲人人皆可從學習古聖之至善中，以自發地從事道德實踐。

　　既解近溪「學」之大義，以利於瞭解近溪所謂的格物是如何工夫。對於格物不須補傳的看法，近溪與心齋相同，其言：「大學原只是一章書，無所謂

〔註48〕 牟宗三先生譯註，《康德：判斷力之批判》上冊，台北：臺灣學生書局，1992年，頁338。
〔註49〕 同上註，頁342。
〔註50〕 同上註，頁358。

經，無所謂傳也，亦無所從缺，無所從補也。」〔註51〕近溪將格字解作格式、格則、規矩、絜矩，所格之物爲物有本末之物。近溪自述格物之旨如下：

> 格物者，物有本末，於本末而先後之，是所以格乎物者也。〔註52〕

> 學者能依此聖言，講求討論，審度思惟乎：吾此意心身家國天下，如何而爲本爲末？吾今誠正修齊治平，如何而成始成終？是則即名格物也。〔註53〕

格物即是從聖人規矩中學習得物原有的本末，通過自身之體證工夫，由我的心所給出的本末而先本後末。所謂的修養工夫即是復以自知的證體工夫，復知本心之良知，從自己身中找到孝弟慈的根源，才能從愛親敬長之愛敬以推擴到鄉鄰、家國天下。上節亦曾論及近溪復以自知的工夫並非一悟就達到當下全悟的聖人境界，復的工夫仍須久久弗去的努力，此個努力工夫即是格物工夫。近溪在此提到，學者學習聖言經典，需作「審度思惟」。聖人曾言物有本末先後，天下之本在於修身，「本亂而末治者否矣」，然此本末是聖人透過其修養工夫由本心而發自有其次第，研讀聖人經典而習得此「物有本末」乃是道德知識之理，如何讓此理成爲吾人之眞切實感即是格物工夫。格物正是使我心所發之條理，即爲聖人之本末先後規矩。格物即在我心上絜矩此物之本末，此本末由知得到眞正實踐得方是完成，因此雖物格而後知至，近溪認爲學習古聖之規矩知得本之在我，便可作致知的體證工夫，良知知得透徹達到心即是矩，格物之功才眞正告成，因此近溪言：「格之必止於至善之極焉」、「格之而知至善之所止」、「格本末者之爲至善」，格物之完成即是止於至善的聖人境界。格物工夫便可分作致知的前置工夫，與使復以自知能久久弗去的輔助工夫。以下分述格物在此二階段工夫爲何。

（二）致知在格物

> 物有本末是物之格也，先本後末是格物以致其知也。雖似有個工夫，然必是孩提不慮而愛，方爲父子足法；不慮而敬，方爲兄弟足法，則其格致工夫，卻又須從不學不慮上用也。〔註54〕

> 欲完此仁須是有禮，欲得此禮到至善去處，則非一己之聰明所可擬

〔註51〕《近溪子集》6 條，收於《近溪子全集》，台北：國家圖書館藏。
〔註52〕《近溪子集》35 條，收於《近溪子全集》，台北：國家圖書館藏。
〔註53〕《近溪子集》227 條，收於《近溪子全集》，台北：國家圖書館藏。
〔註54〕《近溪子集》139 條，收於《近溪子全集》，台北：國家圖書館藏。

議，一己之力量所可強為。如擬議強為出自一己，則所定之禮未必能善，縱或有善，亦恐非其至也。故孔門立教，其初便當信好古先。〔註55〕

近溪相當重視本心的體證，體此本心即同於天，自然無所不包，則為何近溪又言至善「則非一己之聰明所可擬議」呢？即是在體證工夫中尚未臻至聖人境界，皆須要有聖人之規矩以匡正之。近溪言初學在於「信好古先」即是如此，此學的工夫在於證體工夫之前，但仍是為了幫助證體工夫之盡善，因此證體工夫仍作為近溪工夫論之主軸，格物作為輔助工夫。然此輔助工夫是要先做得，以聖人之規矩而知物有本末，「審度思惟」此本真在於我，知本之在我同時，即是致知工夫的開始。知本在於我，即知此本若立，則末亦隨之正，故知此本末先後之規矩原亦在我身上，即知要「絜此孝弟慈的矩」，體證在我之本，即是近溪言：「格致工夫，卻又須從不學不慮上用也。」從信好古先回到自信良知的自我覺證工夫。

近溪又言：

曰：「格物之本末，何以遂能獨復而自知也哉？」

曰：「古之平天下者必先治國，治國必先齊家，齊家必先修身。是天下本在國，國本在家，家本在身。於是能信之真，好之篤，而求之極其敏焉，則此身之中生生化化一段精神，必有倏然以自動，奮然以自興，而廓然渾然以與天地萬物為一體，而莫知誰之所為者。是則神明之自來，天機之自應，若銃炮之藥偶觸星火而轟然雷震乎乾坤矣。至此則七尺之軀，頃刻而同乎天地，一息之氣，倏忽而塞乎古今，其餘形骸之念、物欲之私，寧不猶太陽一出而魍魎潛消也哉！……」〔註56〕

近溪言「古之平天下者」，而「此古者的有所指，即堯舜是也。」〔註57〕因此首言天下之本在身之規矩，則是通過「學」古聖而來。對於古聖之言真能信而從之，才能自覺地欲從事道德修養工夫，然真正下工夫處仍須在自身不學不慮之良知，故此即說明格物為致知的助緣工夫。一旦復以自知得本心，由本心所迸發的道德實踐動力與生命力，源源不絕而「莫知誰之所為者」，非刻

〔註55〕《會語續集》10 條，收於《近溪子全集》，台北：國家圖書館藏。
〔註56〕《近溪子集》35 條，收於《近溪子全集》，台北：國家圖書館藏。
〔註57〕《近溪子集》5 條，收於《近溪子全集》，台北：國家圖書館藏。

意去孝父母而自然能孝父母，非有意從愛親敬長以愛敬天下民物而自然推而愛之，則有如「神明之自來，天機之自應」。神感神應即是用來形容此時本心之不容已地發而爲道德實踐。此體證便是即人之良知而通天之乾知，心之所發即古聖至善之規矩，此身即爲通天地古今之大身。致知與格物工夫之盡，皆即聖人境界，可見此二工夫雖分言，其實又是同樣工夫，故近溪言：「古之欲明明德于天下，大學之道備矣。」又言：「格本末者之爲至善。」

（三）致知須以至善作格子

在致良知的過程中，仍須要格物工夫之助，方能復知本心良知，下舉近溪語錄論及格物與致知之關係者：

> 坐中因論致知格物，各持所見。

> 有謂：「聖賢之學必考古證今，講習經書以格物理，然後吾之良知乃得中正，仁始不流於兼愛，義始不流於爲我，而爲大學之道也。」

> 有謂：「格之與知，原非兩件，知即格之靈曉處，格即知之條理處。如二人相對說話，問著答應，即我之知，而答應一句一句，即是格也。舍卻本心良知，以求諸經書，方爲格物，則便是義襲於外，便是學術支離。」……

> （羅子）曰：「皆是也。…古語謂：擬之而後言，議之而後動，擬議以成其變化。夫既曰擬議，則豈徒用一己之意見哉？殆必近度諸心，遠取諸物，雖凡芻蕘之言、狂夫之語，亦所必察，亦所必採，而況聖經賢傳言而世爲天下法者，可不悉心檢點也哉？如此則準憑有在既非自作聰明，而根本于心亦非徒取諸外，斯爲合一也已。」〔註58〕

論者有以爲格物即是法聖王規矩，乃「學」與「禮」的工夫，有以爲格物即是致知，乃「悟」與「仁」的工夫。近溪對此二者皆肯定，認爲格物是輔佐致知之證體工夫，此是近溪思想中聖學的本質工夫，格物之學亦是爲了成就此證體工夫而學，否則徒學無益；然格物能作爲致知的輔助工夫，正因爲格物工夫特性與致知工夫有異，才能補其所缺以圓滿證體工夫，格物此異於致知之特色正在於格物著重透過「學習」聖賢經書，以「效法」古聖之至善規矩。近溪主張格物致知的工夫並非徑信己心，亦非「徒取諸外」，而是兼容二者之長處。

〔註58〕《近溪子集》220 條，收於《近溪子全集》，台北：國家圖書館藏。

文中亦顯出，由向外學習聖王之規矩，以轉為向內體證己之本心時，此「學」的工夫並非不再需要。在致知的證體工夫中，凡體證本心之眞切與否，與由心而發之實踐與次第合宜與否，皆須參考聖賢經典以絜矩之。上一義之格物，有如以古聖之規矩給出修養工夫之藍圖，指示從己身下手的修養方向；此義之格物，則如以古聖之規矩以匡正吾人之身心，使吾人由心而發之實踐次第，能如同古聖之規矩。此是近溪「仁禮兩端」並重，立穩心學「根於本心」的工夫，又兼顧「準憑」，以輔助未達聖人境界之前，證體工夫的客觀性。近溪又言：

> 蓋曰：〔註59〕心本無知，如廣谷空空。鄙夫來問，其說定有兩端，我即扣而竭之，隨響應聲，則實無所不知也。故周子論思云：〔註60〕無思本也，思通用也，無思而無不通，曰聖人。故學者致知，便當以聖人生知的知作個格子，所知不如聖人，其知非至善也；學者致思，便當以聖人睿思的思作個格子，所思不如聖人，其思非至善也。
>
> 〔註61〕
>
> 即吾夫子以時而聖，雖自孟子而始表揚，然究言其所由來，亦自三絕韋編於伏羲文王周公之易，苦心悉力而後得之。……復以所深造而自得者，於古人先得我心之同然而印證之。〔註62〕

近溪舉聖人雖無知而無所不知，學者致知「當以聖人生知的知作個格子」。以聖人之知作格子，即是在致知工夫中，以聖人的規矩來絜我自身之矩，檢視此時此刻的每一分心念，是否皆依良知所發而為孝弟慈之矩。學者通過致良知的證體工夫，雖未能如聖人般時時保持，然本心之所發實踐之次第必中於孝弟慈之矩、亦中於聖人之矩，格物工夫正是在學者未能如聖人時時心即是矩之際，以聖人之規矩來格己之行為，此行為若不合聖人之矩，則所發之心必非本心，須再做體證工夫。不斷地以聖人之規矩來格自己之行為，而不斷地作體證工夫，以達到時時皆能以本心作主宰、心即是矩之境界，格物工夫

〔註59〕《論語》〈子罕〉，子曰：「吾有知乎哉？無知也。有鄙夫問於我，空空如也；我叩其兩端而竭焉。」〔宋〕朱熹著，《四書章句集注》，台北：大安出版社，1994年初版，頁149。
〔註60〕語出周濂溪，《通書》〈思第九〉：「無思本也，思通用也。幾動于此，誠動于彼，無思而無不通為聖人。」
〔註61〕《近溪子集》159條，收於《近溪子全集》，台北：國家圖書館藏。
〔註62〕《近溪子集》193條，收於《近溪子全集》，台北：國家圖書館藏。

正是使致知工夫能久久弗去的不間斷工夫。

近溪舉孔子而言信好古先，並以爲〈大學〉是孔子五十知天命，而後將其學聖之心得寫下以爲後世學者之經典。如近溪所言，孔子乃是韋編三絕、苦心學易方知天命，其中學易即是信好古先，在不斷地研讀經典中，與己身之體證與實踐相對應。最後仍須於古聖之經典中、於聖人先得我心之所同然中，以印證我所知之天命，即同於聖人體證之性體，即同於天地之乾坤。可見格物的學聖工夫，並非只在促成致知工夫之前置工夫而已，而是在使致知工夫久久弗去的不間斷工夫中，甚至致知工夫之證成之際，皆爲不可或缺的助緣工夫。

近溪言致知離不開格物之本末先後，此本末先後本於己心之良知已有此規矩，近溪言：「人心固有良知，以爲作聖規矩。」〔註63〕此內心之規矩須從學習古聖至善規矩中，方能逐漸完整其全貌。使己心恢復本心之知本末先後，須要致知工夫與格物工夫並行，近溪言：

> 故自天子以至於庶人，壹是皆以修身爲天下國家之本。本亂則末不能治，何也躬自厚而薄責於人，所厚既薄無所不薄矣。夫知亂本末者之非善，則知格本末者之爲至善。故申之曰：此謂知本，此謂知之至也。自大學之道至此，凡言知者八，初言知止，次言知所先後，可見知先後即知所止矣；次言致知在格物，又次言物格而后知至，末則復言知本則知至，然則至善之爲本末，而本末之爲格物也，又不彰彰著明也哉！〔註64〕

此言致知可見近溪以至善之規矩來作爲復以自知的最終境界，知得物之本末先後，方才能說得達到復以「自知」之聖人境界，否則只是尚在作復以自知工夫的學者。近溪言格物與致知皆可從工夫與境界兩方面觀之。從工夫方面觀之，格物的學習經典以效法古聖之規矩，正是學者由向外學習，轉向自身之本的證體工夫的前置工夫；致良知的證體工夫更非一悟全悟的，而須以聖人之至善規矩作格子，以匡正己身皆以本心良知作主宰，使復知的工夫能久久不間斷地努力，格物作爲與致知同步並行的助緣工夫。從境界方面觀之，須待此心能知身爲本、天下爲末，此心所發而爲實踐，能始於愛親敬長、終於使民興孝興弟，方能稱作聖人境界，絜矩於己之孝弟慈，亦絜矩於聖人之

〔註63〕《近溪子集》179 條，收於《近溪子全集》，台北：國家圖書館藏。
〔註64〕《近溪子集》1 條，收於《近溪子全集》，台北：國家圖書館藏。

至善規矩，近溪此處言「物格而後知至」之義，便是在這個意義下說的。所以致知而能知本末，即是知至善，雖謂知聖王之至善，然又只是知人人本有的良知之孝弟慈，即是近溪此說「本末之爲格物也。」格物與致知雖從不同角度下工夫，卻都是爲了成就學者由體證之路以達到聖人境界。以上爲格物以致知的二階段工夫。

（四）格物致知，〈大學〉之事畢矣

上引文謂「知之至」之前「凡言知者八」，因近溪認爲〈大學〉之要旨在此已講明。近溪從心齋的淮南格物，認爲格物之旨於經中甚明，即以釋本末的「此謂知本，此謂知之至也」來釋格物，並以此段以前的經文已經演述明明德、親民、至善之大義，近溪言：「大學原只是一章書，無所謂經，無所謂傳也，亦無所從缺，無所從補也。蓋其書從頭至尾，只是反復詳明，以顯大人之學。」〔註65〕近溪認爲〈大學〉只是一章書，無所謂經、傳之分，而其文章只是反覆闡述大人之學，亦即是反覆闡述明明德、親民、至善之旨。大人之學的實踐工夫，格物致知就足以該之，而「所謂誠其意者以後，則皆格物以致其知者也。」〔註66〕近溪之言如下：

> 蓋明、親這箇物事，其末終貫徹天下，而其本初卻根諸身心，此是一定格則，先知得停當，然後做得停當。惟古之欲明明德於天下者能如是焉，所以身心家國無不停當，而爲明、親之善之至也。又決言自上至下，既皆以身爲本而後停當，若本亂且薄，則決無停當之理，所以必知本，乃謂知至善也。此卻如小講相似，亦不過將明、親、止至善衍說一遍。至所謂誠其意者以下，則如一大講，逐件物事詳細條陳一段格則，而格則最停當處，則俱指示以淇澳等詩、帝典等書。又即是以古之明明德於天下者爲至善也。〔註67〕

近溪認爲「知之至」以前，大人之學之大義已明，雖爲簡要卻勾勒出大人之學之大旨，即是物有本末、事有終始。近溪此說：「亦不過將明、親、止至善衍說一遍。」大人之學即是講聖人之生命境界，但亦同時是教導學者如何爲聖學的修養工夫歷程，效法學習聖人之至善規矩。雖言：「惟古之欲明明德於天下者能如是焉」，其實亦期勉學者亦能效尤，對於物之本末先後，能如聖人般「先知得

〔註65〕《近溪子集》6條，收於《近溪子全集》，台北：國家圖書館藏。
〔註66〕《近溪子集》1條，收於《近溪子全集》，台北：國家圖書館藏。
〔註67〕《近溪子集》6齋，收於《近溪子全集》，台北：國家圖書館藏。

停當，然後做得停當。」此先「知」個停當不正是致良知嗎？〔註68〕言格物工夫，而致知在其中矣。此「先」字，亦可見近溪對於證體工夫之著力提醒。自「誠其意」以下，近溪認爲此又是將上述大義仔細詳說，所引證來說明格物的，又是以「淇澳等詩、帝典等書」古聖之語來徵信之，此亦是告知後學者，格物須是以古聖爲格則。

　　能格物致知已是知止至善，大學之事畢矣。對於格物致知與誠意以下工夫的關係，近溪之言如下：

> 若格之之功到明白透徹，曉得意心身之所以能爲本，而果足以該乎家國天下之末；又明白透徹，曉得誠正修之所以當爲先，而自可及乎齊治均平之終。先後一貫，停妥不亂，便近大學之道而知止乎至善也。由是所學，意可誠，心可正，身可修，家可齊，國可治，天下可平。視諸古先之明明德於天下者，其精蘊、其規模分寸不爽，乃爲定靜安慮，能得至善以止焉，而後大學之事畢矣。〔註69〕

格之之功到明白透徹，即是格物以致知了。以聖人之規矩來檢視吾心之推致是否純乎天性之良，此心之推致時時純乎天性之良，其推致即如聖人之本末先後，由身、家、國以至天下的次第不亂，其推致之根源於心，亦是孝弟慈以貫穿之。此知得透徹即是知止於至善。近溪所指的至善乃古聖由本及末的格則，此本末先後自然涵蓋了由誠意以至平天下，近溪所主張的格物致知是達到知止至善的工夫，其知之至亦即涵蓋了誠意以至平天下的工夫。近溪將誠意以下工夫收攝到格物致知之中，因致知格物即是爲了達到明明德、至善的仁禮二路工夫，誠意以下爲工夫次第之推擴，然格物致知則含說「學」與「悟」的二種工夫路向，此正是近溪所著意要融合朱子學與陽明學之長處以補各有所缺之處。此二種路向既定，則誠意以下工夫自然可以含於其中，此

〔註68〕以知本末說良知，其實亦可說是虛說的良知。牟宗三先生曰：「蓋良知是實體字，而知止、知本、知先之知則是虛位字，如何可等同也？」《從陸象山到劉蕺山》，台北：臺灣學生書局，2000年，頁473。而近溪詮釋〈大學〉，將知止、知先後與致知同看，其曰：「夫知亂本末者之非善，則知格本末者之爲至善。故申之曰：此謂知本，此謂知之至也。自大學之道至此，凡言知者八，初言知止，次言知所先後，可見知所先後即知所止矣；次言致知在格物，又次言物格而後知至，末則復言知本則知至，然則至善之爲本末，而本來之爲格物也，又不彰彰著明也哉！（《近溪子集》1條）」近溪之意是從孝弟慈出發，而知愛敬父兄，自然能推擴至天下，是以身爲本、天下爲末，因此致良知亦能含著知本末而說。

〔註69〕《近溪子集》227條，收於《近溪子全集》，台北：國家圖書館藏。

是近溪以格物、致知作爲〈大學〉工夫之故。

四、仁禮兩端

　　近溪言〈大學〉「只重仁禮二端」，〔註70〕仁之一端可以致知工夫與聖人的明明德代表之，禮之一端可以格物工夫與聖人的至善代表之。近溪論禮之處，便可以格物工夫觀之。近溪依著孟子匠人之規矩與巧譬喻，來說明仁禮二種工夫之關係，其言：

> 孟子曰：大匠誨人必以規矩；〔註71〕又曰：大匠不能使人巧。〔註72〕
> 夫匠立成器，士志聖神，其精至於無跡，妙入於難窮，取諸智巧焉
> 則均也。然器非規矩，巧將安施？道非六經，智將奚措？〔註73〕

此文述匠與士有立大志者，其志必在於巧，是指爲聖工夫必是以證體工夫而直達者。在此前提之下，強調規矩的重要性，必藉賴規矩，巧才得以發揮善盡，爲聖之學亦需聖人之規矩，其知才能妙而精徹。故近溪雖言仁禮兩端皆不能廢，然其工夫確有主從之別。格物工夫爲輔助致知的助緣工夫，此工夫雖不若致知與成聖關係之直接，然在爲聖的修養歷程中，此助緣工夫是必然要有的。

　　近溪對仁禮二端工夫之重要性，分述如下：

> 仁禮兩端，要皆本諸天心一脈。吾人用志浮淺便安習氣，其則古稱
> 先者，稍知崇尚聖經，然於根源所自茫昧弗辯。不知人而不仁，其
> 如禮何？是拙匠之徒，執規矩而不思心巧者也。其直信良心者，稍
> 知道本自然，然於聖賢成法忽略弗講。不知人不學禮，其何以立？
> 是巧匠之徒，竭目力而不以規矩者也。善學孔、顏以求仁者，務須
> 執禮以律躬，而尤純心以敦復，敦復崇禮又能考究百王、會通典禮，
> 直至吻合聖神，歸于至善而後已焉。是大匠之爲方圓也，巧不徒巧
> 而規矩以則之，規矩不徒規矩而巧以精之，則其棟明堂而覆廣廈，

〔註70〕《會語續集》10條，收於《近溪子全集》，台北：國家圖書館藏。

〔註71〕《孟子》〈告子〉上孟子曰：「羿之教人射，必志於彀；學者亦必至於彀。大匠誨人，必以規矩，學者亦必以規矩。」〔宋〕朱熹著，《四書章句集注》，台北：大安出版社，1994年初版，頁472。

〔註72〕《孟子》〈盡心〉下孟子曰：「梓匠輪輿能與人規矩，不能使人巧。」同上註，頁513。

〔註73〕《近溪羅先生一貫編》403條，上海：上海古籍，1995年。

不將柱立乾坤而永奠邦家於萬世無疆也哉！〔註74〕

近溪舉拙匠與巧匠之徒來說明分執仁禮二端各有偏廢者，以大匠來說明真正
為聖學者所應具備的修養工夫。近溪強調「學」須有根源，即所學者是為了
使本心呈現得以印證之。又觀察直信良心者工夫為聖之學方向固是不錯，然
若徑信己心而不學聖賢成法，則有冒認私心作本心之虞。因此穩當之學當是
仁禮兩端並行，學孔顏聖學乃是為了求仁宗旨，仁之一端當然不可廢，然體
證工夫是復以自知己之良知，全在己心上用功，但自己尚為學者如何判定所
知之心為本心良知。研讀聖賢經傳就如同有老師指點一般，可以照見此時己
心有所不足之處，正是以聖人至善之規矩來方正學者之心。此方正並非從學
習聖人規矩即能正之，而是從聖人規矩中，見吾人心尚未正，再作復以自知
之工夫以正己心，此是近溪學而有根源之義。

關於禮之一端的格物工夫如何實踐，近溪詳細言之：

> 學也者，心解而躬親，去其不如帝王賢聖，以就其如帝王賢聖，固
> 不徒口說之騰、聞見之資而已也。博也者，考古而證今，雖確守一
> 代之典章，尤徧質百王之建置，耳目固洞燭而不遺，心思一體察而
> 無外也。此之謂博學於文，然豈徒博而已哉？博也者，將以求其約，
> 約也者，惟以崇其禮而已矣。禮者，統之則為三綱，分之則為五常，
> 而詳之則為百行。會家國天下而反之本焉則在吾之一身，身則必禮
> 以修之，而綱常百行動容周旋必中其節文也。推此本身而聯乎末焉，
> 則通吾之家國天下，家國天下必禮以齊治均平之，而綱常百行，道
> 德一而風俗同也。〔註75〕

「學」、「博」與「約」皆屬格物一路之工夫。「學」是統說格物工夫即是學
習古聖精神與典制，不只從聖人身上學習，更通過修養工夫以我之真生命展
現聖王典範，此才算「不徒聞見之資」，而是將所學的道德之理與我之生命
渾融為一。欲使我生命展現聖王典範，「學」聖王的工夫可以細分作「博」
與「約」。「博」與「約」作為致知之輔助工夫，在推致己之本心時，以聖王
規矩補我之不足。「博」又可看作「約」的準備工夫，以古來證今，遍學聖
王之典制，方能作為以身守禮之準據。「約」之以禮，即是「身則必禮以修
之」，此修身以禮正是作為致知的輔助工夫。既學聖人之規矩而知天下之本

〔註74〕《近溪子集》117 條，收於《近溪子全集》，台北：國家圖書館藏。
〔註75〕《旴江羅近溪先生全集》79 條，台北：國家圖書館藏。

在身，自覺地作體證工夫，此時在於本心之體證須以古聖之禮來匡正之，在於由心而發的實踐次第，亦須以百行之禮來規矩之。在己之良知之體證，以禮修之，方體唯有知愛知敬之知才是真良知，次第以禮修之，則能「先知得停當，然後做得停當。」〔註76〕既知與行皆與禮同，則綱常百行無不「中其節文」。

「家國天下必禮以齊治均平之」，禮在致吾心之良知以及通於家國天下的大人之學中，有其重要而且必然性，近溪言：「欲完此仁，須是有禮，欲得此禮到至善去處，則非一己之聰明所可擬議，一己之力量所可強為。如擬議、強為，出自一己，則所定之禮未必能善，縱或有善，亦恐非其至也。」〔註77〕禮之一脈對於求仁之學為不可或缺者，至善之禮所以「非一己之聰明所可擬議」、「縱或有善，亦恐非其至也。」是由於學者此時之「一己」尚非純乎天心，故需參考聖人之禮以範圍之。故齊治天下須以聖人之禮以齊治，待我之知的透徹，便知「此一個禮，即天地之所以為命，帝王之所以為心，聖賢之所以為學。」〔註78〕我所學聖人之禮，與我天生純然之心原非兩樣，亦是聖人其心即是禮、即是規矩之義，禮與仁皆「本諸天心一脈」，原須學乎聖人方能知得。

第三節　外王事業

一、聯屬家國天下之大身

近溪的格物工夫在止於至善，一知止而「而大學之道得焉。」格物之物有本末與大學之道所欲實踐的理想有密不可分的關係。大學即是大人之學，何謂大人，即是知物之本末先後，而由己身之本以聯屬天下之末，成此大身。近溪言：

> 問：「立身行道，果是何道？」
>
> 曰：「大學之道也。大學『明德、親民、止至善』許大的事，也只是立個身。蓋丈夫之所謂身，聯屬天下國家而後成者也。」〔註79〕

近溪以聯屬家國天下的大身，來說明君子道德實踐應有達到此目標之志，此

〔註76〕《近溪子集》6條，收於《近溪子全集》，台北：國家圖書館藏。
〔註77〕《盱江羅近溪先生全集》79條，台北：國家圖書館藏。
〔註78〕同上註。
〔註79〕《近溪子集》91條，收於《近溪子全集》，台北：國家圖書館藏。

大身之達到即是聖人境界，因此學者立志必在聖人，所學必學古聖之至善。此大身之立，在「聯屬天下國家而後成」，與心齋以「安身」來說明「止至善」之義相當。大人之學不僅止於自知己之良知，真知得良知者，此生生之仁生惡可已，其愛敬之心必有所推擴，此推擴無有窮盡，直至愛敬一切天地民物，萬物亦皆生生之體，則我與萬物原是一體，「譬則身軀脈理，更無尺寸不聯，念慮亦不忍尺寸不愛且養，間或手足痿痹痛癢不知，決不慍而棄之。」〔註80〕因此不徒己之復知良知，更欲使天下人都復知良知。此為大人之渾然與天地同體之義。然此同體可是不分次第否？近溪言：

> 體之為言最可玩味，夫體即身也，頭目居上、四肢居下，形骸外勞、心腹內運，而身乃成焉，愛豈無差等也哉？〔註81〕

此同體之大身正如同人之一身有手足亦有頭目，聯屬家國天下豈能無次第分別？近溪言大身亦言規矩，正是由復知己之良知，而知愛親敬長，而知老吾老以及人之老、幼吾幼以及人之幼，而知愛敬天下萬物。若無復以自知而曰愛親敬長，則此愛敬為百姓日用而不知；若無愛敬自己親長，而言愛敬人之親長、慈愛人之幼孩，此更是沒有根源的愛敬。因此近溪強調先有證體學問為本，而聯屬家國天下為一大身，然須以聖人之至善作格子，好讓人知本末雖為一體，然先後次第之別不可亂。近溪言：「先後一貫，停妥不亂，便近大學之道，而知止乎至善也。」〔註82〕

之所以能成為聯屬家國天下的大身，是因為人的天性即是生生，由知愛知敬之良知，而愛敬天下民物，乃孝弟慈的生惡可已。正因人性本來如此，人本來能聯屬家國天下，只是不知己心之廣大。近溪以人之善性來說明大人之學能成其為大人之根據。近溪言：

> 孔子曰：「吾十有五而志於學。」朱子註得極好，曰「學大學也。」志大學者，欲人明明德於天下也。明德只是個良知，良知只是個愛親敬長，愛親敬長而達之天下，即是興仁興義而修齊治平之事畢矣。故此一章，全重在無不知愛、無不知敬。此無不知三字，一頭管著自己意心身，一頭管著家國天下。只因人生出世來，此條命脈原是兩頭都管著，所以大學纔說物之本，便連及其末；纔說事之始，便

〔註80〕《會語續集》8條，收於《近溪子全集》，台北：國家圖書館藏。
〔註81〕《近溪子集》129條，收於《近溪子全集》，台北：國家圖書館藏。
〔註82〕《近溪子集》227條，收於《近溪子全集》，台北：國家圖書館藏。

要及其終。〔註83〕

近溪認爲〈大學〉乃孔子親作而陳其爲聖之學，近溪對於孔子之學的理解亦順著此意下來，因此孔子十五所志之學即是大人之學，又其爲學方法即是：「夫子此志從十五歲，便曉得要絜此孝弟慈的矩。」的格物工夫。雖讚許朱子之註，然近溪所理解的大學之道，與朱子的格物窮理有所不同。近溪講〈大學〉，就工夫而言即爲格物致知，上節已詳明；就志所立之目標，則是成爲聯屬家國天下的大人，亦即是聖人之至善，近溪對於至善以本末先後的規矩來理解，與大人有密不可分的關係。

近溪以明德、良知作爲能成爲大人之根據，道德修養本是明明德、復以自知的工夫，然此明明德又非欲「明明德於天下」不可，因爲人生生之善性，本是聯屬天下萬物爲一體的，既知得良知透徹，必然爲聯屬家國天下之大身，而有欲使天下人皆明明德的要求。近溪以知愛知敬的良知來說明成爲大人之根據，而說此個不學不慮的天性原是「一頭管著自己意心身，一頭管著家國天下。」正因人人有此天性，故人人能學聖人之至善規矩，因爲人人性中本有此推擴之家國天下之規矩，此規矩亦即是孝弟慈之良知。

近溪的外王事業之開展，亦是由知愛知敬的良知而發，由人性中本有的孝弟慈之生惡可已，而聯屬家國天下爲一大身。而其實踐之次第，是從與大身相對而言的作爲天下之本的己身，作體證工夫，既知此孩提即能知愛知敬之良知即是天生善性，又從此知愛知敬之良知出發，老吾老以及人之老，幼吾幼以及人之幼，將己之良知推擴及於家國天下，平天下亦是以此孝弟慈平之，近溪言：「達之天下達字，要同中庸達孝的達字解。」〔註84〕即是此義。近溪的平天下之理想，亦只是希望能喚醒天下人皆自知其原有知愛知敬的良知，亦即是〈大學〉中「上老老而民興孝，上長長而民興弟，上恤孤而民不倍，是以君子有絜矩之道也。」的理想，由此文亦不難理會近溪所理解的格物之格式，即是聖人至善之規矩，而此規矩只是由己之愛親敬長之良知，以愛敬天下人，由身以至家國天下的次第，而其精神內涵，又只是以孝弟慈來貫穿之，此便是「先後一貫，停妥不亂」的聖人至善境界，亦是學者所志於大人之學的目標。

對於落實此大人之學，近溪亦是主張以孝弟慈來實踐之，其言：

〔註83〕《近溪子集》181條，收於《近溪子全集》，台北：國家圖書館藏。
〔註84〕同上註。

故大學雖有許多功夫，然實落處只是「上老老而民興孝，上長長而
民興弟。」故上老老、上長長，便是修身以立天下之本；民興孝、
民興弟，便是齊治平而畢修身之用也。天德、王道一併打合，便是
孔子平生所志之學，其從心不踰之矩，即此個絜矩之道是也。〔註85〕

近溪認爲格物爲〈大學〉所指示的修養工夫方向，而其實落處亦只是在最平
常的孝弟慈之中，格物是以聖人至善作格子，聖人正是由上老老而民興孝做
起，近溪亦常引《尚書・堯典》〔註86〕曰：「蓋隆古聖神，自克明峻德以親睦
九族、平章百姓、協和萬邦，而爲人倫之至。」〔註87〕聖人所體現的至善規
矩，正是從修身以愛敬長上，以及於天下人。近溪把握了「親睦九族」與〈大
學〉所言的孝弟慈，而主張平天下以修身爲本，不只於己之身知愛知敬於父
兄，平天下的具體落實亦是此孝弟慈之實踐，使此孝弟慈之實踐由我身之落
實而及於天下人民，方是天下治平。

近溪能以孝弟慈來達到外王事業，實因爲近溪所指的外王，只著重在道
德層面，未及於現實政治結構。因此由孝弟慈而能言平天下，其實是就道德
實踐說，由本心不容已地要實踐道德，而自然地希望天下人皆能實踐道德。
雖未必人人從事道德實踐眞能影響到天下人，然就道德本體所發之不容以地
要求，無窮地推擴己之本心乃及於天道之生生、及於天地萬物，實有此必然
要有的眞實性。人所志學即要學此大人之學，因爲道德實踐的動力根於心，
是從天性而來的源源不絕、愈湧愈出。由此亦可見近溪的外王事業乃在聖學
之繼承、人心之喚醒，語錄記載近溪與學生論「立身行道」的抱負，如下：

（羅子）曰：「……如言孝，則必老吾老以及人之老，天下皆孝而其
孝始成，苟一人不孝，即不得謂之孝也；如言弟，則必長吾長以及
人之長，天下皆弟而其弟始成，苟一人不弟，即不得謂之弟也。是
則以天下之孝爲孝，方爲大孝；以天下之弟爲弟，方爲大弟也。」

曰：「若如此說，則孔子孝弟也不曾了得。」

〔註85〕《近溪子集》198條，收於《近溪子全集》，台北：國家圖書館藏。
〔註86〕《尚書》〈虞書・堯典〉：「若稽古帝堯，曰放勳。欽明文思安安，允恭克讓，
　　　　光被四表，格于上下。克明俊德，以親九族；九族既睦，平章百姓；百姓昭
　　　　明，協和萬邦。黎明於變時雍。」〔漢〕孔安國傳，〔唐〕孔穎達等正義，今
　　　　人許錟輝分段標點，《十三經注疏》：《尚書正義》，台北：新文豐出版公司，
　　　　2001年初版，頁44～46。
〔註87〕《近溪子集》209條，收於《近溪子全集》，台北：國家圖書館藏。

　　（羅子）曰：「吾輩今日之講明良知，求親親長長而達之天下，卻因何來？正是了結孔子公案。」

　　曰：「若如此說，則吾輩未必了得。」

　　（羅子）曰：「若我眞是爲著孔子公案，則天下萬世不愁無人爲吾輩了也。即此可見聖人之心，只因他自不以爲了，所以畢竟可了。若彼自以爲了，則所了者，又何足以言了也？吾人學術大小最於世道關切。大家須猛省猛省。」〔註88〕

　道德實踐絕不僅於以狹義的己身言復知己之良知，此身之大聯屬家國天下，而必欲天下人亦能復知其良知，猶如我之手足與頭腦皆能盡其本分，我之全身才算得上盡其本分，天下人皆復知，我才算得上眞正「復以自知」。此志願之廣大，無怪乎學生質疑：「孔子孝弟也不曾了得」。雖就現實經驗的結果顯示，孔子並沒有完成其大人之學的理想，然而孔子之心之不容已，早已充盡此大身，就道德實踐而言，以此無窮的道德心之朗現，而能說孔子爲聖人之至善了。雖明白有限的肉身無法達到如此的平天下之理想，而此心之所發卻又不容已地要努力實踐它，此不間斷而又無窮推擴的眞生命，即是道德實踐的眞諦。

　　近溪告訴學生，後輩學者正是繼起聖人至善之事業與使命，因爲復以自知所體證的本心是「同乎天地」、「塞乎古今」〔註89〕的，吾人當下體證到本心良知，即刻與古聖同體，是程子曰：「堯舜知他幾千年，其心至今在。」〔註90〕聖人與吾人之心原同歸於天，吾人所證之心及聖人之心，吾人本心所發欲平天下之理想，即當下繼起聖人之志業。吾人以證體而來的實踐，其眞生命必能喚醒學者的眞生命，繼而從事道德實踐。道德實踐本不在現實結果達不達成作考量，而在道德心之所發純不純粹作考量，本心所發而欲天下人皆能復知其良知，不間斷地努力爲之，雖終其一生無窮盡地努力尚未完成平天下之志業，人亦謂此心即是聖人之至善。人謂之爲聖，正因爲其心乃是無有窮盡的道德心之不斷湧現，若自以爲達到聖人之至善，自以爲完成平天下之志業，則其心非爲無窮地道德心，人亦不謂其爲聖人了。即是近溪言孔子：「只因他自不以爲了，所以畢竟可了。」

　　後之學者當在體證本心透徹下工夫，亦在心之所發之處則實踐勉力所行

〔註88〕《近溪子集》91條，收於《近溪子全集》，台北：國家圖書館藏。
〔註89〕《近溪子集》35條，收於《近溪子全集》，台北：國家圖書館藏。
〔註90〕程頤、程顥，《二程集・卷七・二先生語七》。

到此處，而無須考慮現實結果是否達到天下治平與否，此真生命之志業必能興起後人之承繼，吾人只須考慮己之心有未盡與否，方是無條件地實踐道德。文中亦可見近溪所欲完成的志業在於「學術」，此是近溪關心道德實踐而非政治制度的佐證，近溪平生所致力於講學事業，亦即是近溪所親身踐履的外王事業。以下論述近溪通過講學作爲開展外王事業的落實工夫。

二、講　學

　　近溪十分重視講學，終其一生無論在仕與否講學不輟，講學可謂近溪躬自踐履爲完成道德的外王事業之具體實踐。近溪對於講學的重視，從近溪在騰越爲官，既使遇到作戰之際仍聚眾講學中足以證實，不但可見近溪重視藉由講學之喚醒人心，更足見近溪本人對於其思想之履行，心心念念不忘講學，正是近溪不忘以其愛親敬長之心來愛敬天下人。其文如下：

> 初至騰越警報方急，中外戒嚴，雖諸士人心亦皇皇，故謁廟升堂未及詳講。繼，鄉縉紳邀會於來鳳山房，此堂以「默識」名扁，乃陽明先生手筆也。眾坐方定，忽報：酋賊前鋒失利而黨眾猶尚負固，遂匆忙遣師，仍未終會。越數日，諸鄉達復修會如初，亦坐方定，而捷音疊至矣。乃共賡歌相慶頌我大中丞王公運籌決勝之遠，而不肖芳會逢其適之奇也。〔註91〕

在戰事危急之際，雖諸士人心亦皇皇，近溪依然謁廟升堂準備開講。戰事未終，近溪甚至須指揮作戰，而不忘未講完之會，在戰況未明之際仍繼續開講，終獲捷音，眾人歡喜慶頌之後，由扁名「默識」起頭開講明明德以及止至善之學。會中眾多人參與討論有州守張君，有諸縉紳、有客、有眾，其中記載「眾」稱近溪爲「羅公祖」，稱張君爲「張父母」，可見與會者由州守、士人、以至平民百姓皆有。近溪與眾人在一問一答間，用平易的孝弟慈以指點人皆有的良知，以闡述證體工夫與聯屬家國天下之學，如曰：「蓋既認得父兄是我之親，公卿是我之尊，則自然推不開、脫不去，其敬事勉力亦已不得。」「纔汝張父母云：人與己是一個，四時與百物是一個。知得此個一處，便知得孔子仁與恕處矣。」〔註92〕可見近溪之講學風格，用平易眾人皆懂的話語指點，

〔註91〕《近溪子集》189條，收於《近溪子全集》，台北：國家圖書館藏。「此堂以『默識』名扁」句，依《盱壇直詮》補。

〔註92〕同上註。

又能釐清爲聖學必要有的修養工夫。

　　對近溪的大人之學而言，外王事業與內聖工夫本是一事，學者必須體此聯屬家國天下之大身，方是達到大人之學，既體此同體之大身，則未有不推擴其本心而及之於人者，喚醒天下人之自覺己有良知，乃是學者終身職志。近溪終身實踐此義理，而亦不倦地勉勵學者如此爲之。

　　出仕亦在實踐此懷抱胸襟，故近溪仕途何處，講會就到何處。關於「學優則仕」之義的發問，近溪以學仕原是一事來回答，並指出有自身的體證工夫才是外王事業的基礎。其言如下：

> 仕、學原是一事，但自成己處言，則謂之學；自成物處言，則謂之仕，故人之仕學，患不優耳。優字，即優而游之之優，乃善致其知而復於自然之良處也。故仕而不善致其知，則格於事勢以滯其機，乖於毀譽以戚其意，便是仕不能優矣；學而不善致其知，則拘成迹而不足以達天下之變，局形骸而不足以通天下之志，便是學不能優矣。……非謂仕必優，然後去學；學必優，然後去仕，分作兩段工夫也。〔註93〕

仕、學皆道德實踐具體工夫，只是從己與人處同時下手而已，並無先後高下之別，既皆爲聖之踐履，其本在於自身的體證工夫，近溪言仕學「患不優耳」，而優即是「善致其知而復於自然之良處也」。學須有根源的學，學聖賢經傳是爲了幫助本心之知能久久維持，此義前已詳述。仕亦須以修身爲本，復知己之良知，而後才能以己之眞生命喚醒他人之眞生命。內聖與外王皆爲同樣工夫，然須以內聖工夫爲本，此亦是近溪述聖人至善規矩之義，知物有本末先後，先體認本心，由內而外自有其次第之推擴，而能作齊平家國天下之志業。若本末倒置，欲平天下而己心之不知，天下卻不曉得該如何平起？此是近溪在重視外王事業之開展，又不忘其本末，故爲學首重知本，本之既正則不愁末之不正，對於喚醒人心之道德外王事業，「只患不識不知，若知識得時，自便不容辭亦不容已。」〔註94〕本既知得徹，亦無須煩惱己心之無法推擴於人。

　　近溪以學術言外王事業者，其言如下：

> 大小不在於事而在於機，其機在我則小而可大，其機在人則雖大亦小也。請君試思，世間功德有大於學術者乎？機括方便，有捷於己之務學者乎？君肯日夜務學，其孰得而禦之？學既足法今傳後，天下後世

〔註93〕《近溪子集》102 條，收於《近溪子全集》，台北：國家圖書館藏。
〔註94〕《近溪子集》189 條，收於《近溪子全集》，台北：國家圖書館藏。

其孰能以外之？即如我太祖高皇帝，人徒知其掃蕩驅除，爲整頓一世
乾坤，而不知「孝順父母、恭敬長上」數言，直接堯舜之統，發揚孔
孟之蘊，卻是整頓萬世乾坤也。大學謂「自天子至於庶人而壹是無
別」，豈非專以學術言耶？況余接人亦多，求如公之氣力剛銳、心志
宏遠者，實不易得，但困而莫振、雜而無序。我願子欲整頓世界，請
自今日之學術始；欲整頓學術，請自己身之精神始。」〔註95〕

首以事之大小在於「機」言，知此機者即是其機在我，我雖爲個人之渺小，
然我所開闊之胸襟、事業之抱負，則與天地同大。再舉世間功德無大過於學
術者，可見近溪對於學術之重視，欲平天下的根本在於修身，在己則是己之
務學，在人則爲喚醒人之良知以務其學。學術之精深與廣大，亦即是外王事
業之平泰欣榮。近溪又以明太祖聖諭來說明孝弟慈乃正己與成人之根本，政
治事業之興盛至多能飽暖一世之民物，學術事業之精深廣博，卻能爲萬世立
太平根基，即是「整頓萬世乾坤也。」近溪勸勉學者，志在於學術則天下自
能平，欲平天下不妨先學古聖之至善，明白平天下之本在於修身，而此本若
不立穩，欲整頓世界之雄心只是空談。

對於學術如此重視，則不難理解近溪對於講學之堅持，講學的意義在於
喚醒眾人之本有良知，此良知不遠於人，只在日用倫常間的孝弟慈便歷歷可
見。此人人皆有的良知善性，即是成聖的根本，故爲聖之學人人能作得，爲
聖之學首要立大人之志，以此而學習古聖之規矩，方能最終受用。講學不但
能喚醒人之良知，亦在學者曉得從事致良知的證體工夫時，能互相切磋聖人
之學，如近溪言尊德行之功，「必學於古訓，問於師友。」〔註96〕又言：「若
吾儕有志而善用功者，亦在愼所感通而已，欲愼感通則在不離師友而已，使
一生長在會中，每會長若此際，是即可云：時習而悅，亦即可云：朋來而樂。」
〔註97〕此感通是言〈易〉「寂然不動，感而遂通」之義，近溪解「虛與中，亦
果無二用。」此個寂然不動，唯有知的透徹方能感而遂通，欲有此感通，則
須長在會中。此雖爲勸勉大眾之語，亦表達近溪對於聚會講學之重視，不唯
人之良知於會中被喚醒，致知工夫要久常維持，不僅須要自研古聖典籍，亦
須師友共相切磋勉勵。

〔註95〕《近溪子集》71 條，收於《近溪子全集》，台北：國家圖書館藏。
〔註96〕《近溪子集》15 條，收於《近溪子全集》，台北：國家圖書館藏。
〔註97〕《近溪子集》53 條，收於《近溪子全集》，台北：國家圖書館藏。

近溪直接將講學與大學之道關連著說，引之如下：

> 蓋吾心之德，原與天地同量、與萬物一體。故欲明明德於天下，而
> 一是皆以修身爲本者，正恐此賊〔註98〕云耳，故曰謂其身不能者，
> 賊其身者也。夫父母全而生，子全而歸，孔子東西南北於封墓之後，
> 孟子反齊止贏於敦匠之餘，固爲天下生民，亦爲父母此身。蓋此身
> 與天下原是一物，物之大本只在一個講學招牌。此等去處，須是全
> 付精神透徹理會、直下承當，方知孔、孟學術，如寒之衣、如饑之
> 食，性命所關不容自已，否則將以自愛，適以自賊。故大學之道，
> 必先致知，致知在格物也。〔註99〕

近溪言父母所生之身，「與天下原是一物」，此便是格物所格之「物有本末」
之物。吾人知愛知敬的良知，「一頭管著自己意心身，一頭管著家國天下。」
便是就此而說的，人之生生本性原是聯屬家國天下爲一體之大身。故近溪強
調孝弟慈，舉孝爲例，始於不敢毀傷受於父母之身體髮膚，「父母全而生，子
全而歸。」終於「立身行道，揚名於後世，以顯父母，孝之終也。」〔註100〕
即是近溪所言：「固爲天下生民，亦爲父母此身。」父母所生之身，原即是與
家國天下聯屬之大身，盡大大孝即是將愛敬父母之心，以愛敬天下民物，方
無愧父母所生。舉孝言而弟慈皆然，唯有將己之知孝弟慈之良知，及於此身
之末的天下，方是眞能孝弟慈。

　　近溪又指此能將孝弟慈及於家國天下者，即是講學。道德實踐工夫不但
要己身知得透徹，更要志業於孔孟學術之傳揚，爲萬世立太平之根基，此乃
既知良知而不能不去做的，蓋因「性命所關不容自已」，吾人之身原是聯屬家
國天下的。大學格物致知工夫，少不得講學，通過講學方能將己所體證之良
知，以推擴於鄉鄰百姓，乃及於天下民物。講學即是實落的大學工夫。

第四節　小　結

　　近溪以格物工夫作爲證體工夫之輔助，是其對於孔子「仁禮兩端」的並

〔註98〕此「賊」是承所引語錄之前，論及鄉原而言。《論語》〈陽貨〉子曰：「鄉原，
　　　　德之賊也！」。

〔註99〕《近溪子集》143 條，收於《近溪子全集》，台北：國家圖書館藏。

〔註100〕〔唐〕元宗御注，〔宋〕邢昺疏，今人陳弘治分段標點，《十三經注疏》《孝經
　　　　注疏》開宗明義章，台北：新文豐出版公司，2001 年初版，頁 37。

重，亦是近溪對於陽明學與朱子學的反省。近溪當是歸宗於心學的，故以證體工夫作爲聖學的本質工夫，自然見得朱子學之弊，其言：「陽明先生乘宋儒窮致事物之後，直指心體說個良知，極是有功不小。」〔註101〕又言：「果如陽明先生所謂：個個人心有仲尼，自將聞見苦遮迷也。蓋人自幼年讀書便用集說講解，其支離甚可鄙笑。」〔註102〕近溪見得朱子學向外窮理，而不知本心原有此理只須一復知即是。然近溪亦見得心學的流弊，其言：「不可不信而不信之，則不識本體，此其所以不著察；不可盡信而苟信之，則冒認本體，此其所以無忌憚也。善學者，在審其幾而已。」〔註103〕朱子學不識本體故有其弊，然隨認私心爲本心亦非聖學。

因此近溪主張返回孔子的「仁禮兩端」，其實即採朱子之「學」以補陽明學徑信己心的流弊。近溪於此甚是讚美朱子：「朱子之有功聖門也，學固得其大方矣。……器非規矩，巧將安施？道非六經，智將奚措？朱子之於學，余固未能悉其善巧何如，至所爲言必先之讀書，讀書必先之六經，則眞吾聖門之大匠也，其功顧不宏且遠耶？」〔註104〕近溪認爲證體工夫，若無「學」之輔助，猶如巧匠而缺少規矩，其心非本心之正。因此對於朱子倡讀書窮理之說近溪甚是贊同，然近溪婉言：「朱子之於學，余固未能悉其善巧何如。」其實亦是暗指朱子如孟子所言：「梓匠輪輿能與人規矩，不能使人巧。」〔註105〕只得聖學之規矩，卻未能見得聖學之巧其實在於體證心體的本質工夫，故稱朱子爲「聖門之大匠」。

近溪在格物說上，欲取朱子學與陽明學之長以補各有之短處，其意如下：

> 所謂格也，其旨趣自孟子以後知者甚少，宋有晦庵先生見得當求諸六經，而未專以孝弟慈爲本；明有陽明先生見得當求諸良心，亦未先以古聖賢爲法。芳自幼學即有所疑，久久乃稍有見，黽勉家庭已數十年，未敢著之於篇。〔註106〕

近溪自述其對於朱子、陽明學都略有不安處，久久有所見者，正是以孝弟慈

〔註101〕《近溪子集》94條，收於《近溪子全集》，台北：國家圖書館藏。
〔註102〕《近溪子集》80條，收於《近溪子全集》，台北：國家圖書館藏。
〔註103〕《盱壇直詮》164條，台北：廣文書局，1996年四版。
〔註104〕《近溪羅先生一貫編》403條，上海：上海古籍，1995年。
〔註105〕《孟子》〈盡心〉下。〔宋〕朱熹著，《四書章句集注》，台北：大安出版社，1994年初版，頁513。
〔註106〕《近溪子集》1條，收於《近溪子全集》，台北：國家圖書館藏。

之良知，兼以聖人至善之規矩來立穩聖學「仁禮兩端」之工夫。其言朱子未能「以孝弟慈爲本」，即是朱子學對於本心良知即是天理的體認不夠，此一差乃是南北之遠。其言陽明雖認得聖學之本質工夫，由外求之理轉向內心體證，有功不小，但若過份強調本心之體證，而忽略經典之學習，生而知之者故能自知其良知，然天下多爲生知以下，徑認本心而信之則流於放肆。此爲近溪自認對於朱子學、陽明學修養工夫之補充。

　　近溪雖師事山農甚久，然就大學工夫看來，近溪僅在重視本心的體證工夫上，與山農的「從心爲學」有相同之處，至於「大中學庸」之學近溪則沒有吸收。反而師祖心齋對於近溪的格物說有直接的影響。近溪在「格」「物」之定義，皆從心齋而以「格則、絜矩」「物之本末」來作爲義理之貫通。心齋以安身言止至善，近溪亦以聯屬家國天下之大身方爲大人之學。對於〈大學〉義理鋪展模式與心齋較無大異，然由於近溪言良知本體是知愛知敬，由此精神而開出孝弟慈所貫穿之實踐工夫；再者近溪由於對於陽明、朱子學之反省，而言「仁禮兩端」，使近溪〈大學〉所開出的格物、致知兩路工夫，此皆與心齋之淮南格物有別。

　　綜合上述，格物工夫乃是近溪博學於諸家之後，融合自己對於孝弟慈本體之體會，獨創一格的修養工夫。

第五章　破光景之工夫

　　本章之旨首先說明從近溪之學問脈絡看來，最受人注目的破光景工夫，即是其最後的工夫，將學者歷經體證工夫與格物工夫而對本體有所執持之光景打落，原是可以防堵前述工夫之流弊。以此觀之則破光景工夫能作爲近溪學問之特色，而非是近溪學問中之主旨。其次，針對學者對於近溪的良知現成，與不作工夫之近於禪學，援引近溪之文來申辯之。近溪本非不作工夫，其所「破」實是爲了有所「立」，此「立」即是站在儒家本質工夫，即對心體之體證的立場言之。而近溪謂良知現成，其實是就人性之本源而說之，此說明是爲了破除學者之光景，使其能對自身之性善能自信，從而眞正作證體工夫，莫要留戀於光景。最後，從文獻中釐清近溪破光景工夫的不同面向，期望能對近溪所論之破光景工夫給出完整的說明。

第一節　破光景之因由：近溪的親身經歷光景

　　破光景工夫的提出，須溯及近溪生平，以其有切身經歷之故，對於此工夫的提出實是親切指點，深感爲學工夫之不容易掌握，乃至隨時喚醒學者所不自覺的工夫偏差。亦可通過破光景的提出，以觀近溪的爲學工夫，實是通過其生命的眞切體會得來，對於先儒教法之學習，須通過眞生命的消化融合才眞認爲實功，更把其眞生命體驗得學問廣爲講道與人分享，有眞生命在其中講學故有眞精神，無怪乎近溪有「舌勝筆」的美譽。近溪所言：「如病人飲藥已獲奇效，卻抄方遍施，以起死回生乎百千萬眾也。」[註1] 雖言孔子之學，

─────────────────

〔註 1〕　《近溪子集》35 條，收於《近溪子全集》，台北：國家圖書館藏。

其實亦是近溪的生命寫照。以下簡述近溪的爲學歷程，並說明近溪的各工夫成學之際爲何。下引文爲近溪自述其生平學問：

> 但某原日亦未便曉得去宗那個聖人，亦未便曉得去理會聖人身上宗旨工夫。其初只是日夜想做個好人，而科名宦業皆不足了平生。想得無奈，卻把近思錄、性理大全所說工夫信受奉行，也到忘食寢、忘死生地位。又病得無奈，卻看見傳習錄說「諸儒工夫未是」，始去尋求象山、慈湖等書，然於三先生所爲工夫每有窒礙，病雖小愈，終沈滯不安。時年已弱冠，先君極爲憂苦。幸自幼蒙父母憐愛過甚，而自心於父母及弟妹，亦互相憐愛，眞比世人十分切至。因此每讀論孟孝弟之言，則必感動或長要涕淚。……又在省中逢著大會，與聞同志師友發揮，卻翻然悟得只此就是做好人的路徑，……從此回頭將論語再來細讀，眞覺字字句句重於至寶，又看孟子，又看大學，又看中庸，更無一字一句不相照映。由是卻想，孔、孟極口稱頌堯舜，而說：其道孝弟而已矣。豈非也是學得沒奈何，然後遇此機竅，故曰：我非生而知之者，好古敏以求之者也；又曰：規矩，方圓之至；聖人，人倫之至也。其時孔、孟一段精神，似覺渾融在中，一切宗旨、一切工夫，橫穿直貫，處處自相湊合。但有易經一書卻又貫串不來，……反而求之，又不外前時孝弟之良，究極本原而已。從此一切經書皆必歸會孔、孟，孔、孟之言皆必歸會孝弟。以之而學，學果不厭；以之而教，教果不倦；以之而仁，仁果萬物一體而萬世一心也已。〔註2〕

近溪自幼即立聖賢志向，而初作朱子學工夫，「屏私息念、忘寢忘食，奈無人指點遂成重病。」〔註3〕後習得陽明〈傳習錄〉「病雖小愈，終沈滯不安。」因與其生命尙無法完全貼合。直到 26 歲遇見顏山農教他制欲不如體仁，其學始眞正由向外求索轉向自證本心，又同時體會此本心原是最切近平常的孝弟慈。近溪自幼即感受到家庭的溫暖，故對於孝弟慈特別能體會，其時讀《論》《孟》「則必感動或長要涕淚。」但只覺感動而不以爲聖學之根本在此，是百姓日用而不自知。直到遇見山農之教，使其「悟」得只此就是做好人的路徑，此悟便是使以往不知的成爲己之知，以此奠下近溪言證體工夫之基，證體須

〔註2〕 《近溪子集》58 條，收於《近溪子全集》，台北：國家圖書館藏。
〔註3〕 《會語續集》4 條，收於《近溪子全集》，台北：國家圖書館藏。

是親身體得，別人所說再高妙精深之理終是不算數。同時亦讓近溪深覺講學之重要，前病心火因無人教而無法真切體會，今逢會中師友發揮方才悟得，因此學果需要切磋。

近溪據孝弟慈的體會再重新回頭看《論》《孟》〈學〉〈庸〉，於古聖找到印證，此時近溪已能以孝弟爲宗旨來貫串經書，又不忘以古聖之規矩作爲學之指導，亦奠下格物工夫之根基，近溪悟格物之旨其時大約在 38 歲時。〔註4〕34 歲從胡中正學易，及其體會〈易〉旨又不外前時孝弟之良，更因對於孝弟慈的真切體會，方覺易之生生即是孝弟慈的生惡可已，此時孝弟慈不止在人身上作爲道德實踐的根據，亦是能通於天道而有超越性，是由孝弟慈的實踐而說的道德形上學。以上近溪的爲學工夫大抵已立。然近溪此時之病，非病於理學，卻是心學之病，此段經歷近溪自述如下：

> 余舟過臨清忽遘重病，一日椅榻而坐，恍見老翁自稱泰山丈人，言曰：「君身病稍康，心病則復何如。」余默不應。翁曰：「君自有生以來，遇觸而氣每不動，當倦而目輒不瞑，擾攘而意自不紛，夢寐而境悉不忘，此皆君心錮疾，今仍昔也，可不亟昌瘳耶？」余愕然曰：「是則余之心得，曷云是病？」翁曰：「人之心身體出天常，隨物感通原無定執，君以宿生操持強力太甚，一念耿光遂成結習，日中固無紛擾，夢裏亦自昭然。君今謾喜無病，不悟天體漸失，豈惟心病，而身亦不能久延矣。蓋人之志慮常在目前，蕩蕩平平與天地相交，此則陽光宣朗是爲神境，令人血氣精爽内外調暢；如或志慮沈滯胸臆，隱隱約約於水鑑相涵，此則陰靈存想是爲鬼界，令人脈絡絆纏内外交泥。君今陰陽莫辨，境界妄縻是尚，得爲善學者乎？吾固爲君懼矣。」余驚起叩謝，伏地汗流，從是執念漸消，血脈循軌矣。〔註5〕

近溪向來十分用功，臨終前勸勉諸孫用功，曾與曰：「予自二十年來此道喫緊關心，夜分方合眼旋復惺惺，耳聽雞喔，未知何日得安枕席。」「予初學道時，每清晝長夜只揮淚自苦。此等境界予固難與人言，人亦莫之能知也。」〔註6〕如此用功，即是泰山丈人曰：「當倦而目輒不瞑，擾攘而意自不紛。」近溪雖終日

〔註4〕時序之考證，參考程玉瑛著，《晚明被遺忘的思想家·羅汝芳詩文事蹟編年》〈思想形成時期（1515～53）〉，台北：廣文書局，1995 年初版。

〔註5〕羅近溪著，《羅明德公文集》卷三〈泰山丈人〉。

〔註6〕《盱江羅近溪先生全集》297 條，台北：國家圖書館藏。

努力於當下體認，又能勤讀古聖經書，然此專注意志不免執持，則非平常之道。執持爲有意僵持使心能不動，則失於自然天性的生生之機，如此則是執在「寂然不動」之處，而不願「感而遂通」，如此之不動，只是了無生機之死寂，原非活潑潑之的性體。而近溪自以爲此是境界，只是將天地萬物收在己心之一念耿光，以爲萬物與我爲一體，其實此一體只是心念之虛妄想像，眞實的生命卻不能與萬物相感通。因此泰山丈人說此爲「水鑑」，即指此境界宛乃如水中倒影，了無生機，只是在心中勾勒出一幅境界的景象，而自滿足於此境界。

　　泰山丈人指出其病乃在「天體漸失」，而眞正的天體是「志慮常在目前，蕩蕩平平與天地相交。」此個意思在近溪後來的體會，即在最平常切近的孝弟慈之倫常中，就是天機顯現，因此爲學不可離於日用倫常來體會，在日用倫常之際，當下體認那能孝弟慈者即是本性，即是天地生生之機。既是生生之機，則無須勉強持之，順此性之生生即能與萬物感通，雖感通於物而活潑生機之本性亦在其中，如此則無須持而本心自然不失，不僅不失而且其渾淪圓活的靈妙之用才能愈湧愈出。本性生機未受阻遏，自然能感通於萬物而與萬物爲一體，面臨事物則能做出恰當應有的反應，對父母則孝、對兄長則弟，善則爲之、不善則不爲之，與人應對則能眞誠惻怛。如此沒有對於境界勾勒任何景象，然而面臨一切萬物自然能感應，一切行爲皆能中矩，對於一切事理皆洞徹而了了分明，如此的光明實無炫目之景象，而只是眞理朗現於心宛如陽光普照讓一切通明。

　　泰山丈人未必眞有其人，〔註7〕然近溪確實有此段眞實體會，並將之記錄爲文。近溪「從是執念漸消」，修養工夫也回到平穩的正軌，破光景的工夫似乎可以在受人指點之後，隨時反省即能起作用，因爲執持工夫本是己心之有意有爲，將此執持放下是只要自己願意就能放掉的。對於遏止生機的作爲愈少，則生機愈能暢達，對心體的執持愈少，反而心體的靈妙作用越能顯發。破光景的工夫，即是針對已經開始作學聖工夫的學者身上，因其才知道要保守本心、使之勿失，此保守有了偏差即是執持本心而遏止生機。唯有在此種對象才說去掉執持與見識，以百姓日用平常來指點，只是爲了展現天性之本

〔註7〕　關於泰山丈人之描述，楊起元所撰近溪之〈墓誌銘〉則書近溪「過魯問道於泰山丈人」，似乎眞有其人（《近溪子全集·附集二卷》）。然從近溪自撰之文，只言重病中「恍見老翁」，似乎未足證眞有其人。關於此問題之考證，亦可參考程玉瑛所著《晚明被遺忘的思想家——羅汝芳（近溪）詩文事蹟編年》台北：廣文。

來靈妙、生機活潑，卻非叫人全然不用工夫，順著本性之自然即是聖，因爲近溪亦說要「復以自知」，而聖人「視諸孩提又萬萬也」，即是說明聖人與孩提距離甚遙。

近溪在臨終之際將其平生所學之宗旨作最後的提撕，又不忘勸致力於此的學者要「放下」，其言如下：

> 師語諸孫曰：「人不善學，則雖孝弟而終歸於鄉士之次；人能善學，則即孝弟而終至於聖神之大。」〔註8〕

> 師命具紙筆，手書曰：「此道炳然宇宙，原不隔乎分塵，故人己相通、形神相入不待言說，古今自直達也。後來見之不到，往往執諸言詮，善求者一切放下、放下，胸目中更有何物可有耶？願同志共無惑、無惑焉！旴江七十四翁羅汝芳頓首書。（自茲絕筆）」〔註9〕

近溪畢生學問仍以孝弟慈爲宗旨，在此處體認方能成就聖神之大。孝弟慈雖平常切近，此工夫人人能做得，然而若非自知此即是己之能與天地之生生同、能與聖人同然之良知，則孝弟慈只是平常日用，卻不能生惡可已地通於萬物，聯屬家國天下爲一大身。孝弟慈之能同於天、同於聖之廣大高明，卻又是極其日用平常，平平淡淡不見光景形色，近溪臨終道自己爲學境界，亦是「我只平平」，如此平常，即爲百姓開出一條人人能通往聖神的康莊大道，以此勉勵諸孫須學，而善學卻是學如何回到不學不慮之良知。

而所謂不善於學即是執於言詮，不知返回本心；或是以言詮來把握本心，則此心已是人心。近溪言：「蓋聰明穎悟，聞見測識，皆本體之障。」聞見測識雜於心中，則自勾勒境界於心而誤認此光景爲本體；聰明穎悟則是認本體過早，而未能感通於物。近溪要人放下即是放下此二者，放下對言詮的執持，卻非叫人全然放下不做工夫。此是近溪言：「胸中更有何物」之義，亦是言心爲「至靈至虛」〔註10〕虛是就不雜以人爲執持與見識而言，因爲無所執持、不逆本然之生機，故本性之靈妙才能自然流行，本性之孝弟慈才能真誠惻怛，而推擴到一切民物。光景破正是爲了顯現本性之真，此真實妙用是就性之本然講，而欲達此妙用，則須做切實的善學工夫。

〔註8〕　《旴江羅近溪先生全集》298 條，台北：國家圖書館藏。
〔註9〕　《旴江羅近溪先生全集》305 條，台北：國家圖書館藏。
〔註10〕「聖人立教原有自來，乃是即此一個神化，實體諸心，而名做一個學術，如至虛至靈，天地原有此心……。」《近溪羅先生一貫編》289 條，上海：上海古籍，1995 年，頁 672。

第二節　何謂光景

言近溪所論「破光景」工夫之前，須先對近溪所欲破之「光景」爲何有所瞭解，明白爲何此光景會成爲道德實踐中的障礙而須破除之。牟宗三先生從心學發展的角度來論述近溪的破光景，並認爲近溪此工夫的提出爲心學發展之必然，且爲近溪學問風格之勝場。因此牟先生論述近溪所謂的「光景」，亦是從這個角度切入，以「廣義的光景」與「狹義的光景」來說明。「廣義的光景」指太過重視良知在日用倫常的流行，無眞切的實功，即隨處認取當下的流行即是良知，此爲「流行之光景」，亦同時指涉著泰州學派容易造成的「情識而肆」之弊端。「狹義的光景」指空描畫良知本身，而不知將良知眞實地體現於日用流行之中，此爲「良知本身底光景」，亦是致良知教本身可能造成執持於良知本體「虛玄而蕩」之弊端。〔註11〕

唐君毅先生認爲光景是復以自知工夫的錯用而致，爲「一往」之逆復，及復知而後卻沒有明通於物，自陷於復知之自明中。復知的動力仍爲根源的良知，故雖逆復依舊能明，然以其自絕感通於物乃是自私，又滯其性中本有的生生之機，反成死機，即是鬼窟。〔註12〕唐先生所言的光景，是就復以自知的工夫進行到一半，而停於自知的良知之明中，而不願意下通於物，只做到修身而沒有開外王，因此其修身亦有問題。

古清美教授從儒佛交涉的觀點來看近溪思想，因此以佛家的「破妄顯眞」來解釋近溪的破光景，此光景之義即是近溪所言的「原從妄起，必從妄滅」，古教授解釋此妄念亦是依止空性而起，是不可究詰的無明一念，並以引近溪之語「聞見測識，皆本體之障」，來說明此些妄念皆須打落，破除光景所開顯的眞心是在一切的流行發用之中，無一可離。〔註13〕古教授雖然言近溪所體認的知體與陽明的良知大意無差，依佛家的妄念依止於空性，故破妄能顯其眞心（空性），然近溪的知體如何從破妄而得？近溪以知愛知敬來說良知，須以證體工夫才能當下挺立道德生命，卻非如將虛妄之光景打落，眞心即顯。魏月萍的碩士論文《羅近溪「破光景」義蘊》，指出光景爲對本性之疑、以情

〔註11〕牟宗三先生著，《從陸象山到劉蕺山》，台北：學生書局，2000 年再版，頁 287
　　　～288
〔註12〕唐君毅先生著，《中國哲學原論・原教篇》，台北：學生書局，頁 430～433。
〔註13〕古清美著，《慧菴論學集》〈羅近溪「打破光景」義之疏釋及其與佛教思想之
　　　交涉〉，台北：大安，2004 年初版。

識爲心體、對妄念的執著、對一念炯光的執著。〔註14〕

　　吳震教授認爲近溪的光景意思源自陽明，陽明所謂的玩弄光景，指學者把良知當作一容易把捉的對象，而不肯做刻苦的體證工夫。唯近溪講破光景的工夫與陽明側重點不同，近溪重在揭示此理此心本來靈妙順適，故不必把持與湊泊。〔註15〕

　　唐、牟二先生對於光景的闡述甚是中肯。牟先生在心學發展的角度，以廣義、狹義區分光景十分清楚，然而細察近溪對於破光景的描述中，其實少有論及廣義之光景，依牟先生之論，廣義的光景其實是指泰州學派良知現成的流弊，針對此流弊近溪其實在討論格物工夫之處就已意識到，以聖人之規矩爲本心給出客觀根據，讓尚未達到聖人境界的學者們，在學聖的途中不能只「徑信本心」，因此筆者認爲此廣義之光景，近溪是以格物工夫來防堵之，而不在破光景工夫中所著意。相反的，近溪爲了破除學者執持本體的工夫，相當強調本心之自然流行，以此渾淪順適來取消執持，近溪此說若爲人產生誤解，則是導致現成良知的說法，更無法說能破除現成良知之弊了。唐先生對光景有相當仔細的描述，而其實又可以將之歸入牟先生所說的狹義之光景來思考。然唐先生言光景乃是復以自知工夫作得不完全，使良知自明於其自己，「靈光反照靈光」，此光乃構成一片光景。筆者於此義稍有出入，以爲此光景乃是復以自知工夫中雜以見識思慮之故而產生，並非本性良知之明，因而執持工夫不能說是復以自知作到一半，而是「有意」去作復以自知工夫，反而誤入證體工夫之歧途。對於魏氏指出近溪的光景，其因之一是由於對於本性自信不足，此義筆者表示認同。吳教授在近溪破光景之後，更指出其有回復性體自然之積極意義，筆者亦是贊同，然吳教授不無以爲破除光景之後，即是現成良知，此義與近溪是否近禪，於後文皆有所論述。

　　細觀近溪論及光景處，其所破的光景，正足以顯其所立之準的，亦顯近溪思想之宗旨。歸納近溪之論述，可見出其分判光景有幾個判準：一者，有所執持。有執持是因爲害怕失去，然而真正的良知是不停地在生命中起作用，不曾有一刻失之，因此體證到會失去的即不是本性良知。執持即是有違天性之自然渾淪，亦違生生之天機，既違天命則當然見不到真體，所見非真體卻又執持己見之體而守之，即是光景。二者，離開日用倫常。成聖之道本是求之在近，人

〔註14〕魏月萍著，《羅近溪「破光景」義蘊》，政大89年碩士論文，古清美教授指導
〔註15〕吳震著，《羅汝芳評傳》，南京：南京大學出版社，2005年，頁293。

人皆有的良知本性即是聖人與我心之所同然者，尤其近溪講孝弟慈，更顯得爲聖之道的切近平常，在日用倫常的孝弟慈中一自覺即知良知在我，推致此良知以及於天下即是爲聖之法。成聖之根據離不開極近之己心，所體證之本體亦離不開日用倫常，可離則非道也。近溪認爲一切日用流行之中皆有良知本性在其中，只是百姓日用而不知，因此證體工夫在於復以自知，所知之體顯現在一切日用平常之中，亦是普遍的人人皆在其本性之中。三者，無法擴及一切民物的實踐。近溪思想中尤其重視生生，其從孝弟慈的生惡可已來講易之生生，對天道給出道德說明。生生在天地則爲乾知坤能，在人則爲孝弟慈之生惡可已，故既體證本性之生生而後必有其推擴的道德實踐。知愛知敬不止於父兄，必及於鄉鄰，乃至於愛敬天下人之父兄；復知己之良知，更欲天下人皆能復知其良知。眞體證良知必有此推擴，實踐而無止息，故曰生而又生。既證本體之後是不斷地推擴與實踐，而非不斷地持守己之良知使之勿失。

以下引述近溪的語錄，來說明近溪如何以此三個判準來分別良知與光景，且由於光景乃是工夫之偏差與本體之錯認，而從工夫與本體兩種角度來說明光景爲何。

一、用力操持，反成私意

> 少林沈君懋學問曰：「日中時有得處，旋即失之，亦時有明處，旋即暗之。如何乃可常常保守之也？」
>
> 子曰：「子之所苦，不當在失與暗時，而當在得與明時也。蓋聖人之學，原是天性渾成，而道心之微，必須幾希悟入，其中本著不得一念，而吾人亦不可以一念著之也。今不求眞訣點化，而強從光景中分別，耿耿一念以爲光明，執住此念以爲現在，不知此個念頭非是眞體。有時而生，則有時而滅；有時而聚，則有時而散。故當其得時，即是失根；當其明時，即是暗根；當其欣喜時，又便是苦根也。」〔註16〕

對於已經知道欲明性理，須向心中用功的學者，時常有此發問：有時體會到良知，有時卻又體會不到，究竟該如何維持？針對此提問，近溪時常在觀察其體證工夫之後，做出切要的指點。近溪認爲良知本性時時在人身上起著作用，只是百姓日用而不知，因此工夫在於復以自知，正是近溪此處所講的「幾

〔註16〕《盱壇直詮》111 條，台北：廣文書局，1996 年四版，頁 169。

希悟入」，在日用倫常間當下體認，原來知愛知敬之心即是我的良知本性。此個當下的體認，是良知本來明覺在起作用，以良知之本來不學不慮之良，來復知良知即在我身而爲成聖根據的天性，良知雖一個而可以兩分，皆源自於天。如今沈君之疑問，則正因爲其有人爲地想要把持住良知天命，遂不出於天，而出於人了，亦是近溪所指點的「一念」之差。證體工夫原是自知己之良知，便以良知作主宰，順著良知本性而爲自然知愛親敬長，自然能爲善去惡，正是因爲不假以人爲私欲在其中，任本性而行，故本來有的天性渾成才能使吾人的生命渾淪順適、爲所當爲。因此逆復而知的工夫之後，不是持守的工夫，而是推致良知的工夫。而證體工夫之前，亦非執持良知不放故能體證得，卻是使心中時時警醒，方能從日用而不知中復知己之良知。因此「持守」是工夫上的偏差。

此工夫之偏差必然影響到所見之體未眞，因此近溪言：「子之所苦，不當在失與暗時，而在得與明時也。」正是因其把捉住錯誤的本體，故覺工夫之難持難守。正因爲其認「明」爲本體，而此明卻非百姓人人皆有的，是與大眾不一般，故非良知，乃是「光景」。此光景既是非眞，故有時明有時暗，有時得有時失。沈君只見到自己工夫尚未純熟，而近溪卻指點他原非未成熟，而是工夫錯用的問題，工夫問題在表，其裡則是因爲認本體不眞，此即是須破之「光景」。

須用工夫執持的本體，即是與大眾不一般的光景，再看近溪指點工夫與本體，皆不離百姓日用倫常：

林生曰：「自領教來，常持此心不敢放下。」

予顧諸士夫嘆曰：「只恐林生所持者，未必是心也。」

林生竦然曰：「不是心，是何物耶？」

曰：「汝諸人所言者，就是汝諸人的本心；汝諸人的心，果是就同著萬物的心；諸人與萬物的心，亦果是就同著天地的心。蓋天地以生物爲心，今日風暄氣暖、鳥鳴花發，宇宙之間渾然是一團和樂。今日太祖高皇帝教汝等孝順和睦、安生守分，閭閻之間亦渾然是一團和樂。和則自能致祥，如春天一和，則禽畜自然生育，樹木自然滋榮，苗稼自然秀穎，而萬寶美利無一不生生矣。況人家一和，而其興旺繁昌，所有利益又何可盡言耶？……又何恨其來之遲，而怕其去之速耶？」

林生復同諸士夫請予開示，再四進曰：「公祖謂：諸老幼所言，既皆

渾是本心，則林生所言者，又何獨不是心耶？」

予復歎曰：「謂之是心亦可，謂之不是心亦可。蓋天下無心外之事，何獨所持而不是心？但既有所持，則必有一物矣。諸君試看，許多老幼在此講談，一段精神千千萬萬、變變化化，倏然而聚、倏然而散，倏然而喜、倏然而悲，彼既不可得而知，我亦不可得而測，非惟無待於持，而亦無所容其持也。林子於此心渾淪圓活處曾未見得，而遽云持守而不放下，則其所執者，或只意念之端倪，或只見聞之想象，持守益堅而去心益遠矣。故謂之不是心亦可也。」〔註17〕

林生首言：「自領教來」，想必聽聞近溪之旨而努力用功，可見得「破光景」實是在格物致知工夫之外，對於學者錯用工夫的一種指點，或許是致知工夫不足，或許所致之本體有所偏。因此近溪的「破光景」，並非另立一路工夫，而是在「仁禮兩端」的工夫大體上，使學者回歸於平常的最後工夫。此工夫非端賴自己即能作得，須要老師指點，因為自己迷失在光景之中，難以發現自己之誤，因此近溪對於「講學」在學聖路上的重視，在此即能發揮效用，若非師友共聚討論，則自己學問之偏差難以發現。

近溪謂用功向學的林生所言非心，卻謂在座諸老幼渾淪皆是本心，若本心不離人，則此言林生似乎有矛盾，故近溪言：「謂之是心亦可，謂之不是心亦可。」良知本心時時在人身上起作用，只賴己知不知，林生身上當然亦有良知，故曰「是心」，然林生所執持而求的即非良知，故曰「不是心」。近溪所言老幼同然之心者，即是天性生生之心，順其自然之生生，則草木萬物無有不長，老幼鄉鄰間無有不一團和樂，此和樂之能自然而生，正是因為天地之心本是生生，不以操持而堵塞其生生，則其生機自然萌發、無有歇止，不須持之守之而自然有之。此生機原是遍滿於一切而不待持，今林生須持之才能得其心，放下則唯恐失之，此能失者，其所持之心既非老幼鄉鄰所共有者，即非天性，因為天性是普遍於一切人與萬物身上，又時時起著作用的。

林生之操持正是逆此生生之機，以人為之有意來遏止自然天性之湧出。心本有其「渾淪圓活」之性，其能不斷地起著使萬物能「一團和樂」的作用，此和樂即是含著人之本心、即含有至善規矩在其中，順著本心而發本來即能對父兄之愛敬，以推擴到愛敬其他人，因為此本心即是源源不絕的愛敬根源，

〔註17〕《近溪子集》191條，收於《近溪子全集》，台北：國家圖書館藏。

此是本心能生惡可已的創生性。林生之操持工夫,即是不以天性之生而又生,反而想要持守於己心之一處,此便是逆著本心能不斷推擴的生生之機,而執於一己之私,一旦私意則此所守住的亦非本心,是近溪言其:「持守益堅而去心益遠矣。」因此名其「不是心」,並非林生沒有良知在其中,而是指其工夫錯用所見之體非是本心。

近溪此說百姓老幼皆是本心,亦非說工夫即是如此現成,此處只可看做是爲了指點林生之執持,而說本心之渾淪順適之一面,即是就本體而言心,亦即是復以自知工夫中的第一個知,此性固人人是善,但眞正學聖則定須作體證的工夫,否則只是百姓日用而不知,亦非聖人境界。就此本體而言性善生生之機、渾淪圓活,正是爲了點醒已經在作爲聖工夫的林生,所作的工夫當須不違此體之自然,若違此體之自然,逆於本性生生之機,本體之靈妙作用呈顯不出,則此體實非的當。眞正的體證工夫,亦非逆著本性生生之機而自知,正是順著本性天然的妙用,而自知此靈妙善性即是我成聖的根據,讓本性之生生自作主宰,以顯其渾淪圓活之妙用天成。因此近溪說此心「無待於持」,本心自然呈露即是淪渾順適,無須人爲有意之執持;亦說此心「無所容其持」,證體工夫不只不須要人爲之執持,且此人爲正會妨礙天性之自然。

近溪謂林生「既有所持,則必有一物矣。」是言其執持的工夫,把所要體認的天理良知當作一對象物,則是分道德主體與體認之體爲二,此義可與下段引文同看:

> 問:「今日爲子盡孝,莫大揚名顯親;欲遂顯揚,莫先立身行道。吾儕求道,非不切切,無奈長時間斷處多。」
>
> (羅子)曰:「試說是如何間斷?」
>
> 曰:「某之志願,常欲照管持守此個學問,有時不知不覺忽然忘記,此便是間斷處也。」
>
> (羅子)曰:「此則汝之學問,原係頭腦欠眞,莫怪工夫不純也。蓋學是學聖,聖則其理必妙。子今只去照管持守,卻把學問做一件物事相看,既是物事,便方所而不圓妙。縱時時照見、時時守住,亦有何用?〔註18〕

此人亦知近溪的孝弟慈宗旨,因而爲學志在立身行道之大孝,然近溪亦謂其

〔註18〕《近溪子集》52條,收於《近溪子全集》,台北:國家圖書館藏。

所見「頭腦欠眞」此又如何說？蓋所謂「知」得本體乃是覺悟之知，而非聞
見之知，此人之「知」正是把近溪所提示的孝弟慈，當作道德知識來認知於
心，並欲透過持守的工夫來管照此心，因此近溪說其未見本體，工夫如何純
熟皆是錯用。其持守的工夫，必有一所守的對象，則是把所欲證之本體與作
工夫主體之心作二物看，其明亮之「光景」終在心外另爲一體，此體既非我
有，故有「失」之疑慮，擔憂其「失」而更「守」之。此義牟先生亦有論之，
其曰：「一經悟解，良知即凸起而被投置于彼，成了一個對象或意念，而不復
是天明，這便是良知本身所起的光景。光景者影子之謂也。認此影子爲良知
則大誤也。」〔註 19〕此對象物是由執持的工夫所塑造出來的，並非眞正的良
知本體，故近溪須破此光景。其實良知本性在我，本無一刻失之，以其天性
之良，而復知此天性在己，是良知自知其自己，二知實爲一也。

　　近溪認爲此執持的工夫，亦是當時學者的一種通病，從近溪反對的立場，
亦可見出近溪之主張，其言：

> 今世業舉子者，多安意於讀書作文，居則理家、出則應務，自以此
> 爲日用常行。至論講學做聖賢，卻當別項道路，且須異樣工夫。故
> 每每以閉戶靜坐爲寧靜，以矜持把捉爲戒懼，欲得乎此、恐失乎彼
> 者，殆將十人而九矣。曾不思量，天命率性，道本是個中庸。中庸
> 解作平常，固平常之人所共由也，且須臾不可離；須臾不離，固尋
> 常時刻所長在也。〔註20〕

學者之所以會犯執持本體的通病，正是因爲將日用倫常與道德實踐分開，因
此其修養工夫是離開日用倫常，其所證得的本體亦是離開日用倫常的「光
景」。如此亦是將所欲證之本體與現在之心分開，唯有通過持守的工夫，心與
體才能相合，終是爲二。近溪言：「說良知是個靈的，便苦苦地去求他精明，
殊不知要他精，則愈不精；要他明，則愈不明。」〔註21〕良知本是靈明，然
若把良知之明當作一對象以求之，則無法得此明。

　　相對地，從近溪之語可見其性是離不開日用倫常的，此亦是近溪以孝弟
慈爲宗旨，所尤其重視的切近平常。近溪的孝弟慈能上通於天而爲形而上之

〔註 19〕牟宗三先生著，《從陸象山到劉蕺山》，台北：學生書局，2000 年再版，頁 291
　　　　～292。
〔註 20〕《近溪子集》187 條，收於《近溪子全集》，台北：國家圖書館藏。
〔註 21〕《旴江羅近溪先生全集》250 條，台北，國家圖書館藏。

性,而此通達於天須是從切近平常的日用倫常做起,是近溪之學所重視的「極高明而道中庸」,此理是普遍於人人,亦是須臾不能離的,日用倫常皆是天性的全然朗現,吾人之須知此性之在我,而無須刻意持守之,近溪言:「夫既寂然,將何所執?夫既遂通,又何暇執?」〔註22〕良知本能感通於物,只須復知此良知在我,任良知作主宰則自有感通妙用。而此種切斷天性與日常之際的工夫,與其所體證之體不是時時遍在日用倫常之中,此光明不爲百姓老幼所共有,則其知必非良知,其體必非眞體,亦不會有靈妙之用。

針對道不可須臾離之旨,再引一段語錄:

> 予執茶甌,問曰:「君言照管、歸依,俱是恭敬持甌之事,今且未見甌面,安得遽論持甌恭謹也?」
>
> 曰:「我於甌子,也曾見來、也曾持來,但有時見、有時不見,有時持、有時忘記持也,不能如古昔聖人之恒常不失耳。」
>
> (羅子) 曰:「此個性只合把甌子作譬,原卻不即是甌子也,故甌子則有見不見,而性則無不見也;甌子則有持不持,而性則原不待持也。不觀中庸說:率性謂道,道不可須臾離?君今既云:見持不得恒常,則是可以須臾離矣。可離,則所見所持原非是性,而君只認假爲眞不自覺耳。」〔註23〕

近溪從對方的執持工夫,便能指出其所見之體未眞,因爲其工夫問題總是持守不能久,近溪認爲若是執持工夫則必不能久,其言:「君試反而思之,豈嘗有胸中炯照,能終日而不忘耶?事爲持守,能終日而不散耶?即能終日,夜則又睡著矣。」〔註24〕既是人爲有意的工夫,則非出於天性之生生,故持不能久。其實在工夫一開始的根本即抓錯,是近溪言「未見甌面」者,根本錯則爲無源頭的工夫,工夫既錯所證之本體則更謬矣。此執持的工夫未能恆常,其所證之本體則可能因其工夫之間斷而間斷,是可須臾離也,即非眞道。近溪指出其乃「認假爲眞」,又言:「不能以天理之自然者爲復,而獨於心識之炯然處求之,則天以人勝,眞以妄奪。」〔註25〕日用倫常到處可見之性,不待持而自然能久常、又能妙用無窮之性,本是人的天性,此天性不須臾離,

〔註22〕《近溪子集》53 條,收於《近溪子全集》,台北:國家圖書館藏。
〔註23〕《會語續集》22 條,收於《近溪子全集》,台北:國家圖書館藏。
〔註24〕《近溪子集》233 條,收於《近溪子全集》,台北:國家圖書館藏。
〔註25〕同上註。

不須切斷日用之際即能證得，人卻往往不能在此直截處受用，而獨求光景於心識中，即是「認假爲眞」、「天以人勝」，此假者即是以人之知解見識爲主，而非以人的天性之良作主宰。

反覆引證近溪之文，足見近溪所要破除之「光景」，不外乎針對執持的工夫，與離開日用倫常，此皆非本性之良。下引文可見近溪認爲天性本來自然順適，既假以人爲之見識之功，則不若天性之靈妙，反而擾亂其靈明：

> 此心之體極是微細輕清，纖塵也容不得。世人苦不曉事，卻便著許多粗重手腳，要去把捉搜索。譬如一泓定水本可鑑天徹地，纔一動手便波起明昏。世人惟怪水體難澄，而不知原是自家亂去動手也。〔註26〕

所謂「纖塵也容不得」，是指吾人之心體除了天性之自然，絕不能雜以其他私欲人爲，亦是爲聖工夫的唯一途徑，只有復知己之良知，使原本是一的人之知與天之知，通過修養工夫再度回到其一，然而卻非在此一之外另加上什麼。以知解思慮來把捉良知，恰如爲良知摻入雜質，難窺其面貌。近溪巧妙以一泓水爲喻，世人一動手便「波起明昏」，更執此明爲光景而欲守之，此明只是假明未能照徹一切，故其有昏時乃爲必然。唯有一泓定水方能鑑天徹地，此明方是眞明而能久久弗去。欲使水成定水，不能假以人力，而縱使以手撥弄之，不改一泓定水能鑑照之本性，此即近溪言：「此心之知，既果不容人去爲得，則類而推之，亦恐不容人去蔽得。」〔註27〕

二、一念耿光，逐成結習

由於執持工夫，往往在體認良知本性時，摻以自己的知解見識，以爲良知是如是光徹、如是靈妙、如是感應，以此見識混雜，而眞見得良知有如此之光景，其實此光景爲心識所造，並非良知眞正之天明，良知有洞徹一切事理的能力，其光明是心中的開朗，卻非眞有刺目的光芒。學者以知見所認識的光徹、靈妙、感應，皆只是知解見識之想像，並非良知之靈妙感應。學者誤認此光景爲良知，因而此良知難以推擴、難以應物，而其工夫只是不斷在心上執持。嚴格說來，此個光景並非如唐先生所說，是復以自知工夫做到一半的「一往逆復」，而是在工夫之初已有了偏差，非是純然的證體工夫，所見之體故爲光景。則光

〔註26〕《近溪羅先生一貫編》329條，上海：上海古籍，1995年。
〔註27〕《近溪子集》204條，收於《近溪子全集》，台北：國家圖書館藏。

景與良知之別，不在工夫之完成與否，而是錯認「假良知」爲「光景」，此則以
牟先生所說「光景者影子之謂也」來說明較爲恰當，以「光之景象」言亦可，
只是此「光之景象」或「光的影子」，都非良知光明本體，甚至亦非達證良知的
必然過程，而爲體證良知之偏差，此即唐先生說的「逆復工夫之一大歧途」。說
爲復知工夫之「歧途」則可，若爲復知工夫做到「一半（一往）」則不可，因爲
復知工夫若無摻雜人爲「見識」，本不會見到如此光景。

下引一段語錄，以見近溪所述之光景，與良知本來景色之別：

> 曰：「學聖無非此心，此心須見本體。故今欲向靜中安閑調攝，使我
> 此心精明朗照，瑩徹澄湛，自在而無擾，寬舒而不迫，然後主宰既
> 定，而應務方可不差。此今乘暇用功，亦於坐時往往見得前段好處，
> 但至應事接物，便奪去不能恒久，甚是令人懊惱也。」

> 子（羅子）時慨然興嘆，改容起曰：「明公志氣誠是天挺人豪，但學
> 脈如所云，不無幾誤乃公矣。……殊不知天地生人原是一團靈物，
> 萬感萬應而莫究根原，渾渾淪淪而初無名色，只一心字亦是強立。
> 後人不省，緣此起個念頭，就會生個識見，因識露個光景，便謂吾
> 心實有如是本體，本體實有如是朗照，實有如是澄湛，實有如是自
> 在寬舒。不知此段光景原從妄起、必隨妄滅。及來應事接物，還是
> 用著天生靈妙渾淪的心，心儘在爲他作主幹事，他卻嫌其不見光景
> 形色，回頭只去想念前段心體，甚至欲把捉終身以爲純亦不已，望
> 顯發靈通以爲宇太天光，用力愈勞違心愈遠。興言及此，情甚爲之
> 哀惻，奚忍明公而復蹈此弊也哉？」〔註28〕

問者見本體之描述，若以「精明朗照，瑩徹澄湛」來看，本無不可，然其有
問題之處則表現在「應事接物，便奪去不能恒久」，性本是生生而能無窮推擴，
此則足見其所體證之體並非本性，若非本性又能有此明，則必是雜以見識的
光景了。近溪謂良知本色即是平平，而無此精彩的光景，因道體雖極高妙，
而其實只是平常，在最平常的日用倫常之中，無處不顯現著道體。人不在此
處精察，而眷戀道體必有其靈明顯赫之光彩，故離人事而覓之。雖眞覓得亮
晶晶的光景，然回到日常間，此光景卻派不上用場，故近溪言：「及來應事接
物，還是用著天生靈妙渾淪的心。」本心終究未遠人，只是人不自知，其所

〔註28〕《會語續集》26條，收於《近溪子全集》，台北：國家圖書館藏。

體證的光景，在現實實踐中推致不出來，而本性之良依舊在日用倫常中起著作用，此是良知雖淡而平常，卻又靈妙渾淪。

近溪以其曾身歷之光景，來提醒學者之病：

（羅子曰）：「……君纔言常時是合得，若坐下心中炯炯，卻赤子原未帶來，而與大眾亦不一般也？」

其友顏色少解，但猶曰：「此段工夫得力已久，至此難教棄去。」

予曰：「感君垂念先人欲直言相報，若果直言，君恨棄去不早矣。蓋吾人有生有死，我與老丈俱存日無多。適纔炯炯渾非天性而出自人為，今日天人之分，便是將來神鬼之關也。今在生前能以天明為明，則言動條暢意氣舒展，比至歿身不為神者無幾。若今不以天明為明，只沈滯襟膈留戀景光，幽陰既久，歿不為鬼者亦無幾矣。老丈方謂得力，豈知此一念頭，翻為鬼種，其中藏乃鬼窟也哉？」〔註29〕

此段與前引文皆可見近溪與人真誠相待的真精神，近溪破人之光景，縱使疾言屬色亦只是為人著想，希望此人能即刻回頭，當下體認良知，而不留戀於光景，白費一生勤苦用功。近溪坦言，此種工夫「恨棄去不早矣」，絕無貪戀之必要，用力越深則離道越遠，正顯明此工夫與此體之誤。此個炯炯本非天性，而是雜以見識在其中而恍見良知之光景，此光景原與赤子帶來的知愛知敬不同，並非普遍人人皆有的。以神鬼譬之，則與泰山丈人說與近溪者相同。對於鬼窟，唐先生有一段貼切的描述：「然以人有此自私之一念，而絕感通于物，其心恆有所忍。有所忍則滯其生機之一方面，而窒其明之生。」「生機自遏，反成死機，此之謂鬼窟。」〔註30〕稱為鬼者，正以其逆於生生之機言，天性乃是能創生之活物，誤弄光景而不以天性作主宰，正是遏止己之生生活潑，而為無生氣之死機。此之所以遏止生生，一是由於所認得之體不真，故體認不到其創生性而無有推致於事物；一是由於執持工夫只在保守己之光景，以為光景不保持則難於應物，殊不知其實是錯認了本體，以此錯認而致使其工夫不斷在己身處用，卻無應物之開展，即是近溪言：「沈滯襟膈留戀景光」。工夫本體皆錯認，無怪乎近溪勸其盡早棄之。

本體認錯與不能自信己善有關，正因為對己性之善自信不足，故無法從

〔註29〕《會語續集》24條，收於《近溪子全集》，台北：國家圖書館藏。

〔註30〕唐君毅先生著，《中國哲學原論·原教篇》，台北：學生書局，頁432

平常中體證本性，須做操持工夫，以為平常之心不如晶亮的光景。近溪曰：

> 曰：「如此工夫某亦未能，但堯云：兢兢，舜云：業業，恐聖賢未有
> 不如此者也。」
>
> （羅子）曰：「予且未詳堯舜聖賢，但據君於已所性，真決其為善，
> 則是初生之時君已受用不著，真決其要用力方善，則自孩提至今皆
> 然，是君於性正疑信未定之時。周子云：〔註31〕謂能疑為明，何啻
> 千里？」
>
> 此友沈思，未有以應。……
>
> 時一二童子捧茶方至。
>
> 予（羅子）指而嘆之曰：「君視家中盛僕與視捧茶童子，何如？」
>
> 曰：「信得更無兩樣。」
>
> 頃之，予復問曰：「不知君此時何所用工？」
>
> 曰：「此時覺心中光光精精，無有渣滯。」
>
> 予曰：「君前云：與捧茶童子一般，說得儘是。至曰：心中覺光光精
> 精，無有渣滯，說得又自已翻帳也。」
>
> 於是沈思之友，遽然起曰：「我看並未翻帳，先生何為此言？」
>
> 予曰：「童子現在，請君問他心中有此光景否？若無此光景，則分明
> 與此君兩樣矣。」〔註32〕

此友自以為已體得知性，而此性又與聖人、孩提沒有兩樣。然近溪從其心中
「光光精精」分明與童子不同，來指點其所謂知性其實是光景。聖人心中亦
是光明，然此光明是洞徹一切事理的明朗，以本心作主宰，遇事則自然能應
對自如、無有窒礙，以此心之自然渾淪，而應於一切事物無有不通暢得體，
胸中原無一物，然一切天機宛如昭明於心，以此種全幅之清明與睿智而說光
明。卻非是心中「覺」有一明，之所以有如此感覺，正是因為雜有見識思慮
來妄想聖人境界，以為聖人境界必有如是光明，久之在己心中亦覺有此光明，
此是光景而不自知。

〔註31〕周濂溪，《通書》〈公明第二十一〉「明不至則疑生。明，無疑也。謂能疑為明，
　　　　何啻千里？」。

〔註32〕《會語續集》22條，收於《近溪子全集》，台北：國家圖書館藏。

　　其光精乃是通過執持工夫得來的，近溪指點其若是眞以此光景爲性，則此性在初生之時已受用不著，因爲其性需要藉賴執持工夫方能見得，未做執持工夫以前則無法受用，如此則人大半時候是無法受用此性的，誰能時時刻刻做執持工夫呢？近溪進而言做此工夫，其實正是因爲未信己性之善，未能信己從孩提已有此不學不慮之良，故工夫不在發現己心之良，反而另做執持工夫去尋求一個光景，此光景不但無法表現在日用倫常，且在孩提身上更找不到其蹤跡。如此離開己性以去另覓一性，正是不能信己之性善與聖人同，近溪引周子之語，說此友於己信未能自信得及，所證得之光景絕非眞性之明。

　　執持工夫則專致於己心之持守，乃至於無法推擴己心以達至天下，心之限於一己則非生而又生。性本同於天地之生生，自覺己心之後當是有不容已之推擴，其心既不容已，怎有專於持守己心之可能，因此由此無法推擴，亦可見得所見非眞體，非眞體而又曰「光精」，即是光景。下引近溪對於學生之指點足徵之：

> 嘉靖乙丑夏，不佞儒（曹胤儒）侍家大人斗墟府君宦撫谿。適羅師自寧國丁外艱，過谿城，宿臬司。儒往侍教，師徵儒新功。
>
> ……
>
> 居頃之，問曰：「此時心地如何？」
>
> 儒對曰：「覺無物。」
>
> 師又曰：「此便是。」
>
> 頃又曰：「當得帳否？」
>
> 儒對曰：「恐當不得帳。」
>
> 師曰：「然。這是光景會散。」
>
> 又扣數語，師首肯曰：「如子所說都是，學問脈路想是明白，無勞多譚，只是人行我行、人歇我不歇，如是做去，五六年便熟了，便是聖人路上人了。」〔註33〕
>
> 乙丑秋初，不佞儒走盱，拜師素幃中，師留儒從姑。晚坐，師忽問儒所得。儒對曰：「近來見得無聲無臭而廣生大生天之道也。故當理會無思無爲之本，使此未發，發時澄澄湛湛，則隨時隨手，

〔註33〕《盱壇直詮》131條，台北：廣文書局，1996年四版。

達順將去，天地萬物有所不能違，而範圍曲成在是矣。」師曰：「此
亦幾於併歸一路，甚好。然有所見，莫不是妄否？無思無爲之本，
澄澄湛湛，莫不是著想成一光景否？亦果能時時澄湛否？隨時隨
手果能動中否？」儒時無對。師又曰：「如吾子所見，則百歲後易
簀時，欣欣暝矣。吾則以爲，眞正仲尼臨終不免歎口氣也。」次
早梳洗頃，師顧儒大聲曰：「大丈夫須放大些志氣！莫向枯塚裏作
活計！」儒大有省，而疑根則未釋也。師勸儒久住山中，儒亦眷
眷不能別。〔註34〕

由語錄所載，亦可見近溪對學生學習之關心，曹胤儒是近溪相當親近的學生，
對於近溪學問宗旨應相當熟悉。前次會面，胤儒言心地「覺無物」，並受到近
溪的首肯，覺無物正是心中無光景，近溪肯定其體證工夫，並勉勵此工夫不
間斷地做去，便是走在學聖的路上。然再度會面，相隔數月，胤儒所體證亦
曰「無思無爲」，然而又說發時「澄澄湛湛」，則是把之前所覺「無物」者當
成眞有此對象了。近溪指出此澄湛莫非不是光景嗎！本體一差，而工夫則枉
做了。胤儒自道此心體應於物，則能範圍天地萬物。近溪又指出此並非眞與
萬物同體，此應物並非出自本心而是發於光景，既發於光景如何能與萬物相
感通，天地萬物其實是範圍在胤儒的光景中，而自以爲與萬物同，因此此個
與萬物同體其實亦是光景。其心不能與萬物有眞感通而推致其心於萬物中，
其所用功必是只在己心之處的持守光景。

　　以此心之推擴不了，卻自得於己之光景中，近溪言其：「百歲後易簀時，
欣欣暝矣。」因爲其志不在與天地同體之大身，而在己心之停滯於光景，此
光景能常保則其心足矣。而孔子之所以爲聖，正是因爲其心即同於天地之生
生，不容已地推致其心於萬物，以其自知來喚醒天下人能自知本性。以此無
窮推致的生生之心，雖終其一生仍無法完成此志業，故臨終不免歎口氣，此
歎正足以顯聖人之心廣大無盡、生生不已，正是聖人不自以爲是聖，而人稱
其爲聖人。如胤儒之見則無法開出聯屬家國天下爲一大身的外王事業，近溪
勉其「大丈夫須放大些志氣！」正是要他立學大人之志，本性是與萬物同體
而爲生生之機，回復本性即是要以此生生之仁，仁於萬物，在眞切的道德實
踐中推致其性，而不只是留戀景光。

〔註34〕《盱壇直詮》132條，台北：廣文書局，1996年四版。

第三節　破除光景的工夫

　　牟先生從心學發展的角度來論近溪的破光景，並認爲近溪於此講出了心學最後的工夫，而達到圓熟的化境。然對於近溪本人的學問而言，近溪卻並不著墨在如何爲心學工夫尋求新的發展，而只是在學聖的途中，於一體未安處皆能有所解開。因此於其親身經歷過的光景之破除，而看到學者有此共同的通病，在此處喚醒學者，此工夫正好在心學中顯出特色。言此正是爲了說明，大凡眞儒皆是通過其眞生命的眞實體會而講出眞正的學問，近溪亦是如此，在學問上近溪對於陽明學、朱子學、泰州學皆有所受，然近溪通過其對孝弟慈的眞實體會，以孝弟慈爲宗旨來貫串儒家經典，並以此開展出一個系統的工夫，在心學的發展上多有發揮與創造。近溪所提出的學問型態，正親身實踐其法聖王的格物工夫，近溪對於先儒的態度，即是有所學習而其實根本於心，因此於心有未安之處，近溪便能講出貼合自己生命的學問來。

　　破光景正是在此脈絡下發展出來的學問，以「破」言是消極的工夫，積極的則是爲了顯出對心性的眞實體會，對孝弟慈之學的穩當實踐。破光景不能作爲近溪思想的主要工夫，而是在學者於證體工夫有所偏差時，使其回歸於正，亦是在近溪工夫論的脈絡下，承著復以自知與格物工夫而來的最後的工夫。牟先生言近溪的學問精彩正在此處，然學者對近溪的批評矛頭亦指向此處，指其爲禪。明儒學案謂近溪：「然所謂渾淪順適者，正是佛法一切現成，所謂鬼窟活計者，亦是寂子速道，莫入陰界之呵，不落義理，不落想像，先生眞得祖師禪之精者。」〔註35〕古清美先生亦言：「近溪的特色其實是其求仁之旨中融入了佛學……於是他在開顯其求仁之學所強調的平常、順適之心時，使用了佛學的理論和禪宗的手法，達到了震撼人心的效果。」〔註36〕其實「遮撥」方式可以是儒釋道的共法，眞正辨別則在本體處，近溪通過遮撥的方式來顯儒家的道德本體，是「寂然不動，感而遂通。」故能於事來則應對自如，遇父母則自然知孝、欲兄長則自然知弟、遇鄉鄰自然知和睦，此皆是因爲本心乃生生之機，有其自發而不容已的實踐道德的要求。以遮撥的手法來論斷近溪近禪，而未見近溪切近日用倫常的孝弟慈，其實是最傳統的儒家義理。

〔註35〕黃宗羲，《明儒學案》〈泰州學案三〉「參政羅近溪先生汝芳」，台北：里仁，1987
〔註36〕古清美著，《慧菴論學集》〈羅近溪「打破光景」義之疏釋及其與佛教思想之交涉〉，台北：大安，2004 年初版。

　　近溪的破光景工夫，除了有遮撥的手法，亦有顯本體的手法，直接鋪顯所應立的體，讓學者自知其所體非是。以下將近溪對學者光景之破除手段，分爲三類：「孝弟慈的天性自然平常」，「體證工夫」之鋪展，「放下」的遮撥方法。以本性之自然平常，正可以破除光景的離於日用倫常，其生生之機亦能解消未有推擴於天下的道德實踐；以回復本性的體證工夫爲鑑，可相較出留戀於光景之形色乃不穩當的工夫型態；以放下的遮撥手法，即是掃除學者的執持工夫。雖看似三種手法，其實不出近溪孝弟慈之宗旨，近溪以一貫的孝弟慈來拆穿學者構築的光景。以下從此三種角度分述之，冀能呈現近溪破光景工夫之全貌。

一、孝弟慈的天性，自然平常

　　近溪以本性之自然平常，來對應學者的將戒愼作執持之功。指示工夫應該回復本性，而非另覓光景。其言：

> 生曰：「戒謹恐懼相似用功之意，或不應如是現成也。」
>
> 予曰：「諸生可言：適纔童冠歌詩之時，與吏胥進茶之時，全不戒謹耶？其戒謹又全不用功耶？蓋說做工夫，是指道體之精詳處；說做道體，是指功夫之貫徹處。道體既人人具足，則豈有全無功夫之人？道體既時時不離，則豈有全無功夫之時？故孟子云：行矣而不著，習矣而不察。所以終身在於道體、功夫之中，儘是寧靜而不自知其爲寧靜，儘是戒懼而不自知其爲戒懼，天下古今蓋莫不皆然也。……止因爲汝諸士子身心，具有此個光明至寶，通晝徹夜、照地燭天，隨汝諸士子居家出外而不舍，替汝諸士子穿衣吃飯而不差，相似寧靜而又戒懼，似戒懼而又寧靜。常常在於道學門中，亦久久在於聖賢路上，卻個個不肯體認承當，以混混沌沌枉過一生。從今便好豎起脊梁、肩起擔子，將聖賢學問只當家常茶飯實實受用，以無負朝廷作養之功，不忝父母生育之德，不必更立門戶，不必別做工夫。……」〔註37〕

以「童冠歌詩」、「吏胥進茶」而言戒愼恐懼之功，難怪此生疑惑爲聖之學有如此現成否？此良知現成之義，不只蕺山、黎洲等批評，連與近溪問學的學

〔註37〕《近溪子集》187條，收於《近溪子全集》，台北：國家圖書館藏。

者也不免有疑。然近溪針對此處的回答，其實便足以解決此些質疑。近溪的工夫與本體合一，此義在復以自知部分已詳論，近溪的證體工夫正是通過本性良知良能，且學諸古聖之修身爲本，故能自覺而知此性在我。從不學不慮處言良知，便可知良知時時在起作用，縱使人未能知之，仍在起著不容已要愛親敬長的要求，只是人不能自知，故難以良知爲眞主宰，進而推致此知之生生以達天下。近溪言：「道體既人人具足，則豈有全無功夫之人？」正是說明本性良知時時在起著作用，而說吾心有個「光明至寶」，「隨汝諸士子居家出外而不舍」，更是直指本性的不斷起用。爲聖工夫只須在此處體認下手，而無須另覓工夫，故說人既身在道體中，僅是寧靜而「不自知」其爲寧靜，正是指出工夫只在「自知」。

此看似良知現成之說，近溪正是以此良知的天成妙用，來取消學者的執持工夫，工夫原無須外求，良知本是光明至寶，知此良知知得精詳，以良知長作主宰，即如聖人動容皆能合於禮義，其身之修而能開展外王之治平，以其生生之機而感通於天地萬物爲一體。近溪言現成，正是說明人之本性即是成聖的根據，聖人只是自知此心，而能任此性之天機原有的靈明妙用得其發揮，卻非以執持的工夫堵塞此性之生，或另覓天理於此日用倫常的本性之中。以此點醒學者執持工夫須放下，回到最平常又是聖人根基的孝弟慈當中，當下「體認承當」此良知，一切靈妙作用才能在生命中萌發。此對於現成良知的提示，是從人的本性原有之善說，故從童子與吏胥中皆能見得此性，此性本是人人皆有、個個現成，亦即是復以自知工夫的第一個知字，是人要順著此天性之良而自覺之，方是成聖的唯一途徑。故「聖賢學問，只當家常茶飯實實受用。」孝弟慈之性本是極高明而道中庸，若要在境界中求精彩，則孝弟慈未有如光景般澄湛光精，然此平常之性卻是最讓人受用無窮，又通於天地生生之機。能聯屬家國天下之規矩，正是以此孝弟慈爲絜矩，由愛敬父兄，乃至愛敬天下人，使天下人亦皆能愛敬其父兄，便是孝弟慈通於天的生惡可已。

因此近溪言良知現成，卻非不用工夫，而是指出此工夫原是有根源，此根源是誰都不能反對的人性之善。近溪言此善之自然平常處，正是要使學者的僵化執持工夫消弭，執持工夫只會離本性越來越遠，而近溪其實又說：「君言知性如是之易，此性之所以難知也。」〔註 38〕良知之自然現成，原須要經過無有止盡的推致工夫方能回復。

〔註38〕《會語續集》22 條，收於《近溪子全集》，台北：國家圖書館藏。

　　近溪反對離開日用平常而在靜中另覓光景，此在靜中覓得的光景，回到倫常之際則使用不出，故學者常有「間斷」、「不能持守」之病，正是因為其將本性與日用倫常切斷。而近溪指點孝弟慈即日用平常之性，若不離平常來體會本體，近溪亦不是完全反對靜坐工夫，因為性本是不斷起作用，沒有靜坐之時就體認不到天理的說法。近溪指示靜坐如何用工，語錄如下：

> 問：「昨來論心雖極詳懇，退思聖學廣大精微，吾儕須是靜坐，日久養出端倪，方纔下手用工，不至浮泛而有實落處也。」
> ……
> （問者）曰：「某亦惕然，不敢更作前想，但要靜坐下手，不知如何方是？」
> （羅子）曰：「孔門學習只一時字，天之心以時而顯，人之心以時而用。時則平，平而了無造作，時則常，常而初無分別，入居靜室而不異廣庭，出宰事為而即同經史，煩囂既遠，趣味漸深。如是，則坐愈靜而意愈閒，靜愈久而神愈會，尚何心之不真，道之不凝，而聖之不可學也哉？」〔註39〕

此友形容其端倪乃是「心精明朗照，瑩徹澄湛。」近溪故以此為光景，而謂「用力愈勞，違心愈遠。」學者遂請問，若不求此端倪，須如何靜坐方是。近溪告以聖人之學只是「平常」，平常則非顯赫之光景，而是能在日用中不須臾離之道也。近溪以平常來說明聖人的最高境界，謂「了無造作」，則是取消對本體執持的工夫，而還歸本性之自然；謂「初無分別」，則是說明此道不須臾離，自孩提至今日皆然，人常能受此性之受用，只在不能知之，故其用不能如聖人之大、不能如聖人之彰顯其性本如天心之生生。因此靜坐之時，所體會的亦不能離平常之性，猶如仕與學皆在於致良知之功，故無論動靜出處，皆是復以自知的證體工夫，此工夫須學古聖方能有規矩，而亦在自身之中體證與聖人同然之心，與經書所闡述之理相印證，一切工夫都只是任孝弟慈之良知作主宰，而其愛敬自然能推擴，其行為自然能中矩。

　　近溪舉出聖人之境界以平常言之，正是說明聖人亦是從孝弟慈之最平常的人倫做起，故有言：「規矩，方圓之至也。聖人，人倫之至也。」〔註40〕聖人與吾人同然之本心，即是此孝弟慈的良知，聖人成聖亦是知此良知，而能

〔註39〕《會語續集》26條，收於《近溪子全集》，台北：國家圖書館藏。
〔註40〕近溪此語引自《孟子》〈離婁〉上。

治平天下，「上老老而民興孝，上長長而民興弟。」皆由於其身能自知，故使民能效尤亦自知。因此吾人爲聖之學，亦當不能離此日用平常而另覓眞道，極高明而道中庸者即是孝弟慈，在日用倫常之中當下體認良知，即是入聖的唯一途徑。

　　近溪從自然平常中指點學者，卻往往被後人誤認良知現成、不用工夫，茲引一段語錄以分明之：

　　　　（羅子）曰：「童子現在，請君問他心中有此光景否？若無此光景，則分明與此君兩樣矣。」

　　　　曰：「此君果差，不識先生心中工夫卻是何如？」

　　　　（羅子）曰：「我的心，也無個中，也無個外；所用工夫，也不在心中，也不在心外。只說童子獻茶來時，隨眾起而受之，已而從容啜畢，童子來接時，又隨眾付而與之。君必以心相求，則此無非是心；以工夫相求，則此無非是工夫；若以聖賢格言相求，則此亦可說：動靜不失其時，而其道光明也。」

　　　　其友乃恍然自覺，怡然解顏，笑而謝曰：「吾輩果平日用工未全的確，今不敢不勉矣。」〔註41〕

近溪此說果似飄渺無根的虛無工夫，其實近溪是以「無工夫相」來取消學者的執持工夫。此個說法即是在說明本性的自然平常，雖平常卻有其靈妙作用，如同見父則自然知孝，見兄則自然知孝，見孺子入井則自然知惻隱，是道德心本有不容已的自然起用，此自然妙用卻是要在心無所執持的本來狀態才能發出，有如「乍見」孺子，正是思慮私意皆未起之時，此時破空而出的即是本性良知的道德心。此心之生發，莫知其所從來，其實是原於天性自然之良，而人無法以見聞知識來思量理解它。

　　近溪的講學重平常，喜以周遭現實事物來指點學者，好讓學者與百姓皆能親切受用，故近溪說明此天性之自然平常，即以從容受茶、飲茶爲喻，此種說法則容易混淆道德實踐與現實經驗之分別，然近溪此說正是爲了凸顯道體之平常，無處不能展現之義，而學者果然能有所受用。依此自然靈妙之性來作主宰，即是道德實踐的工夫，以此自然流行之相，同樣是爲了打掉學者對於道德本體的執持，以執持爲工夫，不如以不執持爲工夫，不執持則本心

〔註41〕《會語續集》22條，收於《近溪子全集》，台北：國家圖書館藏。

之自然方能顯發。去掉執持的工夫，而以此自然「沒有執持」的工夫為工夫，在此「無工夫」上強調，正是因為此時學者所以為的「工夫」即是「執持」，故近溪所言的「無工夫」，即是正是要學者放下執持，而回到體證本心之自然，任本心之自然靈妙作主宰的體證工夫。

此「無工夫」之理解，與牟先生對近溪的理解略有不同，牟先生認為：「此『不屑湊泊』之工夫必須通過光景之破除，以無工夫之姿態而呈現，並非真不需要工夫也。此是一絕大之工夫，弔詭之工夫。此不是義理分解中之立新說，而是無說可立，甚至亦無工夫可立，而唯是求一當下呈現也。」〔註42〕牟先生當然認為近溪此並非不做工夫，然而卻有此「無工夫」將光景破除，則性體即能當下呈現之義，如此說則近溪的良知就太過現成。近溪的破光景若是以心學發展的角度觀之，則其「破」必有其所欲「立」之心學基礎，所謂立即是復以自知的工夫，因此光景之破除並非本性即現前，而是轉頭回去做真切的證體工夫，不再把持性體為光景。且牟先生此「無工夫」，有除了將光景「破除」之外，別無其他工夫之義。而筆者將無工夫理解做「去掉執持」的工夫，近溪講「無」的目的，正是為了掃除學者對於心體的執持，原是針對學者之病而發的藥帖，病瘳則無須此藥，無須再掃除什麼，而只要當下於平常處體認心體。此時的「無」由工夫之動詞，轉成形容心體狀態之形容詞，指心體是沒有被執持與光景遮障，而自然有靈妙天機之渾淪順適。

再針對自然之義，引述近溪幾段語錄，以證近溪之義原非如此現成，所謂自然只是描述本性之善原有的良知良能。其文如下：

> 世間有志學問者，說著「敬義」，便去講求道理，著力持守，指之曰「是為用工」；說著「不習而利」，便要等待時候，不即承當，指之曰「是為習熟自然」。卻不知自然之妙，豈是習熟之所能到？而工夫不識性體，性體若昧，自然總是無頭學問。細細推來，則自然卻是工夫之最先處，而工夫卻是自然之以後處，次第既已顛倒，道蘊何能完全？故某嘗云：為學必須通易，通易必在乾坤，若乾坤不知合一，而能學問有成者，萬萬無是理矣。〔註43〕

> 中有悟者曰：「然則從軀殼上起念，皆梏亡之類也夫？」

> （羅子）曰：「得之矣。蓋良心寓形體，形體既私，良心安得動活？

〔註42〕牟宗三先生著，《從陸象山到劉蕺山》，台北：學生書局，2000年再版，頁291。
〔註43〕《近溪子集》55條，收於《近溪子全集》，台北：國家圖書館藏。

直至中夜，非惟手足休歇，耳目廢置，雖心思亦皆歛藏，然後身中神氣，乃稍稍得以出寧，逮及天曉，端倪自然萌動，而良心乃復見矣。回思日間形役之苦，又何異以良心爲罪人而桎梏無所從告也哉！」〔註44〕

前段引文有：「自然卻是工夫之最先處。」最易讓人產生誤解，以爲近溪由自然流行的境界下手作工夫，如此則倒果爲因。但須看近溪之文脈前後之義，所謂「自然」亦是要強調性本天良，無須加以任何矯飾做作，其自然之機早已不斷地在吾人之生命中湧現，從聖人本依著此平常之性而能成就、能通達於天道之生生，即可知吾人之性本有此靈妙之天機。以此自然流行來打消學者執持的工夫，此自然指的便是人人於孩提之時，就已經有的良知善性，此言善性是就人性之本然說，亦是就爲聖的根據說，聖學之大在人之性初本有此良知良能，只須在此處做工夫則足以成聖。此義之強調，從近溪引〈易〉之乾坤可知，乾坤在近溪之學本是生生之義，悟透了此生生之機，即是孝弟慈之生惡可已，能在人之日用倫常中起作用，不唯如此，更以其不容已的生生之機，令人從事道德實踐之推展，朝聖人之至善學習邁進。故近溪說「自然卻是工夫之最先處」，即是叫人即時斷掉執持的工夫，回頭去做恢復本性之良的工夫。本性良善原即在人自身中，只須自知之，而令其眞作得主宰，則人即能受此良知自然之妙用無窮。

次段以孟子的「夜氣」來說明良知。良知本來時時在吾人身上起作用，然由於受到私欲之蔽，故人未能時時以良知作主宰，良知作得主宰處，唯有在夜半十分，人之雜思疑慮歇下，私欲暫息，故於初曉時良知能現前。此個良知現前並非透過眞實的修養工夫，唯有復以自知的自覺實踐工夫，夜氣才得保養，人才能令良知時時作得主宰。然此處言私欲放下良知自然能現前，卻能顯出性體本有天機自發，此能說明人之所以能作得復以自知工夫，正是由於人的本性之良，其能不斷湧現，而有不容已要回復其清明的要求。復以自知工夫於此有個根據，人之學聖本是順著本性之良而作工夫，原非逆著本性之生機；又工夫所作，即是回復本性之良，使此天機自然運作，作得吾人之主宰，並非遏止生機，而是推致此性之良，則即是爲聖、爲大人之學。近溪言：「今君不能以天理之自然者爲復，而獨於心識之炯然處求之，則天以人勝、眞以妄奪。」〔註45〕

〔註44〕《近溪子集》25條，收於《近溪子全集》，台北：國家圖書館藏。
〔註45〕《近溪子集》233條，收於《近溪子全集》，台北：國家圖書館藏。

即是說明自然即是天理本性，而工夫之本在於回復此本性，作復以自知的體證工夫，眞知得本性才能讓本性作主宰，便能天勝於人了。

　　由此二段引文可見，近溪言自然，不是將執持掃去、不須另作工夫就能有天機之妙用。其言自然是從人之本性言之，從成聖之根據言之，讓人以回復此性之良作爲爲聖工夫之根本，此性之良已是靈妙之用，唯其平易近常，叫人難見其「形色光景」，近溪從自然流行處，指點此性之天機自足，學者無須在他處另覓光景，而須回頭發現自己的本性光明，此明不若光景叫人炫目沈迷，卻比光景更能洞澈一切，眞理朗朗於胸。

二、體證工夫

　　近溪的體證工夫在第三章已有詳論，在此便只舉出近溪與學者之問答中，爲解消學者之光景，而以體證工夫來反照初學者執持工夫的問題。亦可見此體證工夫方是近溪所論工夫之大者。語錄載之：

　　　問：「白沙云：靜中養出端倪；又云：此心虛明，炯然在中。炯然可
　　　知是端倪否？」

　　　羅子曰：「是也。」

　　　曰：「某用工已久，炯然端倪尚未有見。」

　　　曰：「此個工夫亦是現在，且從粗淺處指與汝看。」乃遍呼在坐，曰：
　　　「汝等此時去家已遠，試反觀其門戶堂室、人物器用，各炯然在心
　　　否？」

　　　眾曰：「炯然在心。」良久，忽報貴客至。

　　　復遍呼在座曰：「汝等此時，皆覺得貴客來否？」

　　　眾曰：「皆覺得。」

　　　曰：「亦待反觀否？」

　　　眾曰：「未嘗反觀，卻自覺得。」

　　　羅子乃又回顧問者，曰：「此兩個炯然，各有不同。其不待反觀者，
　　　乃本體自生，所謂知也；其待反觀者，乃工夫所生，所謂覺也。今
　　　須以兩個炯然，合成一個，便是以先知覺後知，而知乃常知矣，是
　　　以先覺覺後覺，而覺乃常覺矣。常知、常覺是爲聖人，而天下萬世

皆在其炯然中矣。」〔註46〕

近溪從要反觀與不待反觀說之,即是以證體工夫來回應此生對執持工夫之想望。此生未見端倪,近溪卻指出此端倪即在現在,近溪又以現實之平常來作指點。以不待反觀而知貴客至,喻本性原有自然之虛靈妙用,人人皆有此妙用,然日用而不知。以反觀便即知家中堂室,喻此體證本心的工夫,要有就有,且不待遠求,因此性之良本在於己身,只須稍作體證工夫,便能將此性喚出。真能喚出本性,且時時以之作主宰,則性之虛靈妙用即能在生命中展現,即如聖人境界。近溪此時將孟子的「先知覺後知」轉而解釋己意,謂此先知者,即是吾人本性之良,以其時時在起著作用的良知良能,故人有能作體證工夫之根據。證體工夫原是依著本性之良,而自知其自己,故二者能為一。

通過此將二知合為一知的證體工夫,以本性生生之機,與天地萬物同體之虛靈妙用,則炯然在心中。此光明洞澈原非執持工夫所能致得,而須回到日用倫常間,作道德體證的工夫,去掉將本體當對象之追求,以此無條件地實踐道德,則心之虛靈則能闇然日章。

在為人熟知的「捧茶童子是道」一段語錄中,近溪亦表現此義。語錄如下:

> 問:「吾儕日昨請教,或言觀心,或言行己,或言博學,或言守靜。先生皆未見許,然則誰人方可以言道耶?」
>
> (羅子)曰:「此捧茶童子,卻是道也。」
>
> 眾皆默然,有頃一友率爾言曰:「終不然。此小僕也能戒慎恐懼耶?」
>
> 余(羅子)不暇答,但徐徐云:「茶房到此,有幾層廳事?」
>
> 眾曰:「有三層。」
>
> 余嘆曰:「好造化!過許多門限階級,幸未打破一個鍾子。」
>
> 其友方略省悟曰:「小僕於此,果也似解戒懼,但奈何他卻日用不知?」
>
> 余又難之曰:「他若不是知,如何會捧茶,捧茶又會戒懼?」
>
> 其友語塞。
>
> 徐為之解曰:「汝輩只曉得說知,而不曉得知有兩樣。故童子日用捧

〔註46〕《近溪羅先生一貫編》330條,上海:上海古籍,1995年。

茶是一個知，此則不慮而知，其知屬之天也；覺得是知能捧茶又是
一個知，此則以慮而知，而其知屬之人也。天之知，只是順而出之，
所謂順，則成人成物也；人之知，卻是返而求之，所謂逆，則成聖
成神也。故曰：以先知覺後知，以先覺覺後覺。人能以覺悟之竅而
妙合不慮之良，使渾然爲一而純然無間，方是睿以通微，又曰：神
明不測也。噫！亦難矣哉！亦罕矣哉！」〔註47〕

近溪又以日常來指點學者，前日學者問於近溪「觀心」、「守靜」等學，當因有
意執持之義，故近溪未能許之。此時近溪卻以「捧茶童子是道」來指示其道遠
離自然。捧茶童子當然是個譬喻，並非言童子即是聖人境界，雖然近溪舉捧茶
童子來說明，其知戒懼之功，又能自知其戒懼者，爲學者指出真正聖學之方，
然而近溪末語之：「亦難矣哉！亦罕矣哉！」若如捧茶童子如此未有作學聖工夫
之人即是聖人，則近溪爲何說成聖之難。因此捧茶童子分明是個指點，藉此作
爲譬喻，引述近溪接下來要爲學者講的證體之學。以捧茶童子爲喻，讓學者驚
覺原來道在日常中即能得，能打掉學者認爲聖學異於平常之光景。

　　近溪接著講述者，亦是復以自知的證體工夫，正是申述此工夫之大，讓
學者能自知其所要執持的工夫之小而未足論。同時亦可見近溪於破學者之光
景中，皆不忘強調證體工夫之重要，近溪言現成良知，與從覺悟之中方能體
現得，其言：「以覺悟之竅而妙合不慮之良。」即是真工夫所在。欲見真道之
光明，唯有從此工夫方能見得，而真要見此光明卻是件極難又罕有人至的。
近溪以此證體工夫，來喚醒學者所求工夫之妄，所見光景亦是妄，近溪言：「今
論語、孟子其書俱在，原未嘗專以玄微超脫爲訓。」欲從靜坐、持守之功，
以體得超越的天理，卻不知道只在平常處中體認，所謂超越的聖神其實亦在
切近的平常之中。與其將全幅精神用在執持本心上，不如將精神貫注在證體
工夫上，近溪言：「照管持守工夫雖未得力，而要去照管持守一段精神，卻甚
得力也。」〔註48〕亦是因爲如聖人之知如此難，故須在證體工夫上勤勉用功，
卻非在性體處有所勉強把持。

　　執持與把捉性體，正是由於對本性自信不足、以爲本性必然非日用之平
常，因此近溪亦在「信」處對學者作提醒。其語曰：

　　一友平素執持懇切，久覺過苦，來求見一脫灑工夫。

〔註47〕《近溪子集》50條，收於《近溪子全集》，台北：國家圖書館藏。
〔註48〕《近溪子集》52條，收於《近溪子全集》，台北：國家圖書館藏。

（羅子）乃止之坐曰：「汝且莫求工夫，某亦無暇與汝說，但同眾講會、隨時臥食。待數日有暇再共商量。」

旬日，其友躍然喜曰：「近覺中心生意勃勃，雖未嘗用力，而明白洞達自可愛樂。」

曰：「汝信得當下即是工夫否？」

曰：「既承指示，亦能信得，不知何如乃可不忘失也？」

曰：「忘原與助對。汝欲不忘，即必有忘時，所謂引寇入屋者也。故孔孟設科，不追其既往，不逆其將來。豈止以此待人？亦常以此處己。看他寬洪活潑、涵蓄薰陶，眞是水流物生，任天機之自然而充之，以至於恒久不息而無難矣。」〔註49〕

此友親身領受平常之道後，便能增加自信本心，然問及「勿忘勿助」之功，其實又是自信不足了。近溪對曰：「忘原與助對。汝欲不忘，即必有忘時。」正是要他放下對於「忘」的擔心，無須作「助」的工夫，性本是靈妙天成，而無須假以驅馳。此友會作執持工夫，正因其不能信本性之原來靈妙，不能信本性之日用不離，故近溪以「勿忘勿助」來指點他。既能自信得及本心，則只須作證體工夫，讓本性自然彰顯，則天機自現有如川流不息。近溪言：「君若從此直信不疑，則持循之力且可放下，便是商旅不行而外者不入矣。炯然之功亦將無用，便是后不省方而內者不出矣。」〔註50〕能自信本心之妙用現成本有，則無須作執持工夫，執持原是害怕失去，因此學者若要問如何方能使工夫常持，不若就其根本問題以自信本心來解決。如此執持之工便可放下，自信此性爲我有且不離須臾，則亦不須要常保光景不失。

三、放　下

近溪臨終絕筆之「一切放下」，與所謂「不屑湊泊」無工夫之工夫，爲近溪引來近於禪的批評。前已論述遮撥原爲儒釋道之共法，釋氏以空爲體，老氏以無爲體，其體不可說，故從遮撥的方式來顯體。儒家的道德精神原立得穩，其體可以不容已地要去爲善來形容，可以當下的知是知非、知愛知敬來形容，可以剛健奮發的生生之機來形容，故遮撥手法對於儒者之顯體，可以

〔註49〕《近溪子集》219條，收於《近溪子全集》，台北：國家圖書館藏。
〔註50〕《近溪子集》233條，收於《近溪子全集》，台北：國家圖書館藏。

是不必然要有的。然近溪用此遮撥的手法，來喚醒學者之離眞體而留戀於光景，以放下來形容眞體乃是不雜任何見識思慮的純乎天性。〈易〉曰：「無思也，無爲也。寂然不動，感而遂通」天機之妙用，本不能雜以見識思慮，以不雜己之私欲，故能感通於萬物，以不執持其光景，故生生之機能得以彰顯。雜以見識而求證本體，即是有條件而爲之，其目的不在心體之廣大與生生，而在光景形色。近溪言：「用意懇切固是意誠，然著力把持，反成私意。」〔註51〕近溪因以遮撥手段，去其有意有爲之目的，使其能無條件地實踐道德，方能達到「莫之爲而爲，莫之致而至」的聖神境界。

近溪以放下來拆穿光景，其語如下：

> 明德者，虛靈不昧。〔註52〕虛靈雖是一言，卻有二義。今若說良知是個靈的，便苦苦地去求他精明，殊不知要他精，則愈不精；要他明，則愈不明。豈惟不得精明？且反致坐下昏睡沈沈，更支持不過了。若肯反轉頭來，將一切都且放下，到得坦然蕩蕩，更無戚戚之懷，也無憧憧之擾。此卻是能從虛上用工了，世豈有其體既虛而其用不靈者哉？但此段道理，最要力量大，亦要見識高，稍稍不如，難以驟語。」〔註53〕

放下即是放下對本體的執持，尤其此工夫的執持又雜著想要追求一「精明」本體的見識在其中，此種執持，即非自然天性的心，以非天心要去求天心，就是緣木求魚了，近溪故說「要他明，則越不明。」近溪在學者作此種工夫的前提下，說「放下」的。因此顯然是就著對方的病來說的放下，對方的病之所以能言放下，因爲此病乃是學著自己把持住的，自己要放下就能放得下。放下對本體的執持與見識，則能還復天心的本然虛靈，虛是就其不能雜以見識思慮講，靈則是心的本來妙用唯有在虛時能得到自然發用。

至於從不能有所執持與見識的「虛」說本心，算不算近禪呢？近溪的虛之一義由朱子說，而朱子亦言：「禪家則但以虛靈不昧者爲性，而無以具眾理以下之事。」〔註54〕陽明之義大體相同，謂：「彼頑空虛靜之徒，正惟不能隨

〔註51〕《近溪子集》1條，收於《近溪子全集》，台北：國家圖書館藏。此語出自伊川：「纏著意做，便是有箇私心。」，《河南程氏遺書》〈伊川先生語三〉。
〔註52〕朱熹，《四書集注》〈大學章句〉：「明德者，人之所得乎天，而虛靈不昧，以具眾理而應萬事者也。」台北：大安，1996年初版，頁5。
〔註53〕《盱江羅近溪先生全集》250條，台北，國家圖書館藏。
〔註54〕朱熹，《朱子語類》〈大學·經上〉北京：中華書局，2004年初版五刷，頁265。

事隨物精察此心之天理,以致其本然之良知,而遺棄倫理,寂滅虛無以爲常,是以要之不可以治家國天下。孰謂聖人窮理盡性之學而亦有是弊哉?心者身之主也,而心之虛靈明覺,即所謂本然之良知也。其虛靈明覺之良知,應感而動者謂之意;有知而後有意,無知則無意矣。」〔註 55〕二者對於禪皆是以其無法開出積極的道德實踐來批評,而儒家之虛靈明覺則能感物而遂通,並以其生生之剛健奮發,能給出道德實踐的積極要求。

黃黎洲對近溪的批評爲:「自流行而至畫一,有川流便有敦化,故儒者於流行見其畫一,方謂之知性。若徒見氣機之鼓盪而玩弄不已,猶在陰陽邊事,先生未免有一間之未達也。夫儒釋之辨,眞在毫釐。……以義論之,此流行之體,儒者悟得,釋氏亦悟得,然悟此之後,復有大事,始究竟得流行。」〔註 56〕黎洲如此批評,是針對近溪認現實流行爲本體,沒有從流行中見得主宰,遂在流行之後未能「復有大事」,即外王之開展不出。黎洲亦指出近溪之學:「以赤子良心、不學不慮爲的,以天地萬物同體、徹形骸、忘物我爲大。」其能見近溪以「赤子良心」爲的,爲何批評近溪沒有主宰?正是黎洲以爲近溪重視在良知之現成義,然前已指出,近溪的現成良知是就性之本然良善說的,就人人能有成聖的根據說的,卻不是直接言聖人之化境即是現成的良知。成聖須費許大的力氣,近溪謂:

> 易謂「極深研幾」,又謂「窮神知化」,俱是因此知體難到圓通,故
> 不得不加許多氣力,不得不用許大精神。今學者纔略理會得通,便
> 容易把個字眼來替,只圖將就作解,豈料錯過到底也?〔註57〕

良知現成是就良知本性在我,當下返回本心即能認得說的,此易簡是就成聖之學人人皆能做得故說易。而對已經在學聖途中的學者,卻是說「此性之難知」,是聖人終其一生的實踐亦不自以爲達到的。故證體工夫雖在下手處逆將回轉之際言易簡,實際上要達到「知體圓通」是要窮盡精神地努力,近溪更因此認爲,如此直截的成聖工夫都要翻費許大力氣了,更別說向外覓道走錯了方向,越努力就離聖人之道越遠。正是因爲此道難爲,而學者輕易地誤認光景爲知體,則讓此學聖工夫是難上加難,故近溪對此光景須破之。

〔註55〕 王陽明,《王陽明全集》〈傳習錄〉中,頁 37,台北:大申書局,1983 年。
〔註56〕 黃宗羲,《明儒學案》〈泰州學案三〉「參政羅近溪先生汝芳」,台北:里仁,1987 年。
〔註57〕 《近溪子集》214 條,收於《近溪子全集》,台北:國家圖書館藏。

　　近溪認為聖學是如此艱難方能達到，黎洲又何能批評近溪的良知之現成呢？近溪並非就只知道聖學之現成，而是從不離日用倫常中指出當下的心體即是性，來為學者指示出為學的方向，卻非沒看到「流行之主宰」而只在「氣機中鼓盪」。在流行中當下體認本體，近溪所言之本體則又是生生，生惡可已故須不斷地推致此心，此心之不容已要實踐道德的要求，不可能讓自己停留在把持心性的階段，必須由本及末地不斷向外推擴。如此的積極道德實踐，黎洲又如何能批評近溪如同釋氏，在流行之外沒能把握「復有大事」呢？

　　在首段近溪引文中，近溪亦提到放下工夫亦不能輕言：「但此段道理，最要力量大，亦要見識高，稍稍不如，難以驟語。」正是留意到未能以證體工夫為先，就先言「放下」，則會流於真正地不作工夫。可見近溪對於自己遮撥的手法，來打落學者之光景，亦是十分小心。此個「放下」是須有前提的，是在用功勤苦而難以達到聖學之際，不小心摻入了雜思見識而妄認光景為天明，自認已曾沾上聖人境界的邊，如此才能將其所摻雜之見識打落。因此「無工夫的工夫」，其實是無掉執持的工夫。

　　故聖人是如上述用了「許大精神」和氣力，勤勉作證體工夫與不斷地推致實踐才能成，然此許大氣力卻不包含「執持」。針對放下與聖人境界之關係，近溪有語曰：

> 問：「今若全放下，則與常人何異？」
>
> 曰：「無以異也。」
>
> 曰：「既無以異，則何以謂之聖學也哉？」
>
> 曰：「聖人者，常人而肯安心者也；常人者，聖人而不肯安心者也。
>
> 故聖人即是常人，以其自明，故即常人而名為聖人矣；常人本是聖
>
> 人，因其自昧，故本聖人而卒為常人矣。」〔註58〕

對於聖人與常人，近溪仍是以復以自知的本質工夫來區分，能自知己之性善者，而能讓己之性善充盡發揮者，即是聖人。自知己之性善，故能「安心」，即是信得及的意思，知性善之在於自身，無須假於外求，而此性之生生又平平遍滿於一切，在日用倫常之際，無處不見性之善，更無須另覓光景，因為在日用倫常所透顯出的生生之機，即是光明燦爛。故聖人無須執持以作工夫，其工夫在日用倫常中隨處體認，在推致其心生生於天地萬物。而聖人與完全

〔註58〕《近溪子集》170條，收於《近溪子全集》，台北：國家圖書館藏。

不用功夫之人，其善性之用並無任何不同，只是百姓日用而不知己性善之良知良能，聖人不唯能知之，且能不斷地充盡推致之。是性善在聖人之處，得到最佳的彰顯，而不是吾人缺乏此善性。

對於放下之工夫，近溪有以「不屑湊泊」的灑脫形容，此段被黎洲引來描述近溪的工夫大旨，其曰：「先生之學，以赤子良心、不學不慮為的，以天地萬物同體、徹形骸、忘物我為大。此理生生不息，不須把持，不須接續，當下渾淪順適。工夫難得湊泊，即以不屑湊泊為工夫，胸次茫無畔岸，便以不依畔岸為胸次，解纜放船，順風張棹，無之非是。」〔註59〕對於近溪的毀譽批評皆源於此段，以下便徵引此段原文，以見近溪此說法之原貌：

> 問：「向蒙指示謂：不必汲汲便做聖人，且要詳審去向、的確地位方得聖，不徒聖，做成個大聖人也。承教之後，日復一日，翻覺工夫再難湊泊，而心胸茫無畔岸也，苦將奈何？」
>
> 曰：「此中有個機括，只怕汝或不能身自承當爾。」
>
> 曰：「教我如何承當？」
>
> 曰：「汝若果然有大襟期，有大氣力，又有大大識見，就此安心樂意而居天下之廣居，明目張膽而行天下之達道。工夫難得湊泊，即以不屑湊泊為工夫，胸次茫無畔岸，便以不依畔岸為胸次。解纜放舡，〔註60〕順風張棹，則巨浸汪洋，縱橫任我，豈不一大快事也耶？」
>
> 大眾譁然曰：「如此果是快活。」
>
> 余（羅子）遍呼語曰：「此時諸君汝我雖十數人，而心心相照，只蕩然一片，了無遮隔也。」
>
> 眾又譁然曰：「果是渾忘各人形體矣。」
>
> 一友起問：「此則即是致廣大否？」
>
> 曰：「致廣大，而未盡精微也。」
>
> 其友又起問：「如何方盡精微？」
>
> 曰：「精與粗對，微與顯對。今諸君胸中著得個廣大，即粗而不精矣；

〔註59〕黃宗羲，《明儒學案》〈泰州學案三〉「參政羅近溪先生汝芳」，台北：里仁，1987年。
〔註60〕《旴江羅近溪先生全集》作「船」。

目中見有個廣大，便顯而不微矣。若到性命透徹之地、工夫純熟之時，則終日終年，長是簡簡淡淡、溫溫醇醇，未嘗不廣大而未嘗廣大，未嘗廣大而實未嘗不廣大也。是則無窮無盡而極其廣大，亦無方無體而極其精微也已。」

曰：「不知此體如何應事？」

曰：「廣大時以廣大應，精微時以精微應，廣大、精微合時，便合廣大、精微而應之也。」

曰：「不知其中又如何用工也？」

曰：「廣大則用廣大工夫，精微則用精微工夫，合廣大、精微則用合廣大精微工夫。蓋汝若不是志氣堅銳、道理深遠而精神凝聚，則何能如此廣大、如此精微？又如此廣大、精微妙合而不測也哉！故即是可以應事，而即是可名工夫，亦即是而可漸學大聖人也已。」〔註61〕

之所以將如此長之整段語錄引出，正是其有前後脈絡可循，若不依前後脈絡，而妄以近溪為不作工夫之現成，則便失了近溪學之真。

此友指出近溪日前的教誨，叫人不必「汲汲」便做聖人，而是要在方向確定才立志為聖，且要為大聖。大聖之義即是近溪所說的大人之學，是要人不只自知己之良知，且此知之生生本是與天地萬物同體，因此立志也要立個聯屬家國天下為一體的大志向。前所說方向確定，正是要人分辨學聖工夫的本質，即是在體證己之良知，此方向不確定而立志為聖，則越用工夫離聖人之道越遠。因此為聖之學是向內求諸本心，而非向外求理之大方向首先須底定。可以說明近溪並非良知現成，而是須要以恢復現成良知作為學聖的首要工夫。其中以「汲汲」言求聖之心，正是要打消認取光景的念頭，太過汲汲則易把聖人境界當作對象來追求，故須先認妥為學的方向，乃是不離日用平常，而立此大志向亦從此平常處做起。既是大志向，則不以自證己之知為滿足，而必要有所推擴實踐於天下，既是大志，則不能如此輕言達至，而須久久在學聖途中用功。

此友的疑問在於，無法勉強再用功，而心中沒有依靠，近溪要此友「身自承當」，即是當下認取本性，性本無須勉強用功，而正以其虛故能有靈妙之用，在此中體認平平常常的心即是天性良知。「立志」成聖是在現實的心上說，

〔註61〕《近溪子集》67條，收於《近溪子全集》，台北：國家圖書館藏。

而在本心的體證上則不能雜以「想做聖人」的思慮，如此則非天心之自然，亦不能雜以「聖學知識」作見識，如此則易見光景之形色，而不見平平淡淡卻妙用無窮的本心。同樣的，勉力作工夫只能在每一個當下皆能體認天理處用功，在不斷地推致己之良知於實踐處用功，卻不能在體認到良知本體之時，有任何的勉強，有所勉強則非天性。此友之困難，正在於自知己未達聖人境界，卻又不知該如何再更用功。其實爲聖之學正在平常處用功，以其平常故難以再進，雖工夫只是平常，而天性其實即在平常中體證得。

前有論近溪的放下工夫須有前提，此人須是在學聖途中，且有「大見識」方能不誤用此工夫。近溪此處亦勉此友若有「大大見識」，則知道聖學之難成，故不致於輕視此工夫之現成。近溪因而勉勵其即在平常處用功，在沒有勉強用功之執持，心中未雜以思慮之虛靈，即是在平常的心中體認本性良知。唯有此無勉強造作，方合於本心之虛靈妙用，本性唯有在未受阻遏中，其生機才能萌動愈發。

近溪繼之曰眾人心心相印「蕩然一片，了無遮隔。」正是說人人性善之所同然之處，百姓與聖人皆無異，而呼應前面無「不屑湊泊」的無勉強工夫，正是要回到此人人皆所同然的本性上，回到此平常之處，亦回到與天地萬物同體之生生。遂有人問起，此爲「致廣大」否？近溪之回答更足以顯其證體工夫。

就人人之所同然之處，與天地萬物同體之處觀之，即是「致廣大」，人的天性本有此廣大之義，然而廣大須在「盡精微」中方能顯，所謂盡精微即是證體工夫。人須先復以自知，而後方能體己之知乃同於天地、同於人人，而後才能使其知之廣大得以彰顯，此是聖人境界之義，聖人即是通過此證體工夫與不斷推致的工夫，方能成就此聯屬家國天下的大身，而吾人立志做大聖人，必要從此證體的精微工夫做起。近溪又言眞正通過盡精微而眞廣大，其所見之境界其實是「終日終年，長是簡簡淡淡、溫溫醇醇」之平常。聖人本無見出性中之形色光景，盡精微而知本性，只知本性之生生不已之廣大，而自然推致使此廣大之性得以彰顯、眞成爲廣大之身。所謂廣大亦只是盡精微知得本性之後的己分內事而已。既知得吾人之本性本是廣大，而在現實的實踐中實現其廣大，無勉強造作要去爲出什麼廣大的事業來，卻只在盡自己本分中實現出來。此是聖人之平平常常、了無光精，正是因爲聖人的道德實踐是無條件爲之的純粹，故能成爲聖人。近溪勉勵學者「不屑湊泊」的用意即

是在此，要學者能無條件地實踐道德，而無有勉強工夫。

　　本性之善雖是人人皆有，平平現在，然而要達到聖人工夫卻非如此不費氣力之容易，近溪言：「若不是志氣堅銳、道理深遠而精神凝聚，則何能如此廣大？」致廣大須先有盡精微的工夫，此證體工夫正是須要專致其心，「精神凝聚」無能摻入任何雜思見識於此性體之中，須不間斷的努力才能盡得此心。此是證體工夫之難知，亦是聖人之難至，切莫以為近溪的「不屑湊泊」工夫背後，即是渾淪順適的天性展現，而是在「不屑湊泊」的狀況下努力用功，方能證得本體。

　　如此而觀黎洲之論近溪學，是指見到近溪的無工夫之處，卻未見到其真實體證之處，對於工夫之主宰，黎洲卻認為近溪只是認流行作主宰，而黎洲說近溪的「赤子良心」為宗旨，便是說此良知乃是現成，雖讚譽其「一洗理學膚淺套括之氣，當下便有所受用。」然繼之曰：「所為渾淪順適者，正是佛法一切現成。」近溪從日用平常處指點，雖百姓老幼皆能有所受用，然近溪之親切指點，卻未忘記提撕聖學之難知難成，以此說近溪之學現成，恐有未安之處。

　　古清美先生針對近溪的破光景工夫之遮撥手法，相較於佛法之破妄顯真，作了詳細的分析。如此的對比，實可見近溪破光景方法上之精彩，然針對破妄所顯之真心，以釋氏與近溪學相較則並非十分恰當。佛性原是緣起性空，故其真能由破妄而顯，然近溪所謂的「真心」卻是根於儒家，實實的道德心，是要不斷起著道德實踐要求的，且此本性雖可即身而近求，卻是要費許大精神氣力方能證得，非如古教授所言：「可指可執的終只是意念聞見，於此識破，本來就無事非心，無處非心，這一切因執而有的妄，當體即是真心了。這便是破妄顯真、全妄即真之理。」〔註62〕如此則是只見到近溪對於性善的親切指點，卻沒有見到近溪重視的證體工夫了。

第四節　小　結

　　茲引述一段近溪論述迷覺為一的語錄，作為本章之小結：

　　　　鏡面光明與塵垢原是兩個，吾心先迷後覺卻是一個。當其覺時，即
　　　　迷心為覺，則當其迷時，亦即覺心為迷也。夫除覺之外，更無所謂

〔註62〕古清美著，《慧菴論學集》〈羅近溪「打破光景」義之疏釋及其與佛教思想之交涉〉，台北：大安，2004年初版，頁174。

迷，而除迷之外，亦更無所謂覺也。故浮雲、天日，塵埃、鏡光，俱不足爲喻。若必欲尋個譬喻，莫如即個冰之與水猶爲相近也。若吾人閒居放肆，一切利欲愁苦，即是心迷，譬則水之遇寒凍而凝結成冰，固滯蒙昧勢所必至。有時共師友講論，胸次瀟灑即是心開朗，譬則冰之遇煖氣，消融而解釋成水，清瑩活動亦勢所必至也。況冰雖凝而水體無殊，覺雖迷而心體具在。方見良知宗旨，眞是貫古今、徹聖愚，通天地萬物而無二無息。〔註63〕

學者執持光景與向外求理皆可說是「迷」，而此迷之時，良知時時現在，未曾有一刻稍離，聖學工夫之易簡，反身即得，怎有迷時反身求不得之理，故迷時當下體認此心，亦即是天性良知。光景之破除亦需要「覺」，雖由師友點化，然須自覺而放下己之執持，方能眞能破得，卻難說此「覺」不須工夫。近溪說現成，是良知天性本來良善，本有虛靈妙用，聖人之偉大亦即是彰顯此妙用而已，學聖工夫亦只是在恢復此性而已，如此本來之靈妙難說不是現成在吾人身上。說工夫簡易，此性反身即得，無須假借，無須外求，「我欲仁，斯仁至矣。」怎有工夫之易簡更勝過於此。說無工夫之工夫，卻是本性原來靈妙，無須加以任何見識執持、私欲把捉，故須將此些執持工夫全然放下。而說一覺即是，莫不知近溪又言：「君子窮理盡性以至於命，極說命之難知。」〔註64〕眞能知得唯有聖人而已，就連「夷、惠、伊尹等聖人徒窮得一端之理」，方知此命之難知，雖能知得就連孔聖人「終不免歎口氣」，方知此道之大之難成。如此說來，又怎可說近溪之學沒有主宰、良知現成不須工夫呢？

〔註63〕《近溪子集》166條，收於《近溪子全集》，台北：國家圖書館藏。
〔註64〕《近溪子集》2條，收於《近溪子全集》，台北：國家圖書館藏。

第六章　結論：羅近溪思想之特色及其在心學中的定位

第一節　近溪的工夫論之義理模式：全文回顧

　　通過前面四章的論述，足以證實羅近溪的思想其實有脈絡可循，且工夫與本體、工夫與工夫之間環環相扣，自成一套完整的系統。此系統更有一核心宗旨貫串於其中，便是近溪的學問宗旨：孝弟慈。近溪通過自身於家庭中對孝弟慈的體會，從學習聖賢經典中之融貫，終身不輟的講學與道德實踐，其體證之心得便是以孝弟慈來貫串其學問，以孝弟慈貫串儒家經典、更隨處引證經典以作爲孝弟慈之理論根據，而這一個學問宗旨在近溪中年（約 40 歲）〔註1〕就已底定。近溪並以此宗旨開展出其工夫論，此工夫論離不開對孝弟慈本體的證成；而其通過孝弟慈之生惡可已以通達天道之生生不已的道德形上學，更須要由工夫之具體實踐才能肯定之。此是近溪的工夫與本體之密切關連，而其工夫與本體皆不離孝弟慈。

　　人通過自覺地實踐道德之創生性，才能進而肯定天地之創生性即是生生不已，此種道德形上學在近溪思想中清楚地呈現出來。近溪通過最切近平常的孝弟慈之倫常實踐，來肯定人人皆有成聖的根據，通過實踐孝弟慈所鋪展

〔註1〕　關於近溪成學歷程時序上之考證，見諸第五章第一節，與參考程玉瑛，《晚明被遺忘的思想家‧羅汝芳詩文事蹟編年》〈思想形成時期（1515～53）〉，台北：廣文書局，1995 年初版。參考李慶龍，《羅汝芳思想研究》，台大歷史所博士論文，1998 年。

的修養工夫，人即能逐步地下學而上達天道，成就聖學。體證極高明的天道，不能離開最平常的孝弟慈而體證之，因此要瞭解近溪思想中的本體論，不能不從工夫論來下手。而近溪最重要的證體工夫，即是在日用倫常的實踐之中，當下體認此時的心即是知愛知敬的良知，此心亦即是聖人先得我心之所同然的本心。近溪的復以自知工夫正是良知自知其自己，進而擴充其良知良能，此對於本體的真切體認在其工夫實踐中又扮演著相當重要的一環，是辨認聖學與否的關鍵，因而要把握近溪工夫論的精髓，又不能不從近溪如何以孝弟慈作爲切合平常又上通於天道的本體意義瞭解起。因此本文的鋪陳，即從近溪的孝弟慈宗旨爲首，開宗明義地道出近溪學問的核心，與其成聖之學的究極目標；同時亦能把握近溪的證體工夫中，所要證得的本體即是此孝弟慈。先立穩近溪思想的大本之後，再通過對近溪工夫論的細部分析，明白近溪的工夫論是如何地由孝弟慈爲精神而串起此一脈絡，又是如何通過完整的工夫之實踐以達到孝弟慈的聖人境界。

孝弟慈在近溪思想中，可以從本體與工夫兩方面來理解。近溪的思想主要仍是順著陽明學的心學一路而開展，近溪亦從良知來指示本心，不同於陽明的是，近溪順著孟子原文而以愛親敬長的「知愛知敬」來詮釋良知。此知愛知敬既是孩提皆有此知能，亦是百姓家中不可缺少的倫常，以此來說明成聖之學乃是人人皆有根據、人人皆能實踐得，是再親切恰當不過的。結合〈大學〉中對「孝弟慈」的並舉：「孝者，所以事君也；弟者，所以事長也；慈者，所以使眾也。」「慈」之一性，雖非自孩提即有，卻也是人有子女以後不學而能、不慮而知的，以孝弟慈言之，更能涵蓋著人倫關係中由上至下的所有面向。近溪以「孝弟慈」來說明人的天性，其言孝弟之處，而慈之義即已包含在其中，因此近溪以「知愛知敬」言良知，亦即以「孝弟慈」言良知。從孩提皆能知愛知敬的良知說下來，近溪自然亦以「孝弟慈」來說明赤子之心，其言：「赤子之心卻只是個孝弟，而保赤子則便是個慈也。」。〔註2〕從「大人者，不失其赤子之心者也。」可見出赤子之心即是成就聖人的根據，而此根據人人皆有，即是人在孩提之時便有的良知良能。通過孝弟慈，近溪可以其說明人人皆有此成聖之根據的普遍性，亦可說明只此孝弟慈的實踐即是成聖之方，以〈大學〉所述，則此孝弟慈做的好，便是治國平天下之道。欲完成平天下之大志業便是從孝弟慈做起，而平天下的實踐亦只是讓百姓皆能孝弟

〔註2〕　《近溪子集》228 條，收於《近溪子全集》，台北：國家圖書館藏。

慈，此孝弟慈之根源即是內聖與外王的唯一根據。

　　孝弟慈不只作爲實踐道德的主體性，且亦有其客觀性以上通於天道，此客觀性的義理，近溪從仁與生生來詮釋。易之生生本是生而又生，而仁作爲人之性亦是如此生生，人作爲天地之心，本有其不容已地要求將己之仁以推擴到一切人、推擴到天地萬物中，是近溪所說：「則生我之生，以生天地萬物，仁我之仁，以仁天地萬物也，又惡能以自己也哉？」人必要將自己所受天地之仁之生生，拿來仁天地萬物、生生天地萬物。即是人通過道德實踐將本心之不斷推擴，來完成人性之生生，亦因爲人的道德實踐生生於天地萬物，人亦是在完成天道之生生，因爲人能自覺的從事道德，天道之生生通過人的道德實踐來完成，故說「人則天地之心也。」〔註3〕近溪通過仁來說明人性中作爲道德實踐根據亦有其客觀性，又以仁的源頭即是天命之生生來說明人性有其先驗與超越性，以此來說明人的道德實踐之普遍性與根源性，而此根源須通過人自覺地實踐道德方能體證。近溪從孟子的事親、從兄即是「樂之實，樂斯二者是也；樂則生矣，生則惡可已。」〔註4〕孝弟慈之樂能生惡可已，以此生惡可已來體會天道之生生不已甚是親切，天道並非遠於人，而是在如此切近地日用倫常中即能見得。而眞正要實現此生惡可已須要通過不間斷地修養工夫，在日用倫常之當下體證良知，推致此良知以至家國天下，使己之孝弟慈能生惡可已地在現實中體現，此即是聖人通過道德實踐而體會天道之生生。由此眞切的道德實踐才能眞肯定住的道德本性，即是道德形上學，此是近溪以即日用倫常的孝弟慈，通過道德實踐的進路，而上達於天道之生生的「極高明而道中庸」的孝弟慈本體。

　　近溪的孝弟慈宗旨亦表現在其工夫之整體中，作爲主要的指導方向與精神內涵。筆著在第二章論述孝弟慈宗旨中，先以在自家中的孝弟慈實踐說起，此實踐亦是近溪所有工夫之起始。近溪要人在對父母之不容已的孝心處，當下反省體證此即是知愛知敬的良知天性，近溪言：「賢只目下思量，父母生我千萬辛苦，而未能報得分毫……便會滿腔皆惻隱。」〔註5〕要體會自身的生生之性，最好的體認處即是在對父母之親愛，此親愛是與生即帶來而要不容已地眞誠湧現的，從此體認即能體會天性之生生原從此孝弟慈之生惡可已出

〔註3〕　《盱壇直詮》28 條，台北：廣文書局，1996 年四版。
〔註4〕　《孟子》〈離婁上〉：「樂之實，樂斯二者，樂則生矣，生則惡可已也。」
〔註5〕　《近溪子集》17 條，收於《近溪子全集》，台北：國家圖書館藏。

發。近溪雖說對父母之孝，然實含著孝弟慈三者而說，近溪曾言「說孝而弟在其中」，慈應當亦作如是看，孝弟慈三者實不宜分述爲近溪的三種工夫而須合爲一者來領會。由此孝弟慈之根源來體會人之天性，既體會得此，便能將孝弟慈推擴到天地萬物之中，其推擴自有其次第不容紊。將此倫常中的孝弟慈講與百姓聽，百姓皆能易懂易行，近溪於是常從太祖聖諭〔註 6〕來勸勉百姓，近溪以孝弟慈爲「人身所根、所連」來說明，既然是容易做、又人人都離不開，以此來說明此種道德實踐是人人應當要行的。此孝弟慈之實踐最爲易簡，近溪在此處喚醒人人之良知，然道德實踐不僅止於此，必從此處而開始推擴方是爲聖之學。倫常中對孝弟慈的當下體認，可謂聖學工夫之始，讓近溪之學有易簡的特色，此孝弟慈之實踐人人皆能做得；此學又並非只此易簡，而有極深之理，是從倫常中的孝弟慈作爲根源，而不間斷地以此良知自作主宰，向外推致此良知。

近溪通過孝弟慈爲核心而開展出一整套的工夫，整個工夫皆是如何還復孝弟慈之本心，而推致於天下使此本心的流行生生不已，以完成聯屬家國天下的外王實踐。近溪將之分述爲不同的工夫，只是就孝弟慈之精神內涵的不同面向加以展開，從不同的角度互相輔助以完成此理想，因此筆者行文之中所分述之工夫，亦只是從不同角度之切入，來深入瞭解近溪工夫進程之全貌，其實是一整套工夫的不同部分之組成，而不能將之視爲三套工夫。

筆者認爲近溪首重復以自知的證體工夫，此亦足以表示近溪對於心學之承繼。近溪無論在本體上即心而言良知與天理，或是工夫首重逆覺體證的本質工夫，而以朱子學之讀書與學習知識作輔助，皆能表明近溪對於心學義理實有恰當的掌握，近溪對於朱子學之效法，是在立穩心學之本而後的取法，以朱子學之長處來補心學之短處，然近溪仍本著心學之長處才是聖學的本質工夫，而有批評朱子學，如言：「蓋人自幼年讀書，便用集說講解，其支離甚可鄙笑。」〔註 7〕又言：「虛靈固無別物，而人見則有淺深。若淺泛而觀，則具眾理而應萬事，即童蒙誦習已於此心虛靈似無不解，卻原來只是個影響之見，去眞知之體何啻天淵？」〔註 8〕可見近溪對於心即是理的堅持態度。近溪

〔註 6〕 此聖諭六言即是：「孝順父母、尊敬長上、和睦鄉里、教訓子孫、各安生理、毋作非爲。」關於近溪對聖諭六言的闡發，見諸〈寧國府鄉約訓語〉《近溪先生鄉約全書》。

〔註 7〕 《近溪子集》80 條，收於《近溪子全集》，台北：國家圖書館藏。

〔註 8〕 《近溪子集》214 條，收於《近溪子全集》，台北：國家圖書館藏。

對於心學與理學之分際掌握地相當清楚，在此基礎下融合二者之工夫，可謂兼容二者之長處而使聖學工夫更爲完整。

近溪的復以自知工夫即是作爲其工夫論之主軸，格物工夫是取法於朱子學而對於證體工夫之輔助，以增加學者心體的客觀性。心體本有其客觀性，然而學者在學聖途中，其心尚未時時以本心作主宰，故以聖王之規矩來增加學者其心的客觀性，使學者由心而發的自律道德，不至流於徑信己尚未純粹而仍或有的私心，而產生放肆的流弊。近溪以《易》復卦之「復其見天地之心」與「復以自知」〔註9〕來詮釋證體工夫，由其以復以自知來說明人的自知己之良知分外生動。近溪爲了分解地說明此證體工夫，而說「復是一個而可兩分，雖可兩分而實則總是一個善也。」〔註10〕以「順以出之」者來說明人與生即有的本性良知，此良知時時在起著作用，百姓日用卻不知，此良知之善性亦正是人能從事道德實踐的根據，人因爲有此良知良能而能自覺地從事道德實踐，以此善性之源自於天而能有源源不絕地實踐道德的動力，此是復以自知中的第一個知。以「逆以反之」者來說明，人須通過一逆反而知的證體工夫方能復知己之天性良善。所謂「逆反」指的是工夫所用的方向，是回復到己之良知的逆反，良知本是順而出之地在現實中起著作用，而人須通過自覺地反省體證此良知原在我身，故就此反省於己而言說是「逆」。「順以出之」是人的生性自然，「逆以反之」正是說著人須通過自覺的道德實踐方能自知良知在我，而能推致此良知於天地萬物，眞正地彰顯人原有此良知本性之生生大用。除了「復以自知」之外，近溪亦用許多不同的方式來表述此體證本心的工夫，諸如：「克己」復禮、「致良知」、「信得及」、「體仁」工夫皆是，筆者以近溪對於復卦之描述最能顯證體工夫之特色，故從「復以自知」名近溪之證體工夫。

近溪此工夫之實踐依舊不離日用倫常，人通過道德實踐所要體證的天性正是生生不已之性，要體證此生生不已，唯有在日用倫常中的孝弟慈之生惡可已方能體證得。在日用倫常之處當下體認此心之良知，即是知愛知敬的孝弟慈，即此良知即是聖人之所以成爲聖人之本源，只須從此處做起即是聖學之途上人。因此所謂的證體工夫亦非離於日常，亦是人人皆能做得，以此說

〔註9〕　「復以自知」一語則出自《易》〈繫辭下傳〉。〔魏〕王弼、韓康伯注，〔唐〕孔穎達等正義，今人邱燮友分段標點，《十三經注疏》：《周易正義》，台北：新文豐出版公司，2001年初版，頁645。

〔註10〕《會語續集》33條，收於《近溪子全集》，台北：國家圖書館藏。

此工夫之易簡，性在自身，反求即能得。近溪亦不以此易簡而忽視聖學工夫之難成，因此在證體工夫中，近溪尙強調「知得透徹而久久弗去」，聖人知得此知眞切自然能久久弗去，然對於學者則須作提醒之功，勉勵學者此體證工夫不能輕易就認爲已經知得，而須時時在日常中讓良知作得眞主宰，並能不間斷地將此性之良推致於一切人、推致於天地萬物中，使此性之生生能於道德實踐中落實。因此證體工夫仍須保持時時警醒，與時時奮勉用功。

近溪對於〈大學〉之理解，正是以「仁禮兩端」來分述聖學，明明德即是人能自知己之良知，代表仁之一端；至善正是藉由學習聖王之成法規矩，來喚醒人性中本有孝弟慈之矩，絜矩是絜聖王之至善規矩，亦即是絜自身中孝弟慈之規矩，此法聖王之學習，代表禮之一端。以〈大學〉的工夫言之，致良知即是代表仁之一端，格物即是代表禮之一端，仁禮兩端正是近溪認爲聖學工夫所不能偏廢的兩個面向，雖言並立，其實是有主從之別。仁之一端作爲聖學的本質工夫須先立妥，此端若廢則猶如目標在北卻向南行，永遠走不到目的地，此是根本上的錯誤；而禮之一端則是在仁的立場下，作爲體仁工夫之輔助而有其必要性。

格物工夫對致知的體仁工夫之輔助，可從兩個方面說明。一者，人皆非生而知之者，因此若要自覺的從事道德實踐自有其難處，而百姓日用不知者多矣。因此人須透過經典的學習，以效法古聖之至善規矩，聖人知本末而先後之，其根本者即是修身，學習古聖而知修身之爲本，而在自身下工夫，體證本性之良知。此時的學習古聖，正是作爲證體工夫之前置工夫，亦即是通過此學而開始從事證體工夫的道德實踐。二者，證體工夫須「久久弗去」，在不間斷地體證工夫中，格物之學習聖王之規矩，正可以用來匡正吾人之實踐是否出於本心。實踐若發自本心必是天地之生生，此生生之性在聖人與在吾人並無兩樣，只是聖人能完全地體現此道德的理想境界，此理想境界在吾人心中亦自有根源，即是孝弟慈之矩，然學者尙在學習的途中，其心之所發難免有不合規矩之處，此時輔以聖王之至善正可以作爲吾人實踐之「規矩」，使吾人看見自己實踐尙有不正之處，而能著手去校正之。是從聖王之規矩以見吾人之不正，繼而更努力作證體工夫，以在自身找到此規矩之根源，此學習聖王方是有根源的學習，是藉由聖王之典範，以激起吾人道德實踐之生命力，而努力不懈地體證此心之根源，往聖人的至善規矩邁進。透過學習聖王之規矩，使證體工夫能「久久弗去」，隨時見到不如聖王之處，而時時使己心之良

知作主宰，是透過學習而能不間斷地進行體證工夫。聖王之規矩除了能在證體工夫進行之中作爲典範使人能自正之，更能以其作爲聖人境界之體現，爲學者給出一個學習的終極目標，立志便是要如同聖人一般的大人之志，聯屬家國天下爲一大身。未能達此則不能妄稱聖人境界，而更須積極不斷地努力於聖學。近溪以此「仁禮兩端」來立穩聖學之工夫，從仁之一端以激起人作爲道德實踐之主體，自發而無條件地從事道德實踐，爲道德實踐之根本；從禮之一端爲人的道德實踐給出客觀之依據，使學者在學聖途中不至沒有依循的方向，亦能防堵學者徑信本心之病。

　　對於論述破光景的工夫之處，筆者極力辯證近溪之學並非現成良知，而有其眞切的體證道體的工夫，諸如前述的復以自知與格物工夫，皆在近溪工夫論中佔著相當主要的份量。近溪將光景打落之後，實亦是將學者的執持打掉，而所謂聖人境界的終極目標，亦只是如同本性自然之良善、渾淪順適之圓活。因此，當近溪在破光景中所強調的順適與自然，是指點人人皆有此本性良善，亦同時揭示聖人境界不出於人之本性自然，只是如此的聖人境界，是透過勤奮地實踐與體證之後方才證得。在於此處則須明辨近溪所謂的孩提之性與聖人境界的不同，近溪言：聖人「視諸孩提又萬萬矣！」正是在說明此二者距離之遙，絕非打落光景就當下即是，學者眞能破除光景，只是如近溪所言：「聖學途上人」，見到聖學工夫所最終要達到的目標只是渾淪順適、只是自然平常，而其實眞正的聖人境界卻是終極一生的努力實踐都難成的，此即是近溪所說的聖人不自以爲是聖人，與孔子「臨終不免歎口氣」之義。聖人境界之難成，成聖工夫須無止盡地不斷努力，終其一生之勉力實踐，所體現的正是易之生生不已的精神。如此並無所謂的光景可見，因爲可以窮盡而達到的境界終只是有限，而非聖人配天之博厚高明。

　　因此破光景可以說是近溪思想中的最後一著工夫，在歷經復以自知與格物工夫之後，將所立志成大聖人的與百姓不一般的有意之心打落，回歸眞正的平實自然。人人在孩提之時即皆知愛知敬，皆有其赤子之心，近溪言：「生人之初如赤子，時與天甚是相近。」〔註11〕孩提之時未受現實私欲之染污，其性接近天性之本然，從孩提之時的不學不慮正能見到人之純然本性，此時的近於天屬於「原始和諧」，是未經琢磨的自然。而聖人境界亦只是回到此赤子之心，近溪經常引述孟子的「大人者，不失其赤子之心者也。」即是在表示聖人與赤子之

〔註11〕《近溪子集》150條，收於《近溪子全集》，台北：國家圖書館藏。

自然甚是相近，聖人亦是讓本性之良善得到其全然的發揮，如同天地之生生於萬物，使孝弟慈之良知推致到天下人身上，「老吾老以及人之老，幼吾幼以及人之幼。」並由其良知之彰顯以喚醒天下人之良知，是「上老老而民興孝，上長長而民興弟，上恤孤而民不倍。」聖人之心即同於天，然此同與孩提有所區別，聖人是通過深切的道德實踐與體證心性的工夫，方才達到如此之自然又即是天地之生生，因此聖人是「再度和諧」。其工夫有所不同，而其所呈現的境界之自然流行，亦只是孝弟慈之日用平常，因此近溪藉由破光景之最後工夫，使學者明白聖人境界亦只是最切近的日用倫常，了無光景形色，卻能闇然日章。如此的平常，掃落執持的有意追求與見識思慮的遮障，本性之渾淪順適才能得以彰顯，本性之圓活才能生生不已地實現其創生精神。

以上即是近溪工夫論之脈絡，每一工夫皆有其關連性，從不同的面向切入，正可以各取長處互補其短處以完成終極的聖學目標，所有工夫其實是以孝弟慈來貫串，而成一套完整的工夫。無論在證體工夫的回復孝弟慈之天性；抑或是學習古聖至善之規矩，而其實是在喚醒吾人心中亦有此孝弟慈之規矩，爲學須先立成聖之大志，其實亦是立絜矩自身之孝弟慈之大志，近溪言：「夫子此志從十五歲，便曉得要絜此孝弟慈的矩。」〔註12〕或者以破光景的手法，使學者能回到天性之渾淪順適。三者皆不出孝弟慈之宗旨。近溪以其眞切的孝弟慈體會，融合聖人上達天道之體證，而說出此孝弟慈宗旨來貫串其學問，既能顧及百姓皆能懂得、實踐得，又能通往偉大之聖神境界，更針對此「極高明而道中庸」的孝弟慈之完成，而開展出脈絡分明的工夫論。近溪此學不僅能廣開百姓皆能實踐之聖學，爲聖人之學開出一條人人皆能實踐的光明大道，亦能兼及學者學習之精神、無窮盡地道德實踐，可謂由孝弟慈而開出一套徹上徹下，主旨與脈絡皆分明的有系統之學問。

第二節　近溪思想之特色

近溪之學取諸陽明、朱子與泰州之學，兼以其獨具之體會融合而成，能於心學的發展中顯其學問特色之點有許多。從近溪的工夫論的角度看來，近溪的每一項工夫，皆有所取之學問背景，亦有所獨特體會之創發在其中，以下就分述近溪各工夫有別於以往心學之特色，同時亦能領略近溪之學問特色。

〔註12〕《近溪子集》175條，收於《近溪子全集》，台北：國家圖書館藏。

一、以「知愛知敬」爲良知

近溪相當贊同陽明於朱子之後而提倡良知之教，使人從向外求理以回到本心之學，近溪言：「近得陽明先生發良知眞體，單提顯設以化日中天焉。」〔註 13〕近溪繼承陽明的良知學，然以其特有的體會，將良知之義作了轉向，而以「知愛知敬」來詮釋良知。此義本是從孟子而出，孟子言良知即：「人之所不學而能者，其良能也。所不慮而知者，其良知也。孩提之童，無不知愛其親者，及其長也，無不知敬其兄也。親親，仁也。敬長，義也。無他，達之天下也。」〔註 14〕陽明提良知亦是從孟子此語出，陽明之良知爲了回應朱子學向外格物窮理之問題，而置於〈大學〉的「致知」中思考，並認爲此良知即「知是知非」的道德判斷能力。近溪則回到孟子的原意，從「知愛知敬」出發，是從陽明重於「智」之一端，而回歸到以「仁」之一端言良知，亦即是唐先生所言近溪之學「歸本於仁」。

「知愛知敬」較「知是知非」更能接近百姓之日用平常，如此而言成聖之學，則此成聖之學更是百姓皆能做得，人皆離不開日用倫常，近溪言：「民間一家只有三樣人，父母、兄弟、妻子；民間一日只有三場事，奉父母、處兄弟，養妻子。」〔註 15〕人皆不能離於此日用倫常，而將此日用倫常做得「停當」，其實即是在落實人之本性於現實經驗中。欲爲聖學只稍在此處用心體會，體認得此心之不容已於父兄，即是知愛知敬之良知，則是爲聖之學之始。如此說法，則成聖之學更是貼近於百姓之生命中，更能清楚地說明此根據在人人身上，因爲人人皆離不開孝弟慈的倫常，而人人皆應該將此倫常做到盡善，而人人皆能由此作爲道德實踐之起始。成聖之學在近溪的思想中更具普遍性，亦更爲人人所不能避免的問題，人人皆「能」從事道德實踐，而人人也都「應該」從事道德實踐。孝弟慈不僅易簡，亦能上通於乾知坤能之生生不已，近溪由「知愛知敬」說良知，使百姓老幼以至於知識分子皆能有所受用。此學亦可看做近溪本人的實踐，通過講學而推致其良知於眾人的外王事業，以此孝弟慈之宗旨貫串，使得其學能喚醒眾人之良知。近溪之學志於聯屬家國天下爲一大人，其學說能普遍地使一切人皆能有所受用，實可作爲近

〔註 13〕 《會語續集》11 條，收於《近溪子全集》，台北：國家圖書館藏。
〔註 14〕 《孟子》〈盡心上〉。〔宋〕朱熹著，《四書章句集注》，台北：大安出版社，1994年初版，頁 495。
〔註 15〕 《近溪子集》178 條，收於《近溪子全集》，台北：國家圖書館藏。

溪之志於其生命中的具體實踐。因此近溪以孝弟慈爲宗旨所講的學問，既是承著心學的體證心體之本質學問，亦秉持著泰州學派之實踐風格、與接近大眾，更是近溪融合其生命體驗與眞切的道德實踐而講出來的「生命的學問」。

回應於現代之學，則近溪此提孝弟慈正是闡發《論語》中「孝弟也者，其爲仁之本與。」孝弟爲最能代表中國傳統儒家思想之特色，而近溪思想正是緊扣著此精神而發展的學問。徐復觀先生曾語曰：「形而上的東西，一套一套的有如走馬燈，在思想史上，從來沒有穩過。熊、唐兩先生對中國文化都有貢獻，尤其是唐先生有的地方更爲深切。但他們因爲把中國文化發展的方向弄顛倒了，對孔子畢竟隔了一層。」〔註16〕而其所謂孔子的精神即是在於孝弟，其言：「孔子最大貢獻之一，在於把周初以宗法爲骨幹的封建統治中的孝弟觀念，擴大於一般平民，使孝弟得以成爲中國人倫的基本原理，以形成中國社會的基礎，歷史的支柱。」〔註17〕徐先生認爲中國文化的精神在於孝弟，而不應往上虛講形上學。楊祖漢先生引近溪的孝弟慈以回應徐先生此質疑，並認爲近溪之論孝弟慈即是由倫常實踐之生惡可已，以上通於天道之生生不已，正可以爲道德形上學作一證成。〔註18〕近溪通過孝弟慈而建立的道德形上學，即是以〈中庸〉「極高明而道中庸」作爲依據，近溪將「中」作道體，「庸」作平常解，則是平常的日用倫常間，即能見得天命之性、天道之生生，近溪言：「故大易之首乾坤，乾卦而先推元善，惟是庸德之行、庸言之謹。蓋曰：非此日用平常，則天命之生化，何自而顯著？人心之活潑，何自而因依？」〔註19〕所謂形而上的天道之生生，近溪正是通過最平常的孝弟慈以證實之，孝弟慈是最親切的倫常，人人皆須臾不能離，從此處正最能見到天命之性。由此而說的天道之生生則不會有徐先生所謂「立不穩」的問題，正是因爲有孝弟慈之最具體落實的親切實踐，故所見的天地生生更能親切地肯定之。近溪言：「庸以中爲體，而其性斯達；中以庸爲用，而其命乃顯。」〔註20〕此本是中國哲學中所蘊含的義理，天道生生通過孝弟慈之實踐而肯定，則天道並非懸空作爲形上學，而是於日用倫常中即

〔註16〕徐復觀先生，〈向孔子的思想性格回歸〉，收入《中國思想史論集續篇》，台北：時報出版，1982年。
〔註17〕徐復觀先生，《中國人性論史》〈補記〉作於1975年，上海：上海三聯書店，2001年初版，頁554。
〔註18〕參考楊祖漢先生撰，〈羅近溪思想的當代詮釋〉，2005
〔註19〕《會語續集》6條，收於《近溪子全集》，台北：國家圖書館藏。
〔註20〕同上註。

能見其生生之流行；孝弟慈之實踐有天地生生作爲人之性，則孝弟慈便不只是落於經驗的實踐，而有其先驗性與普遍性。

　　勞思光先生曾言「孝弟是中國哲學中的『封閉成素』」〔註21〕指孝弟只在中國這塊文化土壤中有其價值，此價值是屬於中國文化的特殊性，而沒有普世的價值。以近溪之學來回應之，則近溪以孝弟慈爲孩提時皆能愛親敬長，而說孝弟慈即是人天性中所具有的良知良能。如此而言，孝弟應非只是中國文化長久受儒家薰陶而特有的產物，而是人類普遍所有的天性。甚至非人類所專屬，而是動物亦有其倫常，如烏鴉之反哺、羔羊之跪乳，只是人能自覺地知此爲性，並將此性推擴而從事道德實踐。孝弟（慈）在不同的文化下可能有不同的實踐，然孝弟（慈）之心卻是人類所共有的。九一一事件發生，多少個罹難家屬焦急不已地尋找失落的家人、或爲失去其親人而痛哭，又是多少全然無血緣關係、甚至不同國籍之人，聽聞此災難的消息而感到哀傷不忍。此不正是人人皆有孝弟慈天性之足證，又豈不是人皆有此孝弟慈之天性而能感通於千里遙之人如同一體呢？因此近溪通過孝弟慈所指出的天性，眞是人皆有的普遍之性，亦是由此性之生生而能與天地萬物相感通的一體之仁。

　　近溪通過知愛知敬來指點良知，是立足於最具儒家傳統的精神之代表，而開展出既切合於平常之實踐，又能上通於天道的成熟義理系統。以徹上徹下之語來說明孝弟慈，可謂近溪思想之特色，又同時能顯中國傳統儒家之學的特色。以孝弟慈之精神內涵作爲宗旨的近溪思想，又兼以生生之性作爲道德實踐不容已之創生性，實是立穩儒家之眞精神，而不能說其學爲佛老了。

二、以「復以自知」說解體證工夫

　　近溪以「復以自知」來詮釋心學之體證工夫，以此說明正可將體證工夫之精要處表現出來，可謂其獨到之見解。其師顏山農亦有以復卦言證體之工夫，然山農之工夫強調在凝聚精神與閉關靜坐，並且重視「七日」來復，與

〔註21〕此語是筆者從勞先生於中央大學的演講：「在世界危機中看中國哲學之未來」中聽聞。「封閉成素」是相對於「開放成素」講的，一者是某一文化特有的，一者是普遍於一切文化而爲共同價值的。相似的意思，可以參考勞先生《文化哲學講演錄》〈建設意識與文化活動之原始目的〉一文中，對文化定向的討論。其言：「不同文化有不同的追求，儒家是一倫理的要求，希臘是征服世界的知性的要求，印度發展的是宗教的超離的要求。（頁171）」將倫理當作在儒家文化中，特殊的要求。

顏淵克己復禮、「三月」不違仁之術數，謂：「七日之閉關」、「攝伏初生三月之赤心，使皆自知時習日用之保養。此赤心三月後，方可出入順利有攸往。」〔註22〕近溪復以自知與克己復禮之「復」字同看，也許受了山農之啟發，然而近溪與山農所論義理則大不相同。因此以復以自知言心學之體證工夫，可謂近溪所創發之說。

心學之義理，通過牟宗三先生所標舉出的「逆覺體證」工夫，則顯得明朗而易於辨別。心學之本質工夫即是體證心即是理，牟宗三先生以逆覺體證名之，並以此為心學之通義，而言：「良心發見之端雖有種種不同，然從其溺而警覺之，則一也。此即是『逆覺』工夫。」〔註23〕並區分以「內在的逆覺體證」與「超越的逆覺體證」為此工夫的兩種型態，其工夫稍有不同，而其體證一也。

而此心學的本質工夫，近溪以「復以自知」所論證的，與牟先生之「逆覺體證」說法，有相似之處亦略有不同。近溪以「順以出之」言工夫之根源的本體義，而以「逆以反之」言工夫乃是良知逆反而自知其自己，順與逆原是對說，因此其「逆」是指工夫所用之方向，乃是「回到」自身的「逆、復」工夫。近溪亦有注意到人受私欲之障蔽而無法自覺，其言：「蓋此個天心，元賴耳目四肢顯露，雖其機不會滅息，而血肉都是重滯。」〔註24〕而近溪之體證的工夫，常人則須要受聖學之觸發方能自覺地實踐道德，其言：「必待先覺聖賢的明訓格言，呼而覺之。」〔註25〕因此師友之間的相互提攜，與講學之參與皆是相當重要。人雖受私欲之遮蔽，然呼處便能有覺，之前無法自覺者是因為尚未遇到良師友之啟迪，因此近溪之「逆」並非就逆反己之「私欲」而言，而是強調在逆反而知即知性在此身，「我欲仁，斯仁至矣」之義，其「逆」是就著「回復」於己心之反省講的工夫所用之方向，與牟先生言：「從其『溺』而警覺之」略有不同。然牟先生言逆覺體證，此「逆」可從逆於私欲理解，亦有逆反而回到本體之意，牟先生言：「這逆覺之覺只是那良知明覺隨時呈露時之震動，通過此震動而反照其自己。故此逆覺之覺就是那良知明覺之自照。」〔註26〕此義又與近溪的「復」知之義相當，其由自覺而回復本體之義亦是相當。

〔註22〕 顏山農，《顏鈞集》〈七日閉關開心孔昭〉，黃宣民點校，北京：中國社會科學出版社，1996 年初版。
〔註23〕 牟宗三先生著，《心體與性體（二）》，台北：正中書局，2002 年初版，頁 476。
〔註24〕 《近溪子集》36 條，收於《近溪子全集》，台北：國家圖書館藏。
〔註25〕 同上註。
〔註26〕 牟宗三先生著，《從陸象山到劉蕺山》，台北：臺灣學生書局，2000 年，頁 231。

近溪能以「復以自知」之義，清楚地分判心學與理學之別，並能爲心學之體證工夫給出如此清晰的說明，是相當有見地的。復以自知工夫從「順」與「逆」講。「順」言本體意義，亦同時道出能作復知工夫的根源說明；「逆」就工夫意義說明，並強調證體的工夫只在良知「自知」其自己，只須從己心處「逆反而知」即是。因此放在工夫論的脈絡下思考，近溪當然強調在「逆」之部分，此逆方有自覺地從事道德實踐之義，並通過證體工夫，而在己身喚醒道德實踐的源源動力，與能不斷推致的創生性。工夫的下手處，便是從此「逆」而出發。

三、重視「仁禮兩端」的格物工夫

近溪的格物工夫兼容陽明、朱子、心齋之長處，而以自身學問孝弟慈之宗旨來融會貫通之。陽明學若是針對朱子學的向外求理出發，而單提回復此良知本心以顯出心學特色，以立儒學的本質工夫。則近溪學便是在承繼著陽明學之發展，而回應陽明學所引發的流弊，調和朱子學之長處所發展的工夫。以其所面對的問題不同，其對應的工夫有所不同，而近溪時代較晚，其所目擊的問題層面較多，其義理能兼顧的面向也較多，因此筆者認爲近溪的格物說，實是承接著陽明、心齋的格物說，而發展得較爲完整之義理。

近溪的格物工夫，除了回應陽明學發展下的流弊之外，更以近溪的孝弟慈宗旨以貫通之，亦作爲完整地瞭解近溪思想的工夫脈絡中相當重要的一部份。近溪回到孔子所提的「仁禮兩端」，來反省朱學與陽明學的問題，認爲其各有偏廢，而合仁禮兩端而說，正能解消二者的問題。近溪的仁之一路，繼承著陽明學一脈的體證工夫，並以此作爲工夫之主軸，兼以禮之工夫爲輔。禮之一路工夫，正是見到陽明後學徑信本心的流弊，尚未達到聖人境界而直以本心作爲道德實踐之準則，近溪取法朱子學於經典中的學習，而言法聖王之規矩。從學習聖王之經典以見古聖之至善規矩，並以聖王之規矩來作爲現實實踐的客觀依據，若由己心所發之實踐與聖王規矩有不合者，則反省己心非是本心，而積極地再做體證工夫。近溪言：「如覺己所知能，輕易而失之太過，則以聖賢之成法而裁抑之；如覺己所知能，卑弱而失之不及，則以聖賢之成法而引伸之。」〔註27〕眞正把聖王之至善當作規矩，以正己之

〔註27〕《會語續集》21 條，收於《近溪子全集》，台北：國家圖書館藏。

心與實踐。近溪以此來挽救徑信本心之病，而在聖學途中亦給出本心之客觀根據。

近溪之學是先立穩心學之立場下，而取法朱子學之長處。其學習聖人之經典，並非向外學習道德知識、亦非向外求索使心明理，而實是本諸於心、有根源地學。近溪之學習古聖，是把古聖當作典範，通過學習古聖之至善，以喚醒吾人身上亦有此個成聖之根據，聖人是依此而成就的良好模範，正足以說明吾人依此而學一樣能成就為聖。因此此學是以聖人為學習機緣之觸發，使人願意回頭向自身之性求去，而不向外求，因為聖人所知之本末，正是以修身為本，此本在於吾人自身。

近溪之格物，是在心學的本質工夫之前提下所做的工夫。其立穩證體工夫為本質工夫，是把握住孔孟的真精神，是繼承陽明學的工夫。其兼容朱子之學，為證體工夫的實踐過程中給出本心的客觀根據，本心原有客觀性，然常人尚未全然是本心的發揮，而聖人正是此實踐之完成者、此理想之實現者，通過聖人而為學者維持處其工夫的客觀性，而此客觀性在人人心中自有其根據，「聖人只是先得我心之所同然。」亦即是近溪以古聖之至善名規矩，而又以孝弟慈即是吾人所絜之矩之義。近溪可謂兼容陽明與朱子學之長處，又能解決二者放肆與支離之弊，其義理所涵之完整性，可謂承二者而來的發展。回復孔子之言「仁禮兩端」，亦可謂近溪之學的特色。

四、以「破光景」作為最後的工夫

破光景可謂近溪最為人熟知的特殊風格。近溪以前儒所未有的遮撥手法，將光景打落，而還歸最終聖人境界之自然平常，可謂心學發展下之最後的工夫。牟宗三先生言近溪此工夫為：「順王學下來者，問題只剩一光景之問題：如何破除光景而使知體天明亦即天常能具體而真實地流行于日用之間耶？此蓋是歷史發展之必然，而近溪即承當了此必然，故其學問之風格即專以此為勝場。」〔註28〕學者致力於體證工夫，所欲證得的由本性而發之光明，與所欲達成的聖人理想，皆與百姓之平常有所不同。而聖人之本性與百姓之本性原無差異，證體工夫亦只是體證此人人皆同然的本性即是天心，如何最終體證之境界與百姓不同，此便是要打落的光景，聖人境界亦只是平常。近

〔註28〕牟宗三先生著，《從陸象山到劉蕺山》，台北：學生書局，2000 年再版四刷，頁 290～291。

溪由於親身經歷光景之故，而正視此一問題，此一問題亦是近溪之學所鋪展的仁禮兩端工夫之實踐，最終所要回歸於孝弟慈之日用平常的問題，破光景工夫可謂近溪思想中，在仁禮兩端工夫之後而來的最後的工夫，亦是心學發展下最後的工夫。

近溪破光景的工夫是前所未提的創造性的工夫，以此而言其在心學發展下而有其特殊地位固是，若以破光景工夫爲近溪思想中「一切話頭」〔註29〕皆指向的唯一工夫則尚可斟酌，牟先生言：「羅近溪底工夫即在此處（破光景）用心，其一切講說亦在點明此義。」〔註30〕以爲近溪最主要的工夫即是此無工夫的工夫。牟先生如此說法，是以心學發展的立場而言近溪之學，然近溪本人的學問既是對於心學之繼承，而以心學之證體工夫作爲學問之基礎，破光景工夫只是在此學問基礎的發展下，而提出的最後的工夫，讓一切的學聖工夫回到平常，聖人之渾淪順適亦只是盡此日用倫常之性而彰顯此性。破光景實爲近溪學之一大特色，從近溪思想的脈絡看來，與從心學發展的角度看來皆是如此，只是從近溪思想本身觀之，則近溪學之特色則不只破光景，而有如上所述諸特色。唐先生對近溪的評價，則較能貼合近溪的思想觀之，從「近溪之學之全貌」〔註31〕的角度出發，而言近溪「歸宗於仁」，並言近溪工夫有復知己之良知、破光景、孝弟慈，且言近溪從日用尋常處指點良知，要人在日用平常之言動中體悟良知，而悟良知之後的工夫則在戒懼、恭敬奉持此良知〔註32〕。最後戒懼良知之義，實能收於近溪重視證體工夫而後的「久久弗去」工夫，時時維持警測逆知己之良知。唐先生對於近溪的評價，是從近溪思想出發，而見出近溪思想之完整的風貌，較貼合近溪思想之原意。然若非牟先生單提近溪之破光景工夫，以顯近溪學之精彩，則學者難以見出近溪學對於心學義理之承繼與發展，牟先生此言近溪學可謂哲學家之洞見。

〔註29〕同上註，「他的一切話頭與講說皆是就『道體之順適平常與渾然一體而現』而說，並無新說可立。」意指近溪專講此破光景的工夫。然就近溪的思想脈絡看來卻非是如此。

〔註30〕同上註，頁 292。

〔註31〕唐君毅先生著，《中國哲學原論──原教篇》，台北：學生書局，1990 年，頁 419。

〔註32〕同上註，頁 435～440。

第三節　近溪在心學中的定位

一、辯祖師禪之說

　　針對認爲近溪近於祖師禪之批評，可以近溪用〈易〉之生生不已來說明道德實踐主體有不容已地道德實踐之要求，與近溪的孝弟慈之學問宗旨來回應之。

　　黃宗羲對近溪的評語如下：

> 然所謂渾淪順適者，正是佛法一切現成，所謂鬼窟活計者，亦是寂子速道，莫入陰界之呵，不落義理，不落想像，先生眞得祖師禪之精者。蓋生生之機，洋溢天地間，是其流行之體也。自流行而至畫一，有川流便有敦化，故儒者於流行見其畫一，方謂之知性。若徒見氣機之鼓盪而玩弄不已，猶在陰陽邊事，先生未免有一間之未達也。夫儒釋之辨，眞在毫釐。……以義論之，此流行之體，儒者悟得，釋氏亦悟得，然悟此之後，復有大事，始究竟得流行。〔註33〕

黎洲認爲近溪的破光景工夫有如祖師禪之喝斥，又認爲近溪以流行爲體，而如同釋氏一般沒有主宰。對於前項批評，遮撥方式原是共法而非儒佛之分，而近溪以神鬼喝斥亦只是一種手段，〔註34〕若眞論及此，則儒家亦有言神鬼，〈中庸〉：「鬼神之爲德，其盛矣乎！」〈易〉曰：「夫大人者，與天地合其德，與日月合其明，與四時合其序，與鬼神合其吉凶。」〔註35〕言神鬼並非釋氏之專利，近溪以此喝斥學者不足以爲祖師禪之說。至於主宰之言，近溪之學孝弟慈宗旨分明，其言流行亦是以此孝弟慈天性，通過聖學工夫所至的渾淪順適聖人境界，關於渾淪順適爲良知現成之辯見於下小節。而此流行正是近溪由孝弟慈之實踐而肯定的天道之生生，其流行生生不已，道德實踐亦是剛健奮發不已，如此之主宰是儒家義理下的道德心，實非禪學。關於近溪之學無主宰之說，黎洲亦引許敬菴對近溪的評語，此段語錄原文如下：

〔註33〕黃宗羲，《明儒學案》〈泰州學案三〉「參政羅近溪先生汝芳」，台北：里仁，1987 年。

〔註34〕黎洲所批評近溪之「所謂鬼窟活計者，亦是寂子速道，莫入陰界之呵」，即是近溪對其學生曹胤儒之破光景的指點，近溪言：「大丈夫須放大些志氣！莫向枯塚（鬼窟）裏作活計！」（《盱壇直詮》133 條）。

〔註35〕《易》〈乾・文言〉。〔魏〕王弼、韓康伯注，〔唐〕孔穎達等正義，今人邱燮友分段標點，《十三經注疏》：《周易正義》，台北：新文豐出版公司，2001 年初版，頁 53～54。

> 許敬菴謂羅子曰：「公之學，大而無統，博而未純，久後難以結果。」
> 羅子改容進曰：「愚者千慮必有一得。承教謂：大而無統，博而未純。
> 某竊意：大出於天，幾原自統；博本乎地，命亦自純。故三才合德，
> 乃成聖果。若舍大以求統，舍博以求純，則世儒之把捉意念、務悅
> 群情，徒爲虛花，又安得結果而言統且純哉？某病不大且博也，大
> 且博非某病也。」〔註36〕

黎洲引敬菴之語而曰：「已深中其病也。」是贊同此評價，因黎洲認爲近溪學
之無主宰近於釋氏，即是大而無「統」。

　　近溪面對敬菴此評，正色而答之。近溪以大本諸天、博本諸地說之，雖
大且博，然有天命之性貫串於其中，故不能言無統、未純。而其實要求此統
與純，正須從大與博入，是近溪所謂要先立聖學之大志，欲聯屬家國天下爲
一大身，須從日用平常中做起，此日用流行雖似廣博，而精微之性命亦在此
中方能體證得，聖人能與天地合其德亦是從此平常之性體證起。因此欲求其
統與純者，須從大與博處著手，而眞得此統與純者，亦必回歸於此大與博，
即是聖人之實踐亦無有窮盡，而聖人之性命貫天地、通古今。近溪言「三才
合德」即是上所引《易》之「大人者，與天地合其德。」聖人通過眞切的道
德實踐，體證其性本源於天、同於地，而能盡其性，使其生命之實踐眞能如
同天地之廣大，而與天地同體。

　　近溪以此回應，不僅說明了性命本有根源，以此性作爲此學之統，而通
過道德實踐以回復此性、彰顯此性，才眞能實現此性之大與博於生命之中，
使性由天生之良，成爲現實生命實踐之良。此源於天之性，近溪即以其孝弟
慈宗旨來理解之。因此近溪之學並非無統與未純，實以孝弟慈宗旨統之，而
開展出聯屬家國天下、通天地萬物之博大之學。

二、辯現成良知之說

　　針對近溪學爲現成良知之批評，可以二點回應：一者，近溪在無工夫的
工夫之前，尚有分際清楚的證體工夫與格物工夫立穩仁禮兩端，並非不作工
夫而良知現成；二者，近溪論現成良知是就人天性原有之善而說之，其義在
使百姓能自信己身之良知即是成聖的根據，亦使學者執持工夫放下，而言聖

〔註36〕《盱江羅近溪先生全集》223條，台北：國家圖書館藏。

人境界只是回歸百姓之平常，盡此平常之性而爲渾淪順適。

劉蕺山曾批評王學流弊曰：

> 今天下爭言良知矣。及其弊也，猖狂者參之以情識，而一是皆良；
> 超潔者蕩之以玄虛，而夷良於賊。〔註37〕

所謂「參之以情識，而一是皆良」即指泰州之病，認現實流行爲良知。反觀近溪之學，近溪雖以破光景言無工夫之工夫，然近溪在破光景之外並非不作任何工夫，近溪將學者之光景打落，正是使其回歸聖學之體證與格物工夫，並不離於日用倫常中作此工夫，因聖人本不離日用平常之性而做成。近溪在無工夫之工夫前，有一大套的穩妥工夫作爲前提，其學乃是本著孔子的「仁禮兩端」，而以證體工夫與格物工夫相輔相成。因此現成良知對近溪思想本無法構成批評，近溪言現成良知只是就人人皆有本性之良而說的，而聖人亦是由此本性做起，聖人最後的化境亦如同良知本性之現成。

近溪言現成皆就本性之善講，講此性善之時機，則多在面對百姓老幼之時，亦在打破學者光景之時。面對百姓老幼，近溪以現成良知言聖學之簡易直截，所謂簡易正是反求諸身，不假外求即能求得，此易簡是指示一種工夫的方向，只須從人人皆有的知愛知敬之良知做起，即是爲聖之途，如近溪言：「此孝弟慈三事，是古今第一件大道、第一件善緣、第一件大功德。在吾身，可以報答天地父母生育之恩；在天下，可以救活萬物萬民萬世之命。現現成成，而不勞分毫做作，順順快快，而不費些子勉強，心心念念，言著也只是這個，行著也只是這個，久久守住也只是這個，則上之所好，下必有甚焉者矣。」〔註38〕如此說易簡，亦是爲百姓大眾揭示出一條人人皆能成聖之學，亦不違儒家之義理。面對學者對光景的執持，近溪則以良知現成、渾淪順適，亦示學者聖學原是如此平常、不離日用，而非執持一光景用工夫，近溪言：「於此心渾淪圓活處曾未見得，而遽云持守而不放下，則其所執者，或只意念之端倪，或只見聞之想像，持守益堅而去心益遠矣。」〔註39〕是欲學者將執持之心放下，而回歸天性之自然平常，聖人亦是從此自然平常之性做起。

蕺山反對泰州學派的現成良知，而對於近溪之學則另有批評，其言

> 赤子之心，較孩提之童又小一二歲，蓋純乎天者也。孩提之童，其

〔註37〕 劉蕺山，《劉子全書》卷六，〈證學雜解〉解二十五。
〔註38〕 《近溪子集》178條，收於《近溪子全集》，台北：國家圖書館藏。
〔註39〕 《近溪子集》191條，收於《近溪子全集》，台北：國家圖書館藏。

在天人之閒乎？天非人不盡，故君子盡人以盡天。而天其本也，不有赤子之心，焉得有孩提之童之知能？故赤子提宗最爲端的。先生之學可爲直達原始，正陽明意中事也。然赤子之心人皆有之，信得及，直下便是聖人。所謂「信得及」者，只於此心中便覺一下耳；纔覺一下，便千變萬化用之不窮；雖千變萬化用之不窮，卻非於此心之外又加豪末也。此心原來具足，反求即是。反求即是覺地，覺路即是聖路。不隔身心、不岐凡聖、不囿根氣、不須等待，方是眞潔淨。學者但時保任而已，別無他謬巧也。如先生所言悟入處，不免反費推敲。果如此説，誰是善根不宿、慧目不清者？又將此一項人頓放在何處？意者先生所言悟處，終是囚地一聲消息，黃面老子於此費卻幾多工夫，方得下手？如達磨且面壁九年，況其他乎？彼惟不識箇赤子之心，而求之未生前，所以當面錯過，反費追尋。先生何故又起爐竈也？〔註40〕

蕺山此文論及近溪之學，卻又是批評其體證良知不夠直截，不夠普遍。蕺山此批評是本於其誠意愼獨之學問而發，其將赤子之心與孩提之知能區分，正是性宗與心宗之區分，依蕺山之說則性須由心以體現之，即「天非人不盡」之意。工夫則在於由心以「覺」此性，蕺山言：「夫性本天者也，心本人者也，天非人不盡，性非心不體也。心也者，覺而已矣，覺故能照，照心常寂而常感，感之以可喜而喜，感之以可怒而怒，其大端也。」〔註41〕人能自覺則心即是超越的本心，發爲情感則有恰當的表現，行爲自然能好善惡惡。因此蕺山認爲工夫須作在心之覺，恢復性體，即是「纔覺一下，便千變萬化用之不窮。」蕺山批評近溪之學有二點，一是「言悟入處，不免反費推敲」，一是言「善根不宿、慧目不清」將人之根氣分作好壞。此評本針對近溪一則語錄而發，茲引述近溪之語：

曰：「今言學貴宗旨者，是欲使吾儕有所憑據，好去執持用工也。若只如前說：我問你答，隨聲應口，則個個皆然，時時如是。雖至白首，終同凡夫，又安望其有道可得，有聖可成也耶？」

〔註40〕劉蕺山，《劉宗周全集》第三冊上，〈書〉〈論羅近溪先生語錄二則示秦履思〉，頁419～421。
〔註41〕黃宗羲編撰，《明儒學案》《蕺山學案》〈讀易圖説〉，台北：里仁書局，1987年，頁1586。

......

（羅子）曰：「心爲身主，身爲神舍，身心二端，原樂於會合，苦於
支離。故赤子提孩欣欣，長是歡笑，蓋其時身心猶相凝聚，而少少
長成，心思雜亂，便愁苦難當了。世人於此隨俗習非，往往馳求外
物以圖得遂安樂，不想外求愈多中懷愈苦，甚至老死、不克回頭。
惟是善根宿植、慧目素清的人，他卻自然會尋轉路，曉夜皇皇，如
饑荸想食、凍露索衣，悲悲切切，於欲轉難轉之間，或聽好人半句
言語，或見古先一段訓詞時，則憬然有個悟處，所謂：皇天不負苦
心人。到此，方信大道只在此身，此身渾是赤子；又信赤子原解知
能，知能本非慮學。至是，精神自來帖體，方寸頓覺虛明。……」

〔註42〕

蕺山認爲近溪言悟，須有待於「聽好人半句言語」、「見古先一段訓詞」，則並
非直見本性，而迂曲地在性外另求個「悟處」。又惟有「善根宿植、慧目素清」
方能直證本性，則此性即非普遍，此悟亦只有上根之人能悟得。觀近溪此語，
首言「身心二端原樂於會合」，即是說明人皆有此良善之本性，只是隨著人之
成長，私欲障蔽本心，身心遂分離爲二。近溪言「覺悟」正是於此說明常人
與聖人是有所分別的，此分別在於眞切的體證工夫，此言「覺悟」正是回應
學生之質疑「個個皆然，時時如是。」以現成良知說明聖學則太過易簡。近
溪以證體工夫，來說明聖人境界與孩提知能之現成是有差別的。近溪對於性
體之普遍性，與人人皆能從事聖學的普遍性，於「身心二端，原樂於會合」、
「赤子原解知能，知能本非慮學」即已說明，而其言「善根宿植、慧目素清」
是爲了說明成聖工夫之「實踐」與「根據」是有所不同的，「根據」是人人皆
有的，而眞正的「實踐」則並非人人如此，此義應是蕺山也須認同的。近溪
言「見古先一段訓詞」是其格物工夫，人非生而知之者，故須藉賴聖賢經傳
與師友之喚醒，方才知曉要立成聖之大志、要實踐聖人之學，聖賢經傳是在
此處起作用。而眞正知得要作體證工夫，此覺悟則必須是在其自己的，是復
以自知己之良知，而非藉賴經典以體證本性的，因此近溪並非迂曲地說體證
工夫，而是藉著「學」來幫助體證工夫。

　　由蕺山對近溪此段語錄之批評，正好可以顯出近溪之學並非言現成良知，

〔註42〕《近溪子集》42條，收於《近溪子全集》，台北：國家圖書館藏。

且近溪於「良知之現成」與「聖人境界」的分際，是相當清楚的。在近溪之學中，對於聖人境界之企及，並非現成，反而是相當難成的。近溪認為聖人不自以為是聖，方才成為人人口中之聖人，其心之推擴是無止盡的，其道德實踐工夫是無窮盡地進行，近溪言孔子「臨終不免歎口氣」，正是說明聖人之志業無窮無盡，亦足以見近溪認為聖人境界之難以達至。就近溪之工夫論看來，其體證工夫須有學習古聖規矩之格物工夫為輔，且尚須久久弗去的不間斷努力，而聖人境界又是如此難成。若言近溪之學為現成，則有未妥之處。

三、王學之調適而上遂者

　　對於近溪之學，牟先生與唐先生皆給予相當高的評語。牟先生言：「陽明後，唯王龍溪與羅近溪是王學之調適而上遂者，此可說是真正屬于王學者。」〔註43〕唐先生謂近溪之言心知更有進於龍溪之學，其言：「近溪之言心知也，亦言心知之空寂義，此其與龍溪同者。上已論之。唯龍溪特重此心知空寂之義，以之為其思想之第一義。而心知之空寂，于近溪則為第二義，唯即生即身言仁，乃其第一義。然近溪之以仁為第一義，今亦可順龍溪所重之心知空寂義，以引出之，以見近溪言說之有進于龍溪者。」〔註44〕牟先生以破光景為近溪之勝場，道出近溪繼承心學而提出前人所未提的工夫，而此破光景之工夫又是承接了心學發展下的必然，以此為近溪定位，近溪可謂在王學發展之末，而提出最圓熟的境界，是王學義理建立之極至者。而唐先生對近溪之評價，並認為近溪學「歸宗於仁」，正足以說明近溪學即生生與即切身之倫常言仁，更無雜以釋氏思想之疑慮。

　　龍溪對近溪之學曾有好評：

　　　　瀫陽趙閣學志皋，云：「予素心理學，龍溪王公謂予曰：『江右近溪
　　　　羅先生雅好學大，建旗鼓為四方來學倡，戶履常滿，束裝就業無閒
　　　　遠邇。』又云：「先生之學，大都指點人心，以日用現前為真機，以
　　　　孝弟慈為實用，以敬畏天命為實功。一念不厭不倦為朝夕，家常茶
　　　　飯人人可食，何智何愚，破觚為圓，言言中的，徹天徹地。高之不

〔註43〕牟宗三先生著，《從陸象山到劉蕺山》，台北：學生書局，2000 年再版四刷，頁 297。
〔註44〕唐君毅先生著，《中國哲學原論——原教篇》，台北：學生書局，1990 年，頁 420。

得率履，不越庸常；卑之不得易簡，通乎天載。渾玄渾釋，忘俗忘儒，心涵天地之虛，量沛江河之決，學之得其大者也。尼父箋箋一脈，千百年來閉而不通者，真至先生而衍其派矣。」〔註45〕

龍漢王先生曰：「羅近溪，今之程伯子也。接人渾是一團和氣。」
〔註46〕

龍溪道出近溪之學「日用平常」為特色，與「孝弟慈」之提點，亦謂其實有「敬畏天命」之工夫。並言近溪之學極高處仍不離倫常，極平常處又即是通於天道之生生。可見近溪之學是承接著儒家的義理而來的道德實踐，立於儒家之真精神兼融佛老之方以教人。道近溪其人之處，似與其學所言「自然平常」「渾淪順適」相當，如程明道一般「接人渾是一團和氣」。

針對近溪思想的評價，再引一段近溪之高第楊復所述近溪之學：

羅子之學實祖述孔子，而憲章高皇。……姚江一脈，枝葉扶疏，布散寰宇，而羅子集其成焉。其延接後學，有所闡演必以高皇聖諭六言為稱首。〔註47〕

吾師之學，至矣！蓋孔子求仁之旨的在大學，大學一書是性體與矩式兼至者也。……其隨人啟發直指性體，至所真修刻刻入神，非言所及也。每稱高皇道並羲黃，而六諭乃天言帝訓，居官居鄉極力敷衍。蓋畏天命、畏大人，學不厭、教不倦，平常而通性命，易簡而該神化，自孔子以來未有吾師者也。〔註48〕

學生對於老師學說之言，也許溢美，然及門學者所述，畢竟能見得近溪之教所宗、其學問所旨。其言近溪之學本諸孔門之仁，又言及近溪工夫所重在於「性體」與「矩式」，二者即是「仁禮兩端」，又言近溪所闡必以聖諭六言，此六言正是切合近溪孝弟慈之宗旨，又百姓皆能易懂易行，此即近溪之學親切平常，又不離其學問宗旨之處。所謂集陽明學之大成者，亦可見近溪之學對於陽明學之繼承與發展。近溪曾對復所言，其學「一手付與吾子（復所）」，而此學之守成「有望於吾子（復所）矣。」因此復所敘述近溪之學，近溪當是首肯的。

〔註45〕《盱壇直詮》265 條，台北：廣文書局，1996 年四版。
〔註46〕同上註，266 條。
〔註47〕同上註，278 條。
〔註48〕同上註，279 條。

　　牟先生認爲近溪學是王學的圓熟化境，而「至於他個人做到什麼程度，那是另一個問題。」〔註49〕然筆者認爲近溪是其學的眞切實踐者。近溪之學承繼著陽明、泰州學脈而來，針對當時之學風而有所修正與發展。其學之義理自成系統，而孝弟慈之宗旨甚明，以之貫串儒家經典、聖諭六言，其工夫自初學以至進於聖的最後工夫皆備。近溪之學問風格切近平常，百姓皆能懂得、實踐得，其理想的聖人境界又是不離日用倫常而渾淪順適之圓熟，正合於其孝弟慈之宗旨，極高明又道中庸。近溪通過講學以開展出此學問，喚醒人人之良知，可謂其學之眞切實踐，其接人亦是「一團和氣」，雖未必達至其理想的聖人境界，亦是不遠於此。正因爲其眞切地實踐所學，近溪所講之學問才有著通過眞生命而發之精彩。

〔註49〕牟宗三先生著，《從陸象山到劉蕺山》，台北：學生書局，2000 年再版四刷，
　　　　頁 291。

參考書目

一、近溪本人文獻

1. 《近溪子集》六卷，附集二卷，會語續集二卷，詩集二卷，語要二卷，外集一卷，收於《近溪子全集》，台北，國家圖書館藏。

2. 《旴江羅近溪先生全集》，含：語錄十卷，語要，孝仁訓，鄉約。台北，國家圖書館藏。

3. 《近溪子明道錄》，收於《續修四庫全書》1127冊，上海：上海古籍，1995年。

4. 《近溪羅先生一貫編》，收於《續修四庫全書》1126冊，上海：上海古籍，1995年。

5. 《耿中丞楊太史批點近溪羅子全集二十四卷》，收於《四庫全書存目叢書》集部，別集類129、130冊，台南縣：莊嚴文化，1997年。

6. 《近溪子四書答問集》，六卷，上海，復旦大學藏。

7. 《羅近溪先生明道錄》，台北：廣文書局，1997年再版。

8. 《旴壇直詮》，台北：廣文書局，1996年四版。

9. 《羅明德公文集》，中央研究院傅斯年圖書館藏。

二、清代以前之著作

1. 《十三經注疏》：《周易正義》《尚書正義》《孝經注疏》《禮記注疏》，國立編譯館主編，台北：新文豐出版公司，2001年初版。

2. 〔宋〕周敦頤，《周濂溪集》，北京：中華書局，1985年。

3. 〔宋〕程頤、程顥，《二程集》，台北：漢京文化，1983年初版。

4. 〔宋〕朱熹,《四書章句集注》,台北:大安出版社,1994 年初版。

5. 〔宋〕朱熹,《朱子語類》卷三,北京:中華書局,1986 年初版。

6. 〔明〕王陽明,《王陽明全集》,台北:大申書局,1983 年。

7. 〔明〕王龍溪,〈王龍溪語錄〉,台北:廣文書局,2003 年再版。

8. 〔明〕王艮,《王心齋全集》,台北:廣文書局,1987 年。

9. 〔明〕李贄,《焚書/續焚書》,台北:漢京文化,1984 年初版。

10. 〔明〕周汝登,〈聖學宗傳〉,收錄於《續修四庫全書》史部 513 冊,上海:上海古籍出版社,1995 年。

11. 〔明〕黃宗羲編撰,《明儒學案》,收於《黃宗羲全集》七、八冊,台北:里仁書局,1987 年。

12. 〔明〕楊起元,《太史楊復所先生證學編》,收於《續修四庫全書》1129 冊,上海:上海古籍,1995 年。

13. 〔明〕楊起元,《重刻楊復所先生家藏文集》八卷,收於《四庫禁燬書叢刊》集部 63 冊,北京:北京大學圖書館藏,1997 年。

14. 〔明〕劉宗周,《劉宗周全集》,台北:中研院文哲所,1997 年。

15. 〔明〕顏鈞,《顏鈞集》,北京:中國社會科學出版社,1996 年初版。

16. 〔清〕孫奇逢,〈理學宗傳〉,收錄於《續修四庫全書》史部 514 冊,上海:上海古籍出版社,1995 年。

三、當代學者著作

1. 王邦雄、曾昭旭、楊祖漢,《論語義理疏解》,台北:鵝湖出版社,2003 年八版。

2. 王邦雄、曾昭旭、楊祖漢,《孟子義理疏解》,台北:鵝湖出版社,1995 年五版。

3. 王邦雄、岑溢成、楊祖漢、高柏園編著,《中國哲學史》,台北:空大,1995 年初版。

4. 王汎森,《晚明清初思想十論》,上海:復旦大學出版社,2004 年。

5. 尤惠貞,《天台宗性具圓教之研究》,台北:文津出版社,1993 年初版。

6. 古清美,《明代理學論文集》,台北:大安出版社,1990 年初版。

7. 古清美,《慧菴論學集》,台北:大安,2004 年初版。

8. 牟宗三,《中國哲學十九講》,台北:臺灣學生書局,1983 年初版。

9. 牟宗三,《中國哲學的特質》,台北:臺灣學生書局,1984 年七版。

10. 牟宗三,《圓善論》,台北:臺灣學生書局,1985 年初版。

11. 牟宗三,《生命的學問》,台北:三民書局,1987 年四版。

12. 牟宗三，《周易哲學講演錄》上海：華東師範大學出版社，2004 年初版。

13. 牟宗三，《宋明儒學的問題與發展》，上海：華東師範大學出版社，2004年初版。

14. 牟宗三，《佛性與般若》上、下冊，台北：臺灣學生書局，2004 年修訂七版。

15. 牟宗三譯註，《康德的道德哲學》，台北：臺灣學生書局，2005 再版四刷。

16. 牟宗三譯註，《康德：判斷力之批判》上冊，台北：臺灣學生書局，1992年初版。

17. 牟宗三，《現象與物自身》，台北：臺灣學生書局，1990 年初版。

18. 牟宗三，《心體與性體（一）》，台北：正中書局，1990 年初版。

19. 牟宗三，《心體與性體（二）》，台北：正中書局，2002 年初版。

20. 牟宗三，《心體與性體（三）》，台北：正中書局，2001 年初版十二刷。

21. 牟宗三，《從陸象山到劉蕺山》，台北：臺灣學生書局，2000 年再版四刷。

22. 岑溢成，《大學義理疏解》，台北：鵝湖出版社，1997 年六版。

23. 李明輝，《儒家與康德》，台北：聯經，1990 年初版。

24. 李明輝譯，康德著，《道德底形上學之基礎》，台北：聯經，1990 年初版。

25. 李書增，岑青，孫玉杰，任金鑒，《中國明代哲學》，河南人民出版社，1998年。

26. 呂妙芬，《陽明學士人社群——歷史、思想與實踐》，台北：中研院近史所，2003 年初版。

27. 吳汝鈞，《中國佛學的現代詮釋》，台北：文津，1995 年初版。

28. 吳震，《羅汝芳評傳》，南京：南京大學出版社，2005 年初版。

29. 吳震，《陽明後學研究》，上海：上海人民出版社，2003 年初版。

30. 吳震，《明代知識界講學活動繫年（1522～1602）》，上海：學林出版社，2003 年初版。

31. 余英時，《宋明理學與政治文化》，台北：允晨文化，2004 年初版。

32. 韋政通編，《中國思想史方法論文選集》，台北：水牛出版社，1993 年再版。

33. 唐君毅，《中國哲學原論——原教篇》，台北：臺灣學生書局，1990 年全集校訂版。

34. 唐君毅，《中國哲學原論——原道篇二》，台北：臺灣學生書局，1990 年全集校訂版。

35. 唐君毅，《生命存在與心靈境界》上、下冊，台北：臺灣學生書局，1986年全集校訂版。

36. 唐君毅,《中華人文與當今世界（上）》,台北:臺灣學生書局,1988 年全集初版。

37. 徐復觀,《中國人性論史》,上海:上海三聯書店,2001 年初版。

38. 徐復觀,《中國思想史論集續篇》,台北:時報出版,1982 年。

39. 徐復觀,《中國思想史論集》,台北:臺灣學生書局,1959 年初版。

40. 島田虔次著,甘萬萍譯,《中國近代思維的挫折》,南京:江蘇人民出版社,2005 年。

41. 陳來,《宋明理學》,台北:洪葉文化,1993 年初版。

42. 陳來,《有無之境》,北京:人民出版社,1991 年初版。

43. 陳來,《中國近代思想史研究》,北京:商務印書館,2003 年初版。

44. 張德麟,《程明道思想研究》,台北:臺灣學生書局,1986 年初版。

45. 張學智,《明代哲學史》,北京:北京大學出版社,2003 年初版二刷。

46. 曹俊峰,《康德美學導論》,台北:水牛出版社,2003 年初版。

47. 郭齊勇主編,《儒家倫理爭鳴集——以「親親互隱」為中心》,武漢:湖北教育出版社,2004 年初版。

48. 勞思光,《新編中國哲學史》,台北:三民書局,2002 年三版。

49. 勞思光,《文化哲學講演錄》,香港:中文大學出版社,2002 年。

50. 勞思光,《思辯錄——思光近作集》,台北:東大圖書股份有限公司,1996 年初版。

51. 嵇文甫,《左派王學》,台北:國文天地雜誌社,1990 年初版。

52. 黃俊傑,《中國孟學詮釋史論》,北京:社會科學文獻出版社,2004 年初版。

53. 程玉瑛,《晚明被遺忘的思想家——羅汝芳（近溪）詩文事蹟編年》,台北:廣文書局,1995 年初版。

54. 程樹德,《論語集釋》,北京:中華書局,1990 年初版。

55. 溝口雄三著,林右崇譯,《中國前近代思想的演變》,台北:國立編譯館,1994 年初版。

56. 彭國祥,《良知學的展開——王龍溪與中晚明的陽明學》,台北:臺灣學生書局,2003 年初版。

57. 楊祖漢,《中庸義理疏解》,台北:鵝湖出版社,2002 年修訂四版。

58. 楊祖漢,《當代儒學思辨錄》,台北:鵝湖出版社,1998 年初版。

59. 楊祖漢,《儒學與康德的道德哲學》,台北:文津出版社,1987 年初版。

60. 楊祖漢,《儒家的心學傳統》,台北:文津出版社,1992 年初版。

61. 楊祖漢,《從當代儒學觀點看韓國儒學的重要論爭》,台北:臺大出版中心,

2005 年初版。

62. 楊伯峻譯注,《孟子譯注》,北京:中華書局,1960 年初版。

63. 鄧曉芒譯,康德原著,《實踐理性批判》,北京:人民出版社,2003 年初版。

64. 鄧曉芒譯,康德原著,《判斷力批判》,北京:人民出版社,2002 年二版。

65. 鄧曉芒,《康德哲學講演錄》,桂林:廣西師範大學,2005 年初版。

66. 鄧志峰,《王學與晚明的師道復興運動》,北京:社會科學文獻出版社,2004 年初版。

67. 龔鵬程,《晚明思潮》,宜蘭:佛光人文社會學院,2001 年初版。

四、碩、博士論文

1. 李得財,《羅近溪哲學之研究》,東海大學哲學所博士論文,1997 年。

2. 李慶龍,《羅汝芳思想研究》,台灣大學歷史所博士論文,1999 年。

3. 王俊彥,《羅近溪理學思想之研究》,中國文化大學中文所碩士論文,1996 年。

4. 黃漢昌,《羅近溪學述》,政治大學中文所碩士論文,1982 年。

5. 黃淑齡,《明代心學中「光景論」的發展研究》,台灣大學中國文學所碩士論文,1994 年。

6. 黃淑齡,《重尋「仲尼顏子樂處,所樂何事?」──明代心學中「樂」的義涵研究》,台灣大學中國文學所博士論文,2003 年。

7. 蔡世昌,《羅近溪思想研究》,北京大學哲學所博士論文,2000 年。

8. 楊欣樺,《王心齋思想之形成及其發展》,中央大學中文所碩士論文,2005 年。

9. 蕭敏材,《羅近溪思想研究》,中央大學中文所碩士論文,2001 年。

10. 藍蕙瑜,《百姓日用與聖人之道──羅近溪哲學思想》,中央大學中文所碩士論文,2000 年。

11. 魏月萍,《羅近溪「破光景」義蘊》,政治大學中文所碩士論文,2000 年。

五、期刊論文與專書論文

1. 方祖猷,〈評牟宗三先生之論羅近溪〉,《當代儒學國際學術研討會論文集》,吳光主編,上海:漢語大詞典出版社,2005 年初版,頁 368～377。

2. 古清美,〈羅近溪悟道之義涵及其工夫〉,臺大中文學報,2002 年 6 月,頁 143～171。

3. 呂妙芬,〈晚明士人論《孝經》與政治教化〉,臺大文史哲學報,2004 年

11 月，頁 223～259。

4. 呂妙芬，〈晚明《孝經》論述的宗教性意涵：虞淳熙的孝論及其文化脈絡〉，中央研究院近代史研究所集刊，2005 年 6 月，頁 1～46。

5. 呂妙芬，〈陽明學派的建構與發展〉，清華學報，1999 年 6 月，頁 167～203。

6. 岑溢成，〈王心齋安身論今詮〉，台北：鵝胡學誌，1995 年 6 月，頁 59～82。

7. 周知本，〈羅近溪「破光景」義蘊探索〉，興大中文研究生論文集第九輯，2004 年，頁 39～62。

8. 周志煌，〈梁漱溟與泰州學派〉，輔大中研所學刊，第六期 1996 年，頁 167～188。

9. 黃文樹，〈泰州學派的淵源〉，人文及社會學科教學通訊，1998 年 8 月，頁 81～107。

10. 黃文樹，〈泰州學派人物的特徵〉，台北：鵝湖學誌，1998 年 6 月，頁 133～178。

11. 黃文樹，〈泰州學派的教育思想〉，哲學與文化，1998 年 11 月，頁 1018～1033。

12. 溫愛玲，〈從雙溪經典觀看李卓吾之「童心說」──析論「童心說」對於王學之繼承與發展〉，東方人文學誌，2003 年 12 月，頁 161～181。

13. 楊祖漢，〈朝鮮陽明學者鄭霞谷的生理說及其對告子學說之詮釋〉，收入黃俊傑主編《東亞儒者的四書詮釋》，頁 231～250，台北：臺大出版中心，2005 年 6 月。

14. 楊祖漢，〈鄭齊斗對王陽明哲學的理解〉，收入鄭仁在、黃俊傑編：《韓國江華陽明學研究論集》，頁 205～238，台北：臺大出版中心，2005 年 9 月。

15. 楊祖漢，〈朱子「中和說」中的工夫論新詮〉，《朱子學刊》創刊號，頁 14～25，馬來西亞朱熹學術研究會，吉隆坡，2004 年 11 月。

16. 蔡家和，〈從羅近溪分別「制欲」與「體仁」之工夫進路見心學與理學之不同〉，華梵人文學報，2003 年 7 月，頁 69～105。

17. 趙偉，〈羅汝芳與祖師禪〉，普門學報，2004 年 5 月，頁 199～223。

18. 劉滌凡，〈明代陽明暨泰州學派加速儒學世俗化的考查〉，高雄餐旅學報，2002 年 12 月，頁 193～210。

19. 龔鵬程，〈羅近溪與晚明王學的發展〉，國立中正大學學報，人文分冊，1994 年，頁 237～266。。

六、研討會論文

1. 楊祖漢，〈康德道德哲學作為居間型態的意義〉，「儒學與康德」學術研討

會，頁 1～17，中央大學儒學研究中心，2004 年 8 月。

2. 楊祖漢，〈道德的形上學的證成〉，2005 年 5 月，發表於「牟宗三先生與當代儒學學術研討會」，中央大學儒學研究中心

3. 楊祖漢，〈羅近溪思想的當代詮釋〉，國科會哲學學門 86～92 研究成果發表會，頁 1～19，國科會、中正大學哲學系，2005 年 2 月。

4. 楊祖漢，〈羅近溪的道德形上學及對孟子思想的詮釋〉，「理解、詮釋與儒家傳統」國際研討會，中央研究院文哲所，頁 1～14，2006 年 1 月。

5. 李慧琪，〈從牟宗三論「破光景」看近溪之工夫論〉，2005 年 5 月，發表於「牟宗三先生與當代儒學學術研討會」，中央大學儒學研究中心